おそれ

リスクは人をして神に依らせ、文明を築かせた

江里口 隆司

東京図書出版

はじめに

この本のタイトルは「おそれ」である。「おそれ」や「おそれる」という漢字は、虞、恐、畏、怖、懼、惧、悸、兇、吓、怕、惶、慄など多数ある。これらの漢字は「こわがる　びくびくする」、「おののく　おそれわななく」、「うれい　しんぱい」、「おそれしたがう　うやまう」、「おどろく　ぎょっとする」などの意味がある。いずれも、できれば起こらないで欲しい、回避したい、敬して遠ざけたいなど、遠心的な心の働きについての言葉である。漢字が多いということは、先祖が将来の不確実性であるリスクに、つまりどう転ぶか分からない今後の成り行きに「おそれ」ながら生き、「おそれ」というものが大きく心の中を占めてきたことを映しているともいえよう。リスクは、太古から人々の心の中に入り込み、悩ませ、また不安や心配、恐怖を起こす最も大きな原因であった。人々はその不安や苦悩のために神に祈り、広く宗教というものに帰依してきた。

この書で述べたいのは、「自分の死や天災、厄災などの虞、つまりリスクを認識した先祖は、そういう恐ろしい事態の発生することを怖れ、神に帰依して神を畏れ、かかる事態が発生しないよう熱心に祈った。そしてそういう懼れは、人類が文明を築くための大きな推進力となった」ということである。

人類は進化により、過去の経験から学んで、ありそうな未来を予測できるようになった。そして自分がやがては死すべき存在であることを悟った。さらに死を含めた望まない事態や、最悪のことが起こるかもしれないこと、すなわちリスクについての認識も持つようになり、そういうリスクが発現してしまうことについて怖れるようになった。

一方で、死後の世界へ逝った祖先への畏敬や思慕などにより、超自然的存在の概念を持つようになり、やがてそれは神となった。神を崇める社会は存続・発展したので、宗教は人間社会にとって不可欠な要素となった。神が求めることは絶対で、善を行えば良いことがあるし、来世でも良いことが待っているが、悪いことをすれば悪い目に遭うことになる。宗教は道徳の役割も果たすようになり、人々に善を求めた。さらに集団のためには、個人の犠牲も求めたので、社会の維持・発展に不可欠なリスクマネジメントに有益であり、極めて重要な役割を果たした。このため、宗教は王国に無くてはならないものとなった。さらに王は自らのリスクマネジメントや正当化のためにも宗教を利用した。

外敵、自然災害、疫病、犯罪、内乱などのリスクに晒された古代・中世の王国では、個人・社会・王がトライアングルを構成していた。そして神は、個人には来世の幸福を約束し、社会には加護を与え、王権を正当化することによりこの王国のトライアングルを支えた。この結果、善行善果・悪行悪果による現世・来世を通じた因果応報システムを説く宗教体系を持つ王国は発展した。

インド・ヨーロッパ語族の祖先とされるアーリア人のうち、ペルシャ高原に移動した民から、ザラスシュトラという神官が宗教改革を行った。この教えは善と悪の対立、死後の個々の審判による天国と地獄、肉体の甦り、最後の大審判などを創始した。この教えは、善行善果・悪行悪果による現世・来世を通じた因果応報システムを導入した宗教体系の嚆矢となり、ユダヤ教、キリスト教、イスラム教などの宗教に大きな影響を与えた。この時代はザラスシュトラ、釈尊、孔子、イスラエルの預言者などが登場し、当時主流の儀礼や供犠を中心とした集団のための宗教に対して、個人の救済を行うために宗教に大きく大転換が行われたとして、ヤスパースは、これを枢軸時代と呼んだ。

人類は、リスクについて望ましい方に転ぶように神に祈願するだけでなく、一方で、太古から自らそのリスクに備えて努力を傾注してきた。これは、防衛、防災、病気・事故の防止、食の確保など広範なリスクを対象とした。リスク対策のため人は神に祈りを捧げるとともに自ら努力を惜しまず、対策を講じた。このリスクを防止・回避する努力こそが結果として文明を築いた。つまり、リスクは人をして神に依らせ文明を築かせたのだ。

神を絶対的存在としてリスクに対応するトライアングルは、近世を迎えて、徐々に変化を起こし、神の思し召しから、科学技術に裏打ちされ、合理性に基づいた文明の方へ重心は移っていった。しかしながら、そのまま直線的に世俗化が進み宗教が廃れてくるという予想は正しくないように見える。その中で今後のリスクの傾向などを考えることとしたい。

古代から現代に至るまで、神や宗教については、聖典・教典・経典などをはじめ、人々を信仰に導き信仰を深めるために、夥しい数の各種書籍が執筆・編纂され、また読まれ、説かれてきた。一方、近年ではリスクや企業のリスクマネジメントについても、名著を含め多くの書籍が刊行されている。

しかしながら、これまでリスクと宗教について取り上げてきた書物は少ないように思われる。その理由は、そもそもリスクやリスクマネジメントの概念自体が比較的新しく、またこれらが企業を想定して論じられ発展してきた経緯もあり、個人のリスクおよびそのマネジメントについての議論は未だ緒に就いたばかりであるからなのだろう。

筆者は、損害保険会社と二つのコンサルティングファームで約四〇年余りの間リスクに関わる業務に携わってきた。この間、企業を中心とした国内外さまざまなリスクの分析やその上での保険引受を行い、それら引受けたリスクが現実に発現するのを日常的に経験してきた。それらの経験を活かして、読者の皆様の参考になるものができればという思いで執筆したが、新型コロナやウクライナ侵攻等思わず手を合わせたくなるリスクに世界中が揺さぶられる中、本書が参考になれば幸いである。

江里口隆司

おそれ

―リスクは人をして神に依らせ、文明を築かせた―

◇もくじ

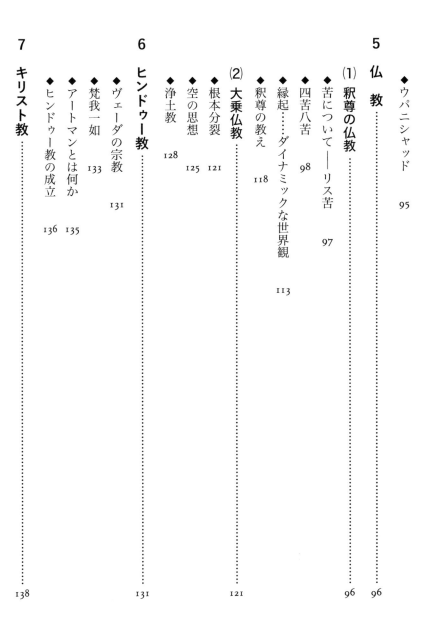

第Ⅰ章　リスクへの怖れと宗教

1　未来への怖れと神の登場

◆死の恐怖とリスク認識の始まり

人は、理由や仕組みが分からない出来事の発生や、先の成り行きの予想がつかない事態の進展に直面した場合には、イライラするとともに不安や恐怖を感じる。この不安や恐怖の裏にあるこれらについての問い、つまり「なぜ?」に答えを見出したい、理解したいという人々の欲求が科学を発展させ、人類に進歩をもたらした原動力といってもよいであろう。しかしながら、太古の祖先には突然の嵐や雷、地震など簡単には答えの見つからない、あるいは見つかるあてが全くない、理解し難いことの方が多かったはずである。その答えが見つからなかったとき、どうしたのだろうか、不安や恐怖に怯え続けていたのであろうか。

原始の人々は親しい人の死というものに臨み、それまで活動し話をし息をしていた人が、全く動かなくなるとともに次第に冷たくなってしまうことを観察した。もちろんどうして動かないのかとか、その死という現象がどうして起こるのかというのはよく分からない。それでイライラし恐怖を感じた。それでも人の死を何度も経験して人々は考えた。そして、人が死ぬとは、それまでその人をその人たらしめていた何か、がいなくなったものと理解した。つまり魂や霊魂が抜けてしまった、失われた、あるいはどこかへ行ってしまったものと考えたのだ。

これは、人間の生きる仕組みについて十分な知識を備えていない人々にとっては、当然の理解であったであろう。もっとも死は現代医学や生命科学の知識をもってしても、完全に解明されているとは言えないかもしれないが、そのような知見がない時代の人々がそう思うのは極めて自然なことであったのである。そして人は、自分を含めて誰でも死んでいくことを悟ったのだ。

人間以外の他のどの動物をとってみても、自らの死を恐れるということはあるとしても、それ以上のものではないようだ。つまり自分が死んだら子供たちの生活がどうなるのかと思い悩んだり、死後の世界はあるのか、ないのかを心配したり、その虞について考えているふうには見えない。また実際、思い悩んだり、考えたりはしていないのだろう。したがって将来に必ず来る自分の死を自覚し、死のリスクについて考え、思い悩むのは人間だけなのだ。

また、経験から学び、思い悩んだ将来への怖れというのは、自らや愛する者の死のように、必ず将来起こるというものだけではない。落雷、噴火、地震や津波のようにいつ起こるか、起こるかどうかも分からないけれども、発生すれば凄まじい恐怖や被害を起こす自然現象についても、過去の経験から学び、怖れたのだ。もちろん他にも猛獣や敵対者からの襲撃、自身や家族の病気や飢えの可能性なども大いに怖れたであろう。

人類が進化して最初にリスクを感じたというのはこういう時だったのであろう。過去の経験から得た知識により、将来に起こるかもしれないことを予想して、不安に思ったり怖れを抱いたりしたのだ。つまり経験からのリスク認識である。もちろん、それ以前からも肉食動物との遭遇や他集団からの襲撃、樹上や高い位置からの墜落などによる恐怖など、差し迫った危険に対する恐怖というものは経験してきた。しかし、これらの恐怖は他の類人猿なども感じていることであろうし、その場面に出くわしたからそういう恐怖を感じたにすぎず、そういう危険な経験を類型化して将来に投影するようなことはなかったのであろう。一方、こういうマイナスの方向の厄災だけではなく、プラスの影響、たとえば子孫繁栄につながる妊娠の兆候や、良い結果をもたらす狩りや大漁の可能性等も期待し、吉兆に喜んだことであろう。

これについて、ダニエル・C・デネットは、「先を見通すこと、未来を予想すること、これは人類の最高の獲得物である。」としている。[1]

このような発達過程の中で、祖先は過去の経験から将来起こりそうなことを予測しだした。この将来起こることには二通りあっただろう。一つは必ず起こること。たとえば、太陽や月が出てくる方向はだいたい決まっており、沈んだとしてもしばらくたてばまた昇って来ること。星の動く向きも太陽と同じこと。星は毎晩少しずつ移動していくこと。月は出てくるたびに形が違うが三〇回目に出てきたときは同じ形に戻っていること。太陽の高さは変化し、それとともに星も変わるが、この運行とともに季節が移ること。季節とともに草木は萌え、繁茂し、枯れること、等々である。人が死んでいくこともこういうふうに理解されたのであろう。けれども、必ず起こることにもいろいろな不確実性があるものもある。自分自身が死ぬべき運命にあることは分かっても、それがいつなのかは分からない。毎年溢れる川の氾濫も明日なのか十日先なのか分からないなどである。

もう一つは、起こるかどうか分からないことや、物事がどちらに転ぶか分からないことである。たとえば雷、霧、雪、嵐、噴火や地震、日食や月食などの発生などであろうし、人が病気になることや治ること、生まれてくる赤ん坊は男の子か女の子か、今年の作物は豊作か凶作か、行方不明になった人が戻るか戻らないか、敵対勢力が攻めて来るか来ないか、などである。

つまり確実と見える現象の中にもリスクはあるし、またそもそも不確実性の塊のようなリスクもあることに気づいたのであろう。

◆集団知からのリスク認識

過去の経験からのリスク認識で用いられるのは本人の経験だけとは限らない。親から教えられた過去の出来事や、先祖から代々伝えられてきたずっと昔からの伝承も含まれた。その結果、何百年も前の戦争や大規模な噴火・地震・津波・山火事・洪水等、一族や集団の特異な経験などが言い伝えや伝説のような形で伝えられた。子孫はかつてそのような恐ろしい災難が発生したことを学び、そういう厄災が将来も起こる可能性を認識し、そういう出来事が繰り返されることに恐怖を感じながら生活した。もちろん自らもその伝承と恐怖を後代に伝えたのであろう。これは集団としてのリスク認識とその継承である。こうした集団としてのリスクの記憶と認識は集団の存続のためには極めて有効で重要であることから、代々優先的に伝えられた。

もちろんこういう経験の記憶は、本人が直接経験したものが最も鮮烈であり、将来発生することについての怖れも強いものとなる。一方、親や先祖など他人から伝わった経験の伝承については当然のことながらその印象はかなり薄いものとなろう。しかしながらその伝承が集団の中での共通の経験・記憶として共有されれば、その印象は強められたのだ。そしてそれは社会的な伝説や神話という形で残っていったのだ。

経験に基づく祖先からの教えというのはあったとしても、我が身を死に至らしめかねない自然現象、たとえば地震、津波、火山噴火、暴風、洪水、崖崩れ、竜巻など、あるいは恐ろしい事態の到来を予想させる日食、大雪、旱天、危害を与えかねない猛獣や毒蛇などは、もちろん強い不安や恐怖の対象であった。また、それらの出来事による親しい者の死は、それらリスクへの不安や恐怖を増幅させた。そしてそういう不安や恐怖をもたらす事象の背後にあって、地震、津波、火山噴火、日食などという強大な力を制御するさらに巨大な力を持つ意思の存在を感じ、これに対して更なる恐怖・畏怖を感じた人々も出現し、これが宗教の起源になったことは容易に想像できよう。

◆脳の発達・心の理論……やがて死ぬべき存在

宗教の発生には脳の発達が極めて重要な役割を果たしたとされている。これは、人間ほどの知能を有しないチンパンジーやゴリラなどが目に見えない超自然の存在を信じている様子には見えないことから自明なのであろう。ではなぜ人間だけが神を信じているのであろうか。もっとも、ホモ・サピエンスもせいぜい一万年位前になってやっと宗教と呼べるほどのものを持つようになってきたとされる。

E・フラー・トリーは、神は人間の脳によってつくられ、その登場は、脳が五つの特定の認知発達を遂げた後だとする。その過程は、

①(ホモ・ハビリス)三〇〇万年前、脳の大型化や知能全般の大幅な向上
②(ホモ・エレクトス)一八〇万年前、自分を認識できる能力獲得
③(古代型ホモ・サピエンス)三〇万年前、他者の考えを認識できる能力獲得(心の理論)
④(ホミニン)一〇万年前、内省能力を発達させ、他者からどう思われているか等について考える能力獲得
⑤(現代ホモ・サピエンス)およそ四万年前、自伝的記憶(自分を過去だけでなく将来にも投影する能力)獲得

としている。四万年前に獲得した自伝的記憶によって、未来を予測して将来の計画をよりうまく立てられるようになり、初めて死は自分という存在の終わりなのだということがよく理解できるようになった。そして死者となった祖先がまだ居るかもしれない場所についても想像できるようになった、としている。[2]

そして、神をつくりだしたこの自伝的記憶は、過去の出来事を感覚と感情両面で蘇らせることのできる記憶で、過去を利用して将来を把握することを可能にするものである。これにより人類は計画性というものを得て、過去に成功した狩猟の経験から、成功率の高い大規模な狩猟の計画を立てたうえで猟を行ったり、季節を選んで集団的な漁など営んだりするようになった。この能力が備わったことにより計画性が極めて重要となる農耕を始められるようになったのであろう。

自伝的記憶を獲得する中で、人々は身近な親族などの死を経験し、自らもいずれは死ぬ存在であることを自覚した。つまりそれまで身近な存在であった人が、苦しみ悶えていたのが、やがて動かなくなり死んでしまうという事態を観察したのだ。そういう経験を経て、いずれは自分もそうなって冷たい屍になってしまうという運命を明確に認識し、自らのそういう定めについて怖れを感じたのだ。

人間は自伝的記憶という過去の経験を将来に投影するという素晴らしい能力を身に備えることができた。し

かし、このことにより過去の経験から、自らの死のように将来発生する事柄について自覚することができるようにもなってしまったのだ。つまり、自分の「呪われた、死すべき運命」を知ってしまったのだ。智慧をつけたために呼び込んだ、何たる不幸、何たる悲しみであったことか！　まさに、禁断の智慧の木の実を食べたために課された楽園追放そのものである。

古代メソポタミアで紀元前三〇〇〇年紀に書かれたとされる、『ギルガメシュ叙事詩』は、英雄ギルガメシュが死を克服するために努力を尽くしたが報われなかったことを伝える。その中でギルガメシュは大洪水を生き残ったとされる、ウタ・ナピシュテイから次のように教わる。

葦原の葦のように、人間はへし折られなければならないのだ！
美しい若者であろうとも、美しい娘であろうとも、
死の［手によって連れ去られる。］
死を見たものは誰もいない。
……………
神々は（われわれに）生と同じく死を課したのだ。
ただ（われわれに）死の時期を知らしめなかったのだ。

この詩のように自分の死が、いつか必ず起こることは分かったけれども、それが今日、明日のことなのか一年後のことなのかそれとも何十年も先のことなのかは分からないということも同時に認識したのだ。[3]

そういう恐怖というものは、それを感じる本人にとって、もちろん決して快いものではなく、むしろ避けたいものなのだが、その恐怖の思いというものがあったからこそ、人間はリスクを避け、やむを得ない時には勇敢に戦ってその恐怖に対処してきたのだ。そのおかげで生き残り、命を繋ぐことができた結果、現在の我々が

生きているのだ。つまり、リスクに対して恐怖をあまり感じず、特に注意を払わなかった人々にはリスクが発現してしまい、若くして命を落としたから子孫は少ない。一方でリスクに怯え、しっかり対処した先祖が生き残った。だから我々は恐怖を余計に感じる人々、別の言い方では臆病者の子孫ということができるのかもしれない。ダン・ガードナーは、「何かのリスクを懸念しているとき、より多くの注意を払い適宜行動に出る。恐怖のおかげで私たちは生き延び繁栄し続けてきた。人類が存在しているのは恐怖のおかげだと言っても過言ではない」としている。[4] 恐怖の効能はそればかりではない、本書ではリスクに対する恐怖の感情が人々をして神に帰依させ、文明というものを築いた原動力になったということとの説明を主眼としている。

自伝的記憶を備えて以降、過去の経験を将来に投影することにより、リスクを認識して、良くないことが起こるのではないかと心配するようになった人類だが、もちろん脅かしたのは死の恐怖だけではなく、他のリスクに対する怖れというのも多数あったのだ。それでも、最も強烈なリスクは、認識されたものの中ではやはり自分の死についてのものであろう。死というものが自らの人生の終焉、消滅という意味からも、最大の恐怖なのだ。それは、現代人においても成長の過程で認識していくリスクである。筆者も七歳の時の強烈なイメージがあり、母方の祖父が癌により五〇代で亡くなった後の話である。父方の祖母から、自分はすでに七〇歳だからそろそろ死んでもおかしくない、人間というのは必ず死ぬ運命なのだから、という話を聞いた時に感じた激しい印象である。「僕は七歳だ、ということは、この一〇倍の時間しか生きられないのか、既にもう一〇分の一は過ぎてしまっている。人生というものはあまりに短いものなのだ」という思いと死への恐怖から、しばらく眠れなかったことを鮮明に覚えている。七歳の子供にとっても自らが死ぬべき存在であることの自覚は、それほどインパクトの大きなものなのだ。結果としてその祖母は九四歳まで生き長寿を全うした。そして筆者は、その当時の祖母の年齢に近づいてきた。

◆死後の世界と祖先崇拝

原始の人々も身近な人の死には、大いに悲しんだ。一方で、残された近親者にとっては、夢の中で故人の生前の姿を見たり、声を聞いたりあるいは幻覚や気配を感じたりして、亡くなった近親者が完全に無になったとは思えないものがあった。また、太古の人々は現代人とは異なり、自然というものの理解は乏しかった。たとえば、なぜ昼と夜があるのか、季節による寒暖の仕組み、太陽や月・星などの天体運行の仕組み、雨が降り、風が吹く仕組みや天災の発生など自分たちの周りのことは分からないことばかりであった。

したがって、周囲の自然、世界は得体のしれない大きな存在である何らかの意思によって支配されている。亡くなった近親者もその得体のしれない存在が支配する世界に行ったから、夢の中で会えたりするのだろう。これまで自分たちを守ってくれた親などの近親者は得体のしれない世界で「得体のしれない存在」になったとしても、引き続き自分たちを守ってくれるのではないかという思いから宗教は出発したのだ。祖先崇拝の始まりである。

人々は夢の中で、亡くなった親族が生前の活動的な姿で現れたり、夢枕に立って何か忠告をくれたりするというような経験を重ねた。これらの経験により、死後の魂は肉体から離れて、天上や地下など別の世界に行ったという認識を持つことになった。約四万年前の人類からすればこの考え方は十分に筋が通ったものであり、広く信じられていたであろう。欧州では、多くの洞窟に狩猟採集時代の壁画が残されているが、そこは黄泉の国への通路とされる。壁画はシャーマンがトランス状態となり、狩猟の成功や病気の治癒などの祈禱を行う際に使われたものとされる。

一万三〇〇〇～一万一〇〇〇年前には最終氷期とされる時代が終わり、人類史的には旧石器時代から新石器時代に替わる。この時代は、狩猟採集時代から農耕が始まる農業革命を迎える前の段階とされている。狩猟採集の文化においては、亡くなった祖先の霊が子孫たちの狩猟採集活動の力になってくれるものと期待されていた。人々は、祖先たちの霊に対して祈りを捧げ、祖先がその活動への助力をして狩猟や採集が成功するように導いてくれるように願った、祖霊崇拝である。日本においても祖霊崇拝は、後述の柳田国男等の説（次章9〈日本の神と信仰の歴史〉で詳説）により、現在に続く信仰の根幹にあるものとされている。

そして祖先に求められたのは多産による一族繁栄の他、狩猟採集においては獲物の増加や狩りの成果、大漁、果樹の豊作など、食料の確保であった。その後、農耕が始まった時代では、適度の降雨、豊作、家畜の多産などが併せて求められ、さらに従来からの願い、つまり嵐や噴火、地震などの自然災害や病気や死から守ってくれるようにも祈願された。さらには近隣集落との争いごとの勝利などが求められたに違いない。

イアン・モリスは、ヨルダン川西岸イェリコ遺跡を発掘した英国の著名な考古学者、キャスリーン・ケニヨンの説を紹介し、「ほとんどの考古学者は、祖先が最も重要な超自然的存在だったことを示すものだと考えている」としている。[5]

この時代は多産と短寿命の社会であった。女性は人生の大きな割合を妊娠、出産、育児に費やした。一方、短寿命ということはそれだけ若くして死亡するリスクが高かったということだが、原因はやはり病気、不慮の事故、獲物の減少・果実等の不作による飢餓、自然災害、場合によっては近隣集団の敵対行動、などであったかもしれない。それゆえこれら生存の脅威、さらには一族や集団の存続の脅威になるようなリスクが発現せずに避けられるよう守ってくれるように祈ったのだ。

もちろん、このリスクという概念の中に、現代人が考えるような「偶然」や「たまたま」という要素は入っていないことには注意が必要だろう。何しろ、この頃から近世が始まるまでの間、人類は偶然という概念ではなく、全てのことは超自然的存在を原因とするとされたからである。[6] したがって、本書では近世より以前の事についても「リスク」という言葉を使っているが、当時の人々にとっては、現代人がいうリスク、不確実性は「神や天、仏が決めた定めであり、神様はもちろん先の成り行きは御存知だが、人間には分からない先のこと」となろう。しかしながら混乱を避けるために現代の概念である「リスク」という言葉を使う。

農耕が始まるとこれらの願いのリストに「豊かな収穫」の項目が追加され、この願いの順番はやがて一番のものとなった。日本では古来稲作が主業とされ、そのために発達した文化・習俗が多い。神道は稲作文化そのものが宗教に化した感があり、現代でも豊年満作への祈願は無病息災や家内安全と並び祈願の代表となっている。

移動しつつの狩猟採集生活では、小家族での移動が主体となることから、先ずは自分の父母等への崇拝から始まった。だんだん定住化が始まり、共通の祖父母を持つ大家族での定住となれば、その祖父母や曽祖父母、さらに大きな集落では、曽祖父母、高祖父母など、その共通の先祖というふうに段々上の先祖も含めたものとなり、人々との直接の関連は遠くなっていった。それとともにその共通の先祖（祖霊）に奉仕し、人々の願いをその先祖につなぎ、祖霊の言葉を伝える専門の神職（シャーマン）が現れてきた。専門化の始まりである。もちろんその神職は皆の尊敬も集めていたであろうことから、その神職が族長を兼ねていたこともあろう。

そして、農耕が始まり集落の規模が大きくなり、時が経過して祖霊と人々との直接の記憶が無くなれば、その祖霊はだんだんとその集落の収穫のことだけでなく、その他のことに関しても支配する神に変わっていったのだ。

◆進化論から

「人間は社会的動物である」という言葉は、古代ギリシャの哲学者アリストテレスのものだとされ、古来人間は社会でしか生きられない、とされてきている。オーストリア出身で一世紀前に精神科医、心理学者として活躍したアルフレッド・アドラーは、「単独で自然に立ち向かえない種は、連携して力を集めて外界に向かうのが基本的法則である」、としている。さらに「人間に備わったこの劣等が、ずっと続く刺激として働き、……人間は将来を予測する目を発展させ、思考をつかさどる器官、感情をつかさどる器官、行動をつかさどる器官として、現在見られるような精神を育てたのです。」とする。[7] つまり、人間の弱さから、感覚器官や情報処理・思考器官を発達させたとする。さらにそのような発達も共同体で生きるという前提条件の下で行われたとする。

ニコラス・ウェイドは、「宗教を生みだす本能　進化論からみたヒトと信仰」の中で、

宗教を実践する集団は明らかに生存上有利だったため、宗教行動は少なくとも五万年前、おそらくもっと早い時期に私たちの神経回路に書き込まれた。

そのころの人類は狩猟や採集で暮らし、それが一万五〇〇〇年前位まで続いた。定住生活が始まったのはそのあとで、この時期までに宗教は人間社会の確固たる特徴になっていた。

としている。[8]

そして、宗教はたびたび戦争で利用され、侵略を正当化したり、士気を高めたり、兵士を究極の犠牲行為に駆り立てたりするのに使われた。そうした集団は利用しなかった集団と比べ結束力が強く戦争に有利で、結果としてより多くの子孫を残すことになる。この遺伝子の強い集団が適者生存となり、世界に広がった、とする。つまり、宗教は集団存続のリスクマネジメントに大きな働きをしたのだ。

宗教の社会的な機能を考えてみれば、これは妥当な指摘だろう、現代において宗教は個人の救済としての側面が大きいが、一方で社会を結束させ、一つの方向へまとめ上げるという強い力を持つからである。昔から宗教のこの社会的な側面はいろいろな歴史で発揮されてきた。たとえば、新興のイスラム軍によるササン朝ペルシャの征服、中国における黄巾の乱、太平天国の乱など然りである。また、日本においても戦国時代において、多くの有力大名でさえ、一向一揆には手を焼いて相当の苦戦を強いられた歴史がある。

さらにウェイドは、

狩猟採集時代に宗教行動は進化したため、そのころの社会構造が宗教の本質と深くかかわっている。狩

猟採集時代は平等社会であり、社会の大きな脅威は、毎年人口の〇・五％を奪う戦闘と寄食者であったが、宗教はこれらの難問の解決にもなった。また、社会の中でも神を信じない者や神が求める道徳に従わない者は排除され、子孫は残せなかった。

とする。[9]

この説の通り、宗教は集団の結束に有効であるので、集団の存続には有利であったのだろう。また、信心深い個人は社会から受け入れられ、多くの子孫を残した。つまり、適者生存の淘汰の中で、信心深い社会の信心深い個人が多くの子孫を残せる可能性が高くなり、その結果、現在の世界は信心深い社会の信心深い個人の子孫に溢れているということになるのであろう。このあたりが二十一世紀の科学の時代にあって世俗化が言われる中で、宗教が滅ぶという予測を裏切り、多くの社会で宗教を信じることが当然のこととして受け容れられ、それが引き継がれた結果、極めて多数の人々が宗教を信じている現状を説明する一つの要素なのかもしれない。

また、ジェシー・ベリングは、「神を信じる本能は、私たちがそのような脳をもっているかぎり、完全にかなぐり捨てることはできないかもしれない。」としている。[10]

もっとも、レザー・アスランは、「人類はなぜ〈神〉を生み出したのか？」において、「宗教的感情が人間にとって生き延びるために独自の利点となっていると結論する理由もない」、「宗教的信仰は生物の適応に有利であった可能性は低い」とし、[11] これらの説とは逆の結論を出している。このような見方もあろうかとは思うが、残念ながらレザー・アスランはこれらの主張について詳細な論拠を示してはいないこともあり、筆者はこの説は採用しない。

◆英雄は神へ

時代を下る毎に、集団の中には、集団のために傑出した業績を残す人々が時折現れる。たとえば狩猟が上手くいつも大きな猟果を残した人、耕作に努力し子孫に素晴らしい耕地や灌漑施設を残した人、近隣との闘争に際し大きな武勲を挙げた人等々である。もちろん多くの子を産み、その娘たちも多くの子を産んだ偉大な母もいたであろう。そうした突出した業績を残した祖先は英雄として記憶され、やがて神として崇拝されるようになった。つまり、祖先の中でも突出した存在はやがて祖霊の中から地位を昇進して、特別な存在、すなわち神として崇拝されるようになった。狩猟生活から農耕生活に移行するにつれ人口が大きく増加し、それとともに集落の規模も大規模なものとなった。社会が大型化するにつれてそのような過程を経て神として崇拝されるようになった特別な祖先の霊は社会の統合による大型化の中で序列化され、一番大きかった集団が崇拝する神や一番の有力者が信奉する神は統合された大きな社会でも最高神として崇拝された。

日本においてはこの特定の先祖、偉人崇拝は極めて頻繁に行われ、神武天皇、雄略天皇などの古代の天皇にとどまらず近年では明治神宮に祀られている明治天皇もそうである。また天皇ではなくても、東照大権現とされる徳川家康、松陰神社の吉田松陰、日露戦争で軍神とされた東郷神社の東郷平八郎や乃木神社の乃木希典など一〇〇年位前に亡くなった人も神になっているわけである。こういういわば全国区の有名人ではなくても、地域の偉人というのもある。日本各地で比較的身近な郷土の偉人を祀り、神様とする神社が数多く設けられている。

このように人類は自伝的記憶を獲得し、この能力のために死をはじめとする将来のリスクに対する怖れを背負い込んでしまった。死の観察や亡くなった故人に夢で会うことから、霊魂の存在と死後の世界を確信し、祖霊を信仰するようになった。祖霊は子孫を援助してくれると信じ、怖れるリスクを避けられるよう熱心に祈るようになった。そして祖霊の中から特別な先祖を神として崇拝するようになり、宗教というものが生まれたという流れと整理することができよう。

そして人類は怖れるリスクに対して、二つの方策を講じた。一つはそういうリスクが発現して望ましくない事態が生じないように、祖先の霊や祖霊から高められた神に祈った。そしてもう一つは、そのようなリスクが発現しないようにいろいろな対策を自ら講じた。これらの対策には一人では実現不可能なものも多く、大勢の、集落全員の、さらにはその地域住民全体あるいは国を挙げて行わなければならないものもあった。

このようにリスク対策には、人々の力の結集を要するものが多く、そのため、統率する役割を果たすリーダーが登場した。強力なリーダーはその集団の力を結集できるので、その集団はさらに強力なリスクへの対策を講じることができる。そうしたリスクマネジメントが徹底した集団は存続することができて栄え、さらに強大なものとなった。やがて複数の集落を束ねた、日本の古代でいえば「クニ」と呼ばれる規模まで成長した。そしてその最初の集団の神は、その集団の守護神としてその集団を守りつつ、規模の拡大に伴い、新たな集団を獲得していった。これを繰り返すことにより、より多くの人々の崇拝を受けるようになり、さらに霊験あらたかな神となっていった。

こうして、神による加護とリスク対策に長けて賢明なリーダーに統率された集団は守られ、栄え、拡大し、やがて王国を形成することになるのである。神とリスク対策の両面から集団は守られ、周囲の集団を併呑しながら王国にまで成長したのである。つまりリスクへの怖れから人類は宗教を営み、宗教とリスクマネジメントにより王国を生み、発展させながらこの文明を構築してきたということができるのであろう。このことは第Ⅲ章で詳しく述べる。

2　リスクとは

◆リスクの定義

先程から「リスク」という言葉を何回も登場させているが、このリスクという言葉は、人によっていろいろなイメージを浮かべる言葉である。典型的には、地震リスク、風水災リスク、車の衝突リスク、登山での遭難リスク、飛行機の墜落リスクなど何やら悪い出来事、事故が発生する可能性のイメージであろう。また、生命保険の話をしていると死亡リスクや癌・急性心筋梗塞・脳卒中の三大疾病リスクというような使い方をされ、死亡や病気に罹る可能性の意味で使われる。あるいは、投資信託の元本割れのリスクとか、株価の下落リスクとか言えば、何やら資産運用で損失が発生する可能性だったりする。さらには、最近よく使われるようになってきた、地球温暖化リスク、地政学リスク、パンデミックリスクやテロのリスクについていうと世界中が晒されている脅威という感のある言葉でもある。

これらに共通しているのは、いずれも当人からすれば起こって欲しくない、否定的な出来事が発生してしまう可能性という意味であり、リスクというのはそういうマイナスの意味で使われることが多かった言葉である。ところが近年では、会社業績の「下振れリスク」つまり予想より業績が悪化する可能性とともに、業績の「上振れリスク」というように業績が予想よりも良くなる可能性についても、リスクという用語を使うようになってきている。つまり、悪い方だけでなく、良い方に動く可能性、肯定的な出来事の可能性、についても使われるようになってきている。

これを受けて、二〇〇九年に制定された国際標準規格ＩＳＯ－３１０００では、組織体のリスクは次のように、悪い方のみならず良い方に転ぶ可能性も含めて定義されている。

リスク：目的に対する不確かさの影響（effect of uncertainty on objectives）

つまり、組織体が目指す目的というものがあり、これに対してさまざまな影響を与える不確実な要素ということである。要は「不確実性」である。

この定義であれば、良い結果、悪い結果の双方を招く不確実性をまとめて定義することができるわけである。確かに良い結果や悪い結果というものはその影響を被る人の価値観に基づくものである。ある会社にとっては悪いことでも、他の会社にとっては良いということがあり得る。たとえば為替の円高リスクでは輸出業者にとっては採算悪化だが、輸入業者にとっては黒字側に作用する。したがって、リスクというような客観的な不確実性を表す言葉には、良いリスクと悪いリスクの区別は不要ということである。

もっとも、このリスクの定義は主に企業のような組織体が抱えるリスクについて考えられたものであり、個人を想定したものではない。したがって個人のリスクを考える場合には特にこの目的というものについて企業とは違ったアプローチが必要であろう。それでも企業がリスクをどのようにとらえているかを知ることは参考になるだろう。前述のようにＩＳＯの定義では、リスクの前提として、目的の存在がある。企業の場合は、大企業を中心として多くは、その企業の目的つまり事業目的を定めた、企業理念などを掲げている。言い換えれば、その企業の存在意義だ。最近は「パーパス」とも呼ばれている。たとえば、日本一の巨大企業であるトヨタ自動車では、「基本理念」を次のように定めている。

①内外の法およびその精神を遵守し、オープンでフェアな企業活動を通じて、国際社会から信頼される企業市民をめざす

②各国、各地域の文化、慣習を尊重し、地域に根ざした企業活動を通じて、経済・社会の発展に貢献する

③クリーンで安全な商品の提供を使命とし、あらゆる企業活動を通じて、住みよい地球と豊かな社会づくりに取り組む

……………

このような基本理念が掲げる基本方針や、これをさらに具体化した中長期的な目標、さらには年度毎の目標や予算の達成を目指すのが目的・目標である。したがって、これらの目的・目標の達成に対してさまざまな影響を与えるような要素があり、それらがリスクというわけである。そして近年では各公開企業はそれらのリスクに対する企業としての認識を公開することとされており、同社の場合は有価証券報告書（二〇二三年三月決

算）では、次のものを挙げている（タイトルのみ）。

(1)　市場および事業に関するリスク

②自動車市場の需要変動

①自動車市場の競争激化

……………

⑨気候変動および低炭素経済への移行

⑩優秀で多様な人材の確保と育成

(2)　金融・経済のリスク

①為替および金利変動の影響

……………

(3)　政治・規制・法的手続・災害等に関するイベント性のリスク

……………

③自然災害、感染症、政治動乱、経済の不安定な局面、燃料供給の不足、インフラの障害、戦争、テロまたはストライキの発生

つまり、トヨタ社では、投資家の判断に重要な影響を及ぼす可能性のある事業等のリスクについては、このように認識している、ということである。これでも分かる通り、たとえば、(1)②需要変動等は、業績に対しては、良い影響、悪い影響のいずれももたらすリスクであろう。一方、(3)③自然災害、政治動乱、インフラの障害等は、基本的に業績に悪い影響のみをもたらすリスクであろう。

したがってリスクという言葉が、プラス・マイナス双方の影響をもたらす不確かさの意味で用いられている

ことがよく分かる。

◆主体の性格によるリスクの違い

リスクは不確実性なのであるから企業だけではなく国にも、あるいは当然ながら個人や家庭にも降りかかってくる。したがって、リスクの影響を受ける主体別にA企業のリスク、B企業のリスク、さらには日本のリスク、中国のリスクや地球のリスクなど大きな階層、また一方、山田さんのリスク、中村さんのリスクというような個人や家庭のリスク等々いろいろな階層や主体毎にリスクというものが有ることになる。

筆者は、これまでいろいろな企業が抱えるリスクについて調査・分析などを行ったが、そこで痛感したのは、それぞれの企業の抱えるリスクの状況（専門的には「リスクプロファイル」と呼んでいる）が企業毎にそれぞれ大きく異なるということである。個人でもそれは同じであろう。トルストイはその著書「アンナ・カレーニナ」の冒頭で、「幸福な家庭はすべて互いに似かよったものであり、不幸な家庭はどこもその不幸のおもむきが異なっている」としている。[12] この「不幸」というのを「リスク」（不幸の原因でもあるが）に読み替えれば、そっくり当てはまるというわけだ。つまり「それぞれの家庭は、どこもリスクのおもむきが異なっている」となろう。リスクとい

図Ⅰ-1　リスクのイメージ図

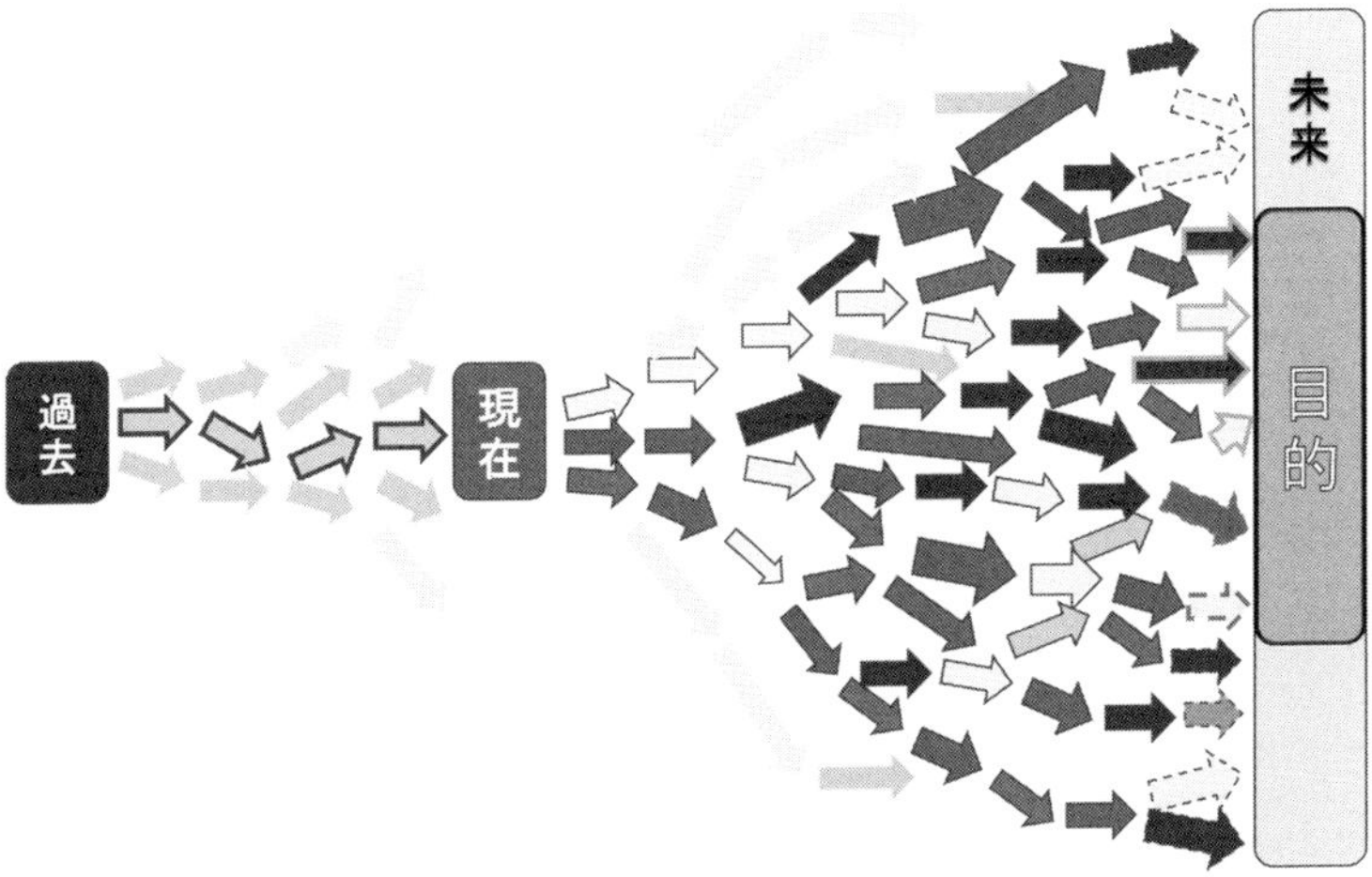

うものをイメージすれば、**図Ⅰ－1**のようになろうか。過去・現在・未来と流れる時の流れの中で、いろいろな要素によりどちらに転ぶか分からない無数の可能性・不確実性というものがあって、過去から現在へはその多数（無数というべきであろうか）の組み合わせから、たった一つの組み合わせが現実のものとなり、現在の姿になっている。しかしこれから未来に向けては、どの矢印の組み合わせが現実化するかは分からない。つまり目的に対する不確実性は無数にあり、それぞれの事態の進行に伴ってどちらに転ぶかは分からない無数の不確実性の組み合わせの中から、一つが現実化しながら未来の姿というのは定まっていくわけである。そして各時点で目的に至るルートは必ずしも一つではない。

◆個人のリスク

個人が抱えているリスクというものも、その人の生まれながらのＤＮＡ、時代、育った環境、生活様式、職業、性格、リスク選好などにより大きく変わる。やはり、個人のリスクプロファイルも指紋と同じで、それぞれに異なり、同じものはないのだ。したがって、そこにリスクの世界の奥深さがあり、自分のリスクプロファイルを知ることは、自分の未来をよりよくするための極めて重要な鍵というべきであろう。

リスクとは、「目的に対する不確かさの影響」なのであるから、「目的」がそもそも何だろうかという話をまず片付けなければならない。企業の場合は企業理念・事業目的・中期目標（計画）、年次目標・予算など役職員、株主や取引先等、他のステークホルダーと共有する目的・目標がしっかりと定められている場合が多いので、目的という概念が明確であることも多いであろう。したがってこのリスクの定義がしっくりくるわけである。

しかしながら、個人の場合には、目的というものがあまり明確ではないということも多い。今日中とか明日までにやることや、やり遂げなければならないこと、つまり日常的な「目的」や「目標」というのを常に抱えているから、忙しくしているわけである。もちろん、日常的な目標についても、さまざまなリスクの影響でうまくいったり、そうでなかったりしている。これとてここでいうところの立派な目標だ。一方、世の中で一般に目標と呼ばれるに相応しい、もっと長期的なもの、たとえば将来のなりたい自分についての具体的目標や今年中に達成したい明確な目標を持ち、これに邁進している人も多いだろう。他方で、そういう明確な目標と言われても……という場合も多いであろう。

小学生に将来の夢としてなりたい職業を尋ねれば「野球選手」、「サッカー選手」、「パイロット」、「学校の先生」や「お医者さん」、「看護師さん」などいろいろあろう。また、社会人になりたての人に「人生の目標は？」という問いかけをした場合には、「とにかく長寿だ」、「お金を儲けて子孫に残す」、「出世して権力をもちたい」、「幸福な家庭を築き子供を育てたい」、「研究成果を残し人類に貢献」等々いろいろなものが出てくるであろう。

長期でとらえて、人生の目的とは、という話になれば、それ自体が極めて哲学的な命題になり、その定義からしていろいろな説が出てきて当惑しそうである。尋ねられた方も、なかなか返答は難しいのかもしれない。ある人々は、右にあげたような目標を掲げるかもしれない。もっとも、「人生の目的」という根源的な問いについて論ずるのは、本書の目的から外れてしまう。しかし、目標というものに関して、人は、このように年代別に、また、短期、中期、長期という期間別に、いろいろな目標というものを持っているであろうし、人生の各ステージでさまざまな目標を同時に掲げながら生きていくものであろう。

3　古代王国のリスクと神

◆集団のリスクと宗教

人々は集落を形成し集団化して生活するようになったが、やがてそれは基礎的な集落から村、クニや都市、さらには王国や帝国に発展した。宗教が集団のリスクマネジメントに対して果たしてきた役割を考えるにあたっては、集団に対して果たしてきた役割と一人一人の個人やその家族に対して果たしてきた役割の双方を検証していく必要がある。

先ずそのうちの集団のリスクについて果たしてきた役割を考えてみる。ニコラス・ウェイドは世界の宗教に共通するのは、次の点であると指摘している。

- ◆儀礼があり音楽を伴い、通過儀礼（誕生、成長、結婚、葬送）を行う
- ◆神と接触する何らかの方法があり、原始ではトランス状態、進歩した社会では啓示を受ける
- ◆道徳ルールは超自然的存在との契約に含まれる
- ◆死後も魂は生きており、運・不運は神が定める
- ◆神は不滅の生をもち、人間の行いに高い関心を持っており、心の内までわかり、ルール違反はこの世あるいはあの世での制裁となる
- ◆神のルールには特定の食べ物を禁じる等の多種多様な儀礼的要求が含まれる
- ◆適切な儀式の祈りには、人間や他の哺乳類が服従するときの動作が伴う、ひれ伏す、ひざまずくなど
- ◆多くの宗教の中心には供犠があり、供犠は神の行動に影響を及ぼす主な手段[13]

こうした特徴の通り、宗教は道徳的な規範を定めて、これを集団内の人々に守らせた。これを守らない場合には懲罰、つまり神罰、天罰が与えられることを定めることにより、この規範を個々人に遵守させた。宗教はこれを通じて集団内の秩序を維持するとともに、集団内の結束を高める役割を果たした。さらに、外部集団との戦いなど緊急事態においては、兵士に命さえ投げ出させて、神への奉仕を求めることにより集団の防衛を有効なものとした。

集団の存立を脅かす原因はさまざまである、農耕集落においては、たとえば長期的な旱天は収穫を危うくす

る大きな脅威であった。逆に、豪雨による洪水も耕作地を押し流して破壊し、場合によってはその年ばかりか、将来に亘って耕作を困難にするようなリスクであった。こういうリスクに対して祖先たちは、まずは協力して自分たちにできることは何でも行ったに違いない。脅威に怯えるだけではなく、周囲の自然に対して改造を行うことも始めたであろう。旱天対策としては貯水池の築造や用水路の整備、洪水対策では堤防の整備などだ。しかし、たとえ集団の全員が協力してこういう対策を講じる工事に当たったとしても、これらの対策では防ぎきれない規模の旱天や自然災害が襲った場合には、集団としても壊滅的な被害を蒙ることになる。

こういう極端な気象事象や自然災害が発生した場合にはもはや、自分たちの力ではできることはないので、そういう災害を起こす超自然的存在に祈った。たとえば旱天を起こさせる太陽を司る神、雨を司る神、暴風を司る神などが、自分たちの集団に対して被害を与えるような極端な出来事を起こすことが無いように願った。そして、それぞれの神々の歓心を買い、機嫌を損ねるようなことにならないように、神が気に入るような行いをした。それとともに、神が喜ぶとされる供犠や供物を捧げ、儀礼・音楽・舞踊等の奉納を行うとともに、そのような災害を発生させないで下さい、と祈願した。

この神様は、太陽、雨、風のようにそれぞれの自然現象の分野を担当する神の場合もあったであろうし、気象現象一般を司る神、自分たちの集団を支配し、これを守護すると信じられている神、あるいはすべてを統べる全知全能の神などいろいろなパターンがあったであろう。いずれにせよ、自然災害などのリスクへの備え、つまりリスクマネジメントは、集団としての自助努力による対策と、これを超える部分については神の加護に頼るという二本立てであったものといえよう。

集団のもう一つの大きく深刻なリスクは、対立する他の集団との抗争のリスクである。抗争の規模が大きくなれば戦争だが、これは人間が集団で暮らし始めた時以降は、常につきまとっていたリスクであった。特に狩猟採集生活から農耕生活に移行してからは、土地や収穫物、水利権あるいは労働力を巡って集団同士の抗争が激化したことは想像に難くない。日本でも稲作が開始された弥生時代になって、戦闘による死者の激増が報告されている。これに対して集団は、戦士を召集するとともに訓練した。王国のような大規模な集団になると、専門の軍隊を組織し軍事的衝突に備えるとともに、仮想敵が安易に攻撃に出てくるのを思いとどまるように牽制を行った。そしてこの戦士たちの士気に宗教は大きな役割を果たした。

いずれの宗教においても、同じ集団の人間を殺傷することを、真っ先に禁じており、厳しい処罰を伴う禁止行為とされる。つまり、「汝、殺すなかれ」だ。殺傷は社会秩序を危うくする重大な社会的悪事であるから当然だろう。しかしながら他方で、宗教は戦士の命を奪おうとする敵の戦士を殺傷することをむしろ推奨し、賞賛されるべき行為へと真逆の価値観への転換を行う。つまり、第一に自分たちの宗教とは異なる価値観を持つ他の集団や敵とされた集団の人間に対しては、情け容赦ない殲滅を迫るのである。第二に、守るべき自分たち集団の価値は至高のものであり、何としても守るべきとの道徳的価値観を与える。第三に、自分の命を危険に晒してでも、あるいは投げ出してでも集団の利益のために貢献するのが、神が求める道徳であるとして、命懸けの勇敢な行動を求める。

宗教は、そのような行動をするように戦士の内面を変える。英雄像を創りこれを讃えるのだ。つまり、自分や他人の命を大切にするという親からもらった基本的な価値観を捨てさせ、大義のためならば投げ出させるという新たな道徳を植え付けるのだ。そして、集団のためならば司令官の命令一下、自分の命も惜しまず、敵の戦士や集団員を虐殺する殺人鬼すら生みだすわけである。

そして自分たちの軍隊が敗れれば、集団には破滅が迫るわけであるから、当然ながら集団として、戦の神や全能の神に戦の勝利を祈願する。つまり戦争のリスクについても宗教によって士気を高められた戦士たちの自助努力と、戦を勝利に導いてくれる神の力の二本立てによって戦争のリスクマネジメントを行う。この宗教の貢献と戦士の士気が高い集団、つまり戦争のリスクマネジメントの効果が大きかった集団のみが存続した。防衛のためにも宗教は欠くべからざる存在だったのだ。このように宗教はさまざまなリスクへの対処に大きく貢献し、集団の維持発展のために不可欠の役割を果たしてきたのだ。

我々の祖先であるホモ・サピエンスつまり現生人類は、六万年前頃にアフリカを出て中東に進出した。そして当時すでに二〇万年来欧州に分布していた別種の人類であるネアンデルタール人と隣人として数万年の間共存していたものとされる。この間両者の間には交配も行われ、南部アフリカの人々を除くユーラシアや南北アメリカの現生人類が持つDNAにはネアンデルタール人のDNAが二%程度含まれている。

ネアンデルタール人は体格ががっちりし、頭脳も現生人類よりは大きかった。それにもかかわらずネアンデルタール人は滅亡し、現生人類が残った。その原因としては、ネアンデルタール人が二〇名以下の小集団で狩猟採集生活を行ったのに対し、現生人類は比較的華奢であり協力する必要があったため、一〇〇名以上の大規模な集団で暮らしていた。そして、ホモ・サピエンスの集団の大規模化に大きな役割を果たしたのが宗教であったともされる。集団内で狩猟法や狩猟用具の改良等のイノベーションが共有され、これが集団としての狩猟採集等の効率、つまり生産性を向上させた。生産性でネアンデルタール人との間に差が生じたために、競争上現生人類が有利となり、その結果ネアンデルタール人が滅んだ、ともされている。[14]

◆個人の信仰と社会性

次に個人と宗教について考えよう。基本的には宗教というのは、神とその神を信じる心との関係であり、この関係から出発するものである。したがってその個人が心の中で全面的に神を信じるか、つまり帰依するかどうかという極めて個人的、内面的な事柄であり、神と信者である個人との関係が根本になっているものである。このように宗教というものは本来、神と個人との関係で決まるものであるはずなのだが、前述のように集団には大きなプラスとして働くけれども、個人から見たら実はマイナスの面の方が収支勘定上大きくなってしまうことも考えられよう。この命題をここでの検討テーマとし、リスクの観点からこれを見ていこう。

リスクとのかかわりから言えば個人は神に対して、たとえば次のようなことを祈願する。

◆自己や家族の安寧と多幸を願う
◆不安からの解放を願う
◆死後、来世における幸福を願う

これに対して神は、それらの願いを聞き届け、神の意思に適うものであれば、それらの願いを実現させてくれる存在である。もちろん、実現の程度はさまざまだ。また一方で神は、戒律に悖る言動があったり、神の意に沿わない思い（神は人の内面までお見通し）を抱いたりした場合にはこれに対して処罰（神罰、天罰、仏罰等）を与えるという存在である。もちろん、戒律違反については、神の意思に反したということで、神職者や他の宗教関係者から神の名において処罰されることもある。

つまり神の前で、神の歓心を得られるような「善行」をして、ここに並べたような個人の願いが神の思し召しに与れた場合には、叶えられるというものである。一般にこの「善行」は、利他的行動と呼べるものが多い。すなわち他の人に益があるような行動である。そして善行をすれば、願いは必ず叶えられるというものではなく、その善行とされるものが神の御心に合致し、そのうえでその願いを叶えようとの神の意思があった場合には叶えられるとされるものである。

もっとも、初期の定住社会では、神官が祭礼を行い、集団の願いを中心に神々に伝えていた。そして次章４〈普遍的な宗教〈世界宗教〉への流れ〉で述べる枢軸時代より以前の神々は、人間の道徳性にはさほど関心が深いとは解釈されていなかった。しかしながら、その後の世の中においてはすでに見てきたように、宗教は個人の内面に働きかけるようになって、集団のリスクマネジメントにとって極めて有益なものとなり、為政者にとっても都合が良いものとなった。

枢軸時代以降の宗教において人々は、宗教が教える価値観や秩序というものを、物心がつく前から徹底的に教え込まれる。刷り込まれるという方が正しいのかもしれない。「神様は全てご存じ」、「神様が見ていますよ」、

「神様の前で嘘をついてはいけません」、「神が定めた掟です」、「神に祈りましょう」などである。これらの教育によって、神に絶対の価値観を置く人間として成長した者は、その教えに背く行動をとることには、大きな抵抗感を感じるのだ。やがて成人となっても、神の教えというものがいろいろな価値判断の基礎となったり、物事の判断の根拠となったりする。

そして、その善行や捧げる犠牲も必ずしもその本人の裁量で決められるものではなく、集団への貢献をも含むようなものとされた。その内容というのは専門の神官によって決められ、それが国全体に関することであれば、最高神祇官を兼ねる王によって決められ、必要とされるその供犠や善行の内容・程度も王の意の下に決められ得るものであった。

神を信じその御心に我が身と魂およびそれらの未来を委ねる、つまり帰依すれば、死後のことも含めたさまざまな不確実な事柄、リスクについての不安や恐怖から逃れて人は解放される。リスク事象が神の思し召しに替わるのだ。これこそが宗教によってもたらされる心の安寧という大きな安らぎであり、確かに他では得難いものであったろう。まさに「信じる者は救われる」のである。そういう意味で信者個人の幸福感に大きく寄与するものであったことは事実であろう。何よりも宗教によるこの安寧、つまり不安や怖れの対極にあるものが、信者である個人に与えられる最大の恩恵であろう。

しかしながら、この恩恵は心の安寧という個人の主観に依存するものであるため、客観的な評価を行うことは困難である。客観的な評価ができるものがあるとすれば、それはそれぞれの願いの実現であろう。これは神の思し召しによって願いが実現された、とその本人が得心したときに現実のものとなる。しかしながら、本人が望んだ幸福が実現したかどうかや本人が得心したかどうかの客観的な測定というのはなかなか困難である。一般に信心深い人々はそうでない人々に対して、より多い頻度で幸福や僥倖に恵まれるものと信じられている。だが、そのような統計はとられていないことから、願いの実現度合を評価することは難しい。少なくとも結果が追跡可能なはずの現世の願いでもそうなのだから、来世の話は確認不能というしかない。そもそも冥福、つまり来世の幸福というような死後の恩寵に関しては、事実関係の追跡はできないのである。

したがって各信者としては、現世、来世を問わず、幸せを得るため、神の名の下に集団や国あるいは王や神官が定めた法の定めるところに従って、神が喜ぶとされている供物を添えて祈った。この供物はさまざまなものがあった。原始の供物は供犠として犠牲獣などを捧げたが、集団としての祈りでは場合によっては人間の命も捧げるような供犠が求められたのである。

従って、バランスで考えれば、宗教というものは集団・社会や国あるいは為政者のためには素晴らしい統治のための仕組みであるが、必ずしも個人が払う犠牲の割には幸福にはつながっていかない側面があるものともいえよう。

このように宗教は、同じ神の信者として人を結集させ、集団の利益を個人の利益に優先させるような機能を本来的に有している。このことから宗教が成す個人の幸福への寄与よりは集団としての存続・発展に対する寄与への度合というものの方が大きいという事が言えるのかもしれない。つまり、必ずしも個々の人間が生きていくために宗教があるわけではなく、むしろ人間の集団・社会というものが存続していくために宗教というものが生み出され存在してきた。そういう性格の宗教が連綿と継承されていく中で人間社会は発達し、今日のような複雑な社会が形成されてきたものということができそうである。

したがって、宗教というものが、集団・社会の組成や存続にとっては極めて好都合なシステムであるという事は間違いない。その反面、それが個々の信者にとっても、幸福に寄与する本当に役に立つ素晴らしいものであったのか、という事については、心の安寧という極めて主観的なものを除いては、疑問符が付く場合もあったという事である。もちろん、これは軽々には論じられまい。それは、宗教というものが個々人の価値観の形成にまで深く作用し、各人が大事だ、大切だと思う内容にまで影響を及ぼしてしまうという側面があるからである。そもそも人の幸不幸というものは、その人の価値観によって決まることが多く、客観的な指標によって論じることには馴染まない。ましてや来世における幸不幸というような現実からは乖離・跳躍した概念も考慮せざるを得ない。とすれば、一概に個人にとって一方的に犠牲を求めるとか、不利だとかとは言えないであろう。

いずれにせよ、宗教というものが人間の集団・社会にとっては極めて重要なものであり、宗教の存在によって社会つまり我々は現在にまで存続し、文明を築いたということは間違いないようである。やはり人間は宗教的存在（ホモ・レリギウス）であり、同時に社会的存在（ホモ・ソキウス）なのだ。

◆社会のための勧善懲悪

多くの宗教は、人間の死後について、天国か地獄に行くという不確実性、リスクを明確に示し、善が多ければ天国に行ける確率が上昇し、邪悪が多ければ地獄に堕ちるリスクが高くなるということを説く。この教えによって死後のリスクに対するリスクマネジメントを呼びかけ、社会を不安定化させる要因である邪悪、つまり犯罪、虚偽、裏切りなどを防止させ、個人にとってはそれにより地獄に堕ちるリスクを防止・軽減することにつながったとされる。また、これによって善行、倫理等の社会を安定させる行為を奨励して社会や国家を安定させ、その社会のリスクマネジメントに貢献したということができよう。

このメカニズムは次章3（ゾロアスター教）で紹介するゾロアスター教の教祖、ザラスシュトラが創始した手法であるとされる。死後の世界についての個人のリスクマネジメントを通じた社会のリスクマネジメントという手法は、多くの社会、国、帝国によって採用されることになり、それは現代まで連綿と続いている。

では、そもそも善とは何であろうか。広辞苑によると、「正しいこと。道徳にかなったこと。よいこと。」とされている。大辞林では、さらに「真・美とならぶ基本的価値の一」としている。

つまり、そもそも真・善・美というのが人間の基本的価値で、人間のあらゆる営みが目指すところなのだ。

西田幾多郎の「善の研究」によれば、善は自己実現だが、そもそも人間は自己の満足よりも寧ろ、自己の愛する者や自己の属する社会の満足により満足される。したがって善はそもそも社会的性格を持ち、社会的善は人類発展にもつながるとしている。[15]

善というのは自分に良いということもあるが、ほとんどの部分では自分以外の他人に対して良いこと、他人の価値に適うこと、他人のためになることなのだ。配偶者にとって良いこと、親・子など家族にとって良いこと、友人や同僚にとって良いこと、自分の住んでいる街の、市の、国の、地球上の人々にとって、つまり社会にとって良いことなのだ。自分の外の存在にとって良いことなのだ。たとえば、他人に嘘をつかず、正直でいるということは、他人がその人の言うことを信じることができ、その情報に基づいて行動できる。皆が正直である社会では他人の言うことを信じて行動すればよく、疑う必要がなくなり、確認して裏を取るなどの余計な手間も省くことができて合理的である。さらに、そもそも嘘をつかれるリスクを考慮する必要がなくなり、それは心の安寧をもたらす。そしてその結果、社会は効率化し人々の努力が直接成果に結びつくので発展することになる。

逆に悪が蔓延している社会では、万人が万人に対して疑心暗鬼になり、不信と恐怖が社会を蔽い、当然ながら経済活動も停滞するので、発展などは覚束ない。世界の公務員の腐敗状況を報告している、トランスペアレンシー・インターナショナルのレポートにある、世界の腐敗度地図を見れば、政府に悪つまり収賄が蔓延っている国というのは、悪や不正義が蔓延し、経済的にも発展が停滞している国がほとんどである。

だから、善という価値観は社会の安定・発展に不可欠なのだ。貧富や貴賤を問わず誰でも、現世において善を行えば、たとえ死んでも審判を受けて天国に行ける。そこでは安楽に暮らせる。この教えは集落単位の社会でもそれなりの役割を果たしたであろう。しかし、都市や国家など、全ての人が互いの顔を知っているわけではない、大きな社会の維持発展には特に極めて大きな役割を担ったに違いない。善に導く宗教は、社会の論理からした場合には極めて都合の良い考え方であった。つまり、社会の側の立場、社会を統治する為政者の立場からすれば、法律で厳しく律しなくても、死後の裁きを怖れる人々は自ら進んで、善を行ってくれる。人々はそうとは意識せずに、現世での因果応報やそれぞれの死後に備えたリスクマネジメントのために、善を実行してくれる。そしてその善というのは社会のため、ひいては国家の維持や発展のためには極めて有効なものなのだ。

まさしく当時大きくなりつつあった人間社会の発展維持のためにはこの善悪による因果応報を説く教え、つまり「善行善果・悪行悪果の現世・来世を通じた因果応報システム」を備えた宗教は必須のものであったのだろう。そして、ユダヤ教、キリスト教、イスラム教はじめ大乗仏教など多くの宗教の中にこうした考えは積極的に取り入れられていく。その後の人口増大に伴う社会の巨大化に伴ってますますその重要性を増し、近世が近づく頃には必須のものとなっていった。

ザラスシュトラという天才としか言いようのない祭司の起こした宗教改革は本当に画期的なものであったのだ。ゾロアスター教は善の宗教といわれるが、ザラスシュトラのこの教えは人間社会の維持発展には不可欠の善というものに焦点を当てた。そして、その実践により死後、来世での幸福を与えるという因果応報を約束した。これにより、将来や死後のリスクのことを心配する人々、現世および来世についてのリスクマネジメントを行いたい人々に対して善についての絶対的な価値を与え、社会の維持発展に不可欠な善を推し進めた。これを通じてその後の人類世界の発展に極めて大きく寄与したのだ。

つまり、因果応報により、善をなせば死後は天国に行き幸福に暮らせるが、悪をなせば地獄に堕ち極めて酷い苦痛を味わい続けることになる。したがって善を積まなければならず、邪悪は避けなければならない。人々はこの教えを信じ、地獄に堕ちるリスクを回避するため悪事を避け、善行をなすという、来世のリスクマネジメントを実践する。

◆社会のリスクと宗教

狩猟採集時代から初期農耕期、古代を経て中世に至るまでの時代において、集団にとってその存立を危うくする程のリスクを大まかに分類し、これらへの集団の対処とこれらに対して神（宗教）に期待された役割は、それぞれ外部からのリスク（図Ⅰ―2）と内部リスク（図Ⅰ―3）のようにまとめられよう。

これを見ると、集団を脅かすさまざまなリスクへの対処として宗教は、極めて大きな役割を期待されていたことが分かる。もちろん、これが有効に機能し、期待されていた成果、役割を果たしていたかどうかは状況にもよるのであろう。集団を挙げての祈願の甲斐もなく、外敵の侵略、地震や津波、噴火などの大規模な自然災害、あるいは疫病により、集団が壊滅的な被害を蒙り、存続できないこともあった。あるいは、神が集団の祈りを聞き容れて、集団は被害を免れ、これに感謝する人々によって、神殿はさらに増築され、儀式も充実したものになったこともあったであろう。

図Ⅰ-2　外部からのリスク

リスク	集団の対処	神（宗教）への期待
水害、暴風、地震、噴火、落雷等の自然災害、旱天、病害虫	治山・治水事業を行う。これを超える災害が発生しないように祈願する	集団としての祈りに応え、自然災害等を防ぐ
外敵の襲撃・侵略、戦争	徴兵して軍隊を組織し、集団として防衛に当たる。戦士の士気を高め、敵に対する勝利を祈願する	集団としての祈りに応える。戦士に自分の利益より集団の利益を優先させ、命さえ捧げる覚悟を備えさせる
疫病の流行	医師に診せ、伝統療法を施す。集団として疫病退散、個人として早期快癒等を祈願する	集団・個人としての祈りに応え、疫病退散・早期快癒等を実現する

図Ⅰ-3　内部リスク

リスク	集団の対処	神（宗教）への期待
意見の相違・内部分裂・内乱	警察力の行使等の統制実施	道徳の提示、権威や和など共通価値観の醸成
勤労意欲の減退、内部寄食者の増加	税納付の厳格化、監視の厳格化、教育の拡充	道徳の提示、勤勉、社会貢献等、共通価値観の醸成

傾向として外部リスクについて言えば、宗教は災いそのものを取り除いたり、幸運を招いたりという不確実な事柄を好転させるように祈願される比重が高かったということが言えるかもしれない。しかしながら、実際には侵略から守る立場の戦士の士気を高め、集団のための自己犠牲を促すという重大な役割を果たし、これが現実に絶大な効果を発揮したことを忘れてはならないであろう。

一方内部リスクについて言えば、人々が同じ神を信じていれば、共通の価値観や道徳観を醸成し、個々人の内面に働きかけて、内部分裂・治安の悪化・勤労意欲の減退などの集団の内部崩壊のリスクを減少させる方向へと作用していたものであろう。特に、善行善果・悪行悪果の現世・来世を通じた因果応報システムがあれば、犯罪を抑止し、勤労意欲を高める効果があった。

◆王のリスクマネジメントと宗教

宗教が集団の維持・発展、つまり集団のリスクマネジメントのために極めて重要な役割を果たすものであったということは、集団を率いる立場の集落の長、族長や王その他の為政者にとって、極めて魅力的であり、当然ながら宗教は大いに利用された。

逆に王が宗教と対立する立場をとった場合には、宗教によって定まっている人々の規範や価値観を自らが定める命令や法あるいは新たな神を登場させることによって変更させる必要が生じるわけである。しかしながらこれはさぞ困難な大事業だったに違いない。

一つの例として、古代エジプトの「アマルナの宗教改革」として知られている事件がある。新王国時代の紀元前十四世紀に、それまでの宗教が多神教であったものを、ファラオ・アクエンアテンと王妃（後に女王）ネフェルティティは、そうした従来からの神々を全て否定した。そのうえで、全く新たな神である太陽神アテンを唯一の神と定め、これを崇拝させた。つまり多神教から一神教への大宗教改革であった。さらにアテン神と交信できるのは、自分たちファラオ夫婦のみであるとした。

しかしながら、この改革により、神官を含めてエジプトの人々はファラオ夫婦を通じてしか神との交信ができなくなってしまった。さらに重大なこととしてこの改革により、死後の世界が否定された。これによりエジプト人が大きな希望として信じていた死後の復活も無くなってしまったわけである。このことによって、エジプト人たちは、心の拠り所を失うこととなった。

この背景には、当時のエジプトでは神官の権力が増大して、ファラオと並ぶほどの権勢を持つようになっていたことがある。神官は多くの寄進を受け、富を蓄えて大きな権力を持つようになってきていた。これが嵩じて、ファラオの後継者を決めるのも実質的には神官になっていたとされる。これを改め、ファラオに権力を取り戻すための改革として、この急進的な宗教改革は行われたものとされる。つまり神官とは無縁の新しい神を創造し、ファラオ夫婦だけが神を独占できるようにした。そして、それまでのルクソールに替わる新たな都であるアマルナを建設し、そこに二万人が居住した。

しかしながら、アクエンアテンの死後は新しい神であるアテン神の宗教に対しての信仰は廃れ、人々はアテン神に関わるあらゆるものを破壊し、アマルナの宗教改革は失敗に終わることになった。もっとも、この事件は、最初の一神教の試みとして、後のユダヤ教の一神教化にも大きな影響を与えたともいわれる。

宗教が持つ大きな役割に規範に従わせるということがある。つまり宗教による聖なる規範の遵守である。規範にはこれとは別に国や集団によって定められたもう一つの規範がある。つまり世俗権力による法令である。この二つの規範について比較を行うとすれば、図（**図Ⅰ－4**）のようになろう。

王から見た場合には、法令は自らの権力の発現として人民の理性に作用し、さらに実力行使の場合は直接身体にも作用して遵守することを強制することができるという極めて強力なものではある。他面で、十分に遵守させるためには官吏による監視が必要であり、この監視も完璧を期すことはなかなか困難であるという側面がある。他方で宗教による規範は人の内面である心に作用して、違反すれば現世における不幸や死後の地獄での苦しみという神罰の不安や恐怖を与える。さらに人の心まで見通す神により監視されるため、信心がある限り

図Ⅰ-4　宗教による規範と法令による規範の比較

項目	宗教による規範	法令による規範
定める主体	神	国、集団
命令を出す者	神官	王、権力者
監視	神（内面まで把握）	官吏
個人の内面での受容	良心、信仰心、心	理性
訴求力	神罰への怖れ、罪の意識、地獄の恐怖	処罰への怖れ、一族の名誉、死刑への恐怖
違反への処罰	神罰、罰が当たる	権力による処罰
処罰の可能性	現世では不確実、信仰心による	発覚すれば確実
処罰の内容	現世：不幸 死後：地獄での苦しみ	現世における体罰、牢獄、死刑
発覚の可能性	必ず発覚	不確実
違反の時の内面	罪の意識	場合によっては悪法として正当化も可能
集団としての一体感	一体感の醸成に寄与	一体感の醸成には寄与しない
自発的犠牲心	犠牲心を期待可能	犠牲心は期待できない
周知の方法	幼児の頃から道徳観にビルトインされる	理解できる年齢になってから社会的教育
記載方法	聖典	法典

規範は遵守されるものと期待できる。

したがって王としてはこの聖俗両面の権威を備えることが、自身の権力を盤石なものとするためには不可欠であった。そのため、古代においては、王は多くの場合、最高神祇官を兼ね、俗界と聖界の双方を支配しようとした。そして多くの王は、神からの指名や承認を得て国を統治しているのだと、その正当性を主張した。そして王が世俗的権力、宗教的権威の双方を具えた場合には絶対的権力を発揮することができたわけである。事実、歴史的に見ても、双方の権威を具えた場合には、安定した統治を可能にした例が多い。たとえば古代では太陽神の子とされ生ける神とされたエジプトのファラオ、ローマ皇帝（最高神祇官を兼ねた）など、現代に至るものとしては、英国王（英国国教会の最高ガバナー）、天照大神の子孫とされる日本の天皇などが挙げられよう。この場合、王としては法令により国家権力の発現として、場合によっては実力・暴力に訴えてでも国民を服従させることができる。さらには宗教を通じて、国民の心の中の価値観までも統べて、聖俗双方の力を総動員して国を統治することが可能であったわけであるから、強力な治世が可能であったことは十分理解できる。

この価値観とは、善を希求し悪を避ける心、神の恩寵を期待し天罰を恐れる心、「神」の意思とあらば、自らの命さえ捧げようとする心までもが含まれる。また、王権の世襲の問題についても、神の子孫、神の代理者、神に選ばれた者であるとの神宣を受けることによってその正当性についての説明責任を果たそうとした。事実これにより正当性は担保されているものとして機能してきた。

たとえば、「目には目を、歯には歯を」で有名なハンムラビ法典の前文には、

神アンと……神エンリルとは……敬虔な大王であり、神を畏れるハンムラビ即ち私を、国土において正義を実現するために、悪者と虫けらどもを殺戮するために、……私の名で呼んだ。神エンリルが名付けた牧者ハンムラビとは私である。すなわち、……（讃辞が延々と続く）……は私である。神マルドゥクは人を支配し、国に助けをもたらすため私を派遣したので、命令で国内に法律と正義を設定し……

とし、ハンムラビ王が神の名の下に統治し法令を定めるものとしている。[16] これにより、聖俗の双方を掌握し、持続可能でオールマイティな権力が確立する。そのような王権は、外国などの外部勢力の侵入による敗北や国内の大多数の国民勢力によるその王権の否定など、例外的な事態に陥らない限りは、存続可能となる体制を可能にしたのである。

4　リスクと神が造るトライアングル

◆トライアングル

宗教が、信者もさることながら社会と為政者にとって極めて都合が良いことは前項で見てきたが、では古代や中世において善行善果・悪行悪果の現世・来世を通じた因果応報システムが個人、社会、王のリスクマネジメントシステムにどのように作用していくものか見てみよう。図（**図Ⅰ－5**）がそれを簡略化したものである。

このように、外敵や暴風雨、豪雨、高潮、地震、津波、噴火、竜巻、異常な高温・低温、干ばつ、蝗害などの災害や、疫病、犯罪、騒擾、内乱、王権を巡る争い、官僚腐敗等さまざまなリスクに晒された王国がある。リスクには各個人が抱え個人に降りかかってくるものや、王が抱え王・王族あるいは王国全体に降りかかってくるもの、社会が抱え、社会全体・個人・王に影響が降りかかってくるものなど、さまざまである。したがってリスクプロファイルはもちろんそれぞれである。しかし、外敵による侵略、自然災害、旱天、疫病のように皆が同じく深刻なリスクとして認識しているリスクもある。

そして、そのようなリスクへ対処し、また日常の生活を営むために、個人・社会・王から成る三角形が機能している。つまり、個人は社会のために善行をなし、兵役や城砦建設などの賦役などを提供する。そして社会から相互援助や警察の治安活動を含む安全の提供を受ける。社会は王に対し、官僚や軍隊を提供し忠誠を誓う、王は社会に法令を布告し規範を定め、軍隊を指揮する。王は、個人である国民に官僚機構を通じて納税させ、国民を統治する。このようにこの外側の三角形は世俗社会の三角形だ。もちろん、これらとは別に、日常の生活面では、個人は生業として、生産し、労働力・サービスを社会に提供し、社会は分業という形で個人に商品・サービスを提供するという日々の営みが行われるわけである。

　これがこの仕組みのままに上手く機能するのであれば宗教の出番はないわけである。しかしそれだけでは些か不安定な面が露呈することがある。

　まず、王権についてである。民主制であれば、自分たちで為政者を決めるので納得感があるが、そうではなく特定個人である王が特権的権力を有しているわけであり、この特権的権力である王権について皆が納得する説明、つまりアカウンタビリティが必要である。外敵を除けば、王にとってのリスクの第一は自らの正当性が否定されることや、内乱、クーデター、革命、暗殺、追放、幽閉などにより、殺されるかその地位を追われることであろう。王としては何としてもこれらのリスクを小さくし自らの王としての正当性を保証してもらいたいとの思いは強かったはずである。王家に生まれたからというだけでは不十分であろう。ここで王権が神によって与えられたものであるということで正当化できれば社会の多くは納得せざるを得ないだろう。

図Ⅰ-5　宗教をめぐるトライアングル

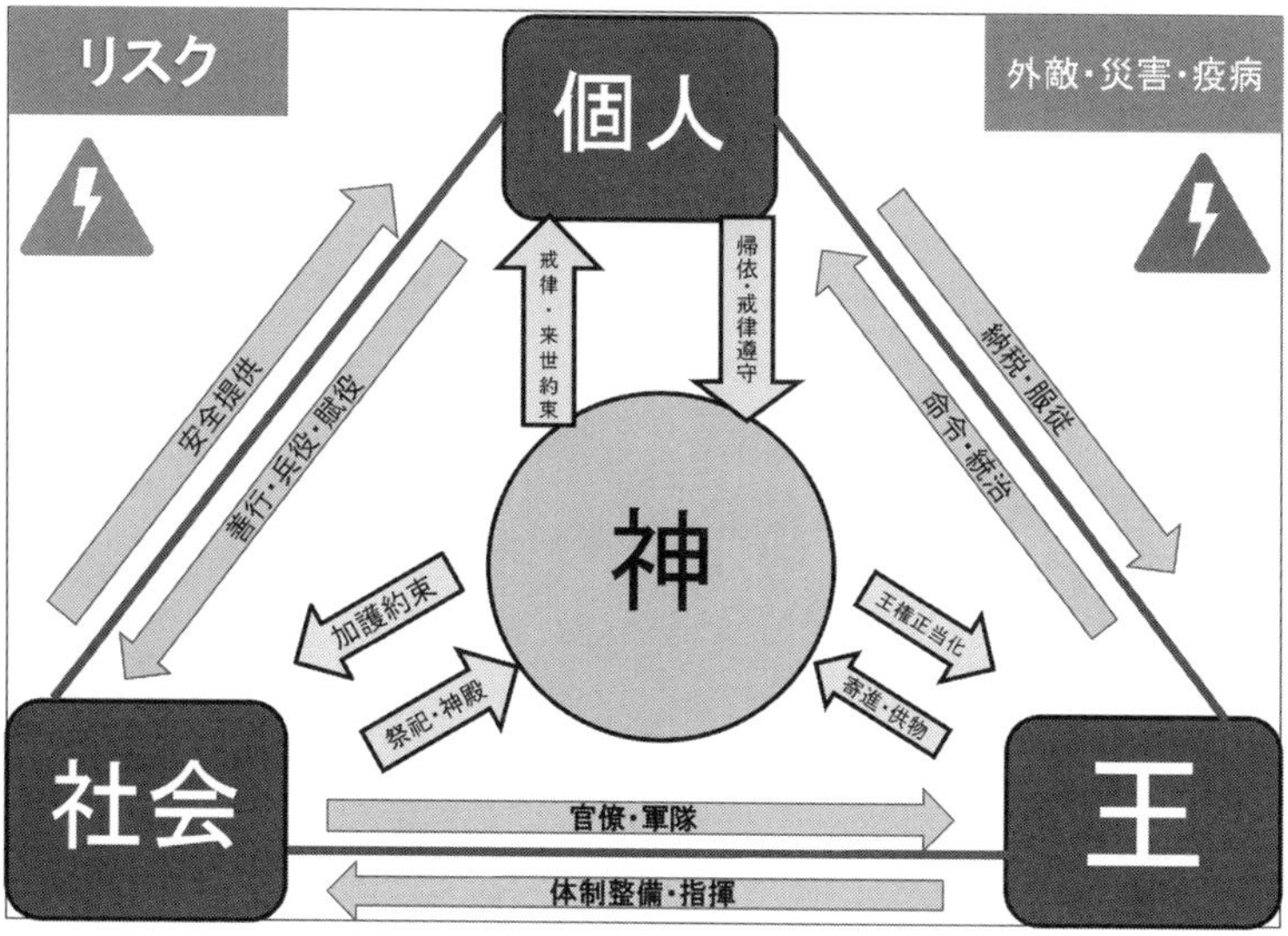

優秀な王ならともかく、世襲であれば凡庸な王が就くことも多いわけであるが、「あの愚王も神様が選んだのだったら仕方がない」というわけである。これは、近代ヨーロッパにおいても絶対王政を支えた王権神授説として支持された考え方であった。それだからこそ、現代でも多くの王は、神の前で戴冠式を行うわけである。これこそが王位が神の承認の下に自分に与えられたものだということを示し、王位の継承の正当性を内外に示すことになるからである。これに対して王は神に祭祀を行ったり寄進をしたりした。また自ら最高神祇官として宗教界の頂点に立って神に仕えた。

社会は神に対して、神殿や聖堂を建設したり、祭祀を行ったりして社会の安寧を祈願し、神もこれに対し守護神として保護を与えた。社会としての大きな懸念は、外敵、自然災害、犯罪、内乱などであり、社会としての願いは、その構成員が安心して暮らせる状況の維持に悪影響を与え、社会を混乱に陥れる事態の発生を何としても防止したいというものだったからだ。神殿は、社会の中心部つまり首都の中心に置かれ、社会統合の象徴的な建物であることも多い。そこでは訪れた人々を圧倒し、神の偉大さ、壮麗さというものを人々の心に植え付ける。そしてそれが立派で荘厳なものであるほど、民衆に対して神によって祝福された王の正統性や神の名によって行われるその統治や軍隊の指揮の正当性もアピールできるわけだ。そして個人に対しては、そういう神殿を維持できる社会に属することに誇りを抱かせ、愛国心を抱かせる。やはり神は社会に求心力をもたらす第一の存在なのだ。

個人は、本来であれば、自分の利益になるように振る舞いたい。享楽的に生きたいし、この世の生を楽しみたい、放っておけば「社会のことなんか知っちゃあいない」、という人も多いのであろう。しかしながら宗教ではそうは教えない。神に帰依することによって、その戒律を守り善行を行う、善行を行うことによって現世での幸福や来世での天国行きが約束される。そして社会が危機に瀕した時、神が約束を守ってくれることを信じて、命を投げ出しても貢献する。それが神の歓心を買う善行であることを信じて。たとえそれが敵国の多くの兵士や市民を殺害することであっても、だ。個人は神に帰依し、戒律を守り善行を行う。そうすればたとえ死んだとしても、神は来世の幸福を約束してくれるのだ。だから安心して命を懸けて王国を守れる。その場合、宗教によっては天国行きさえ保証されるのだ。

◆王国の繁栄

このように宗教の存在により、リスクに晒された世俗の三角形、つまり個人・社会・王のトライアングルは絶妙に機能するのだ。神は王国の隠れた主役なのだ、決して人々の前に姿を現すことがなく、その声というのを直接、人々に届けることは無くても。否、それだからこそ社会を維持していく上で欠かせない存在となったのだ。むしろそのために、人々は神に対していわば最高の忖度をするのだ。このようにして善行善果・悪行悪果の現世・来世を通じた因果応報システムを持つ宗教体系は、個人・社会・王のリスクマネジメントについて極めて有効に働く体系であり多くの宗教に採り入れられた。これにより王国は侵略や天災などシビアなリスクに対しても、結束して対応することができたのである。

このシステムは、古代・中世から近世にかけての王国・社会に必須のものとなり、このシステムを有する宗教が世界宗教となったのだ。このシステムを有している国家は安定を保ちつつ繁栄した。さらに、王国の繁栄は版図を拡大させ帝国を築いたりしたが、そこでもこの神と王（皇帝）・国家（帝国）・臣民のトライアングルは十分にその機能を果たし、繁栄に結びつけた。したがってこのシステムを持つ宗教体系を利用した統治モデルは世界各国の政治システムの標準モデルとなったのである。それぞれの有力な宗教における、この善行善果・悪行悪果の現世・来世を通じた因果応報システムの教えや仕組みについては次章で詳しく述べる。

農村における村落共同体においては、規模が小さいため村の全員が顔見知りで、いわば全員での相互監視、牽制の仕組みというのは自然と機能し、よそ者が来たとしても、全員で監視することも可能であったであろう。しかし社会が大きくなっていくと、隣人がどういう人物で信用できる者であるかどうか、はよく分からない。そういう時でも同じ因果応報システムを有する宗教の信者であれば、悪いことはしないだろうという期待ができるので、ある程度安心して暮らすことができる。したがって、このシステムは、都市の発展にとっても不可欠のものでもあったのだ。都市は工業や商業ばかりではなく、学問、科学、芸術、思想などの発展の中心、つまり文明の成長点であり、その要諦は治安と信用にあったことから、この因果応報システムは文明の発展に不可欠のものであったといえるであろう。しかしながら都市の場合は、他の宗教を信じ自分たちの因果応報システムとは異なる体系を信じている人々も同時に暮らしていることは珍しくない。これにより隣人に対する不信感が生じて、これが嵩じて少数派の宗教信者に対する迫害が生じてしまった面もある。ヨーロッパにおけるユダヤ人への迫害の度重なる歴史は、このことを物語っているものだろう。

注

1 ダニエル・C・デネット著「解明される宗教　進化論的アプローチ」青土社　2010年　66―67頁
2 E・フラー・トリー著「神は、脳がつくった～200万年の人類史と脳科学で解読する神と宗教の起源～」ダイヤモンド社　2018年　5―189頁
3 ジャン・ボテロ著「最古の宗教　古代メソポタミア」法政大学出版局　2013年　172―173頁
4 ダン・ガードナー著『リスクにあなたは騙される――「恐怖」を操る論理』早川書房　2009年　12―14頁
5 イアン・モリス著「人類5万年　文明の興亡（なぜ西洋が世界を支配しているのか）」2014年　筑摩書房　上120―159頁
6 青木保著「現代社会と宗教」（「宗教と社会科学」岩波講座　宗教と科学5）岩波書店　1992年　8―15頁

7　アルフレッド・アドラー著「人間の本性――人間とはいったい何か」興陽館　２０２０年　40－48頁
8　ニコラス・ウェイド著「宗教を生みだす本能　進化論からみたヒトと信仰」ＮＴＴ出版　２０１１年　３－11頁
9　ニコラス・ウェイド著「宗教を生みだす本能　進化論からみたヒトと信仰」ＮＴＴ出版　２０１１年　３－88頁
10　ジェシー・ベリング著「ヒトはなぜ神を信じるのか　信仰する本能」化学同人　２０１２年　２５２－２５３頁
11　レザー・アスラン著「人類はなぜ〈神〉を生み出したのか？」文藝春秋　２０２０年　44－45頁
12　トルストイ著「アンナ・カレーニナ」新潮社　１９７２年（木村浩訳）
13　ニコラス・ウェイド著「宗教を生みだす本能　進化論からみたヒトと信仰」ＮＴＴ出版　２０１１年　47－48頁
14　ＮＨＫスペシャル「人類誕生」制作班編著「ＮＨＫスペシャル人類誕生」学研プラス　２０１８年　98－１２６頁
15　西田幾多郎著「善の研究」岩波書店　１９９１年（弘道館　１９１１年）１２７－２０７頁
16　飯島紀著「ハンムラビ法典」国際語学社　２００２年　21－22頁

第Ⅱ章　宗教の発展とリスク

1　原始のリスクと宗教

◆原始からの祈り

人は、太古から祈り続けてきたらしい。どうして祈ったのだろう、他のどんな動物だって祈ったりしないのに。隣の人に話しかければ、何らかの返事はくれるのに、神に祈っても、たとえ大声に出して願いを唱えたとしても神の返事は聞こえてこない。返事も寄こさない相手に、何を願って祈ったのかは分からないけれども、いつも接している自然を超える何かに、自分ではどうしようもないけれども、切実なことの実現を願って祈ったのだろうか。それともその偉大なる何かに畏れ慄いて、「後生ですから危害は加えないで」、と手を合わせて助けて欲しいと祈ったのだろうか。

なぜ祈るようになったかといえば、ある時に祈ったらその願いが叶ったからなのだろうか。たとえば、しばらく獲物が取れないけれども、今度こそはうまくいきますようにとか、あるいは狩りの前のルーチンかおまじないみたいなものであったかもしれない。それであるとき、懸命に祈ったらうまくいったのだ。それで次も同じように祈った、しかし、このときはうまくいかなかった。こういう時には二通りのやり方があろう。一つは祈っても効果がなかったので「もう止めた！」という方法である。もう一つは「前回の祈り方は良くなかったに違いない、もっと真剣にやればきっとうまくいくはずだ」、であろう。こんどは皆で真剣に祈った、そうしたら大きな獲物にありついた、というようなものであったのだろうか。

ユヴァル・ノア・ハラリは、「サピエンス全史」で、二〇〇万年に亘って、人間は大きな脳を備え石器などの道具は使っていたけれども、ライオンなどの捕食者を常に恐れて暮らす存在であった。食物連鎖で言えば、中頃にいる弱い生き物であり、ご先祖は他の肉食獣があとに残した死肉をあさっている存在であった。そして石器を使って骨髄をすすったりしていた。そして、四〇万年前になってようやく、人類のいくつかの種が日常的に大きな獲物を狩り始め、ホモ・サピエンスの台頭に伴い、一〇万年前になって初めて、人類は食物連鎖の頂点へと飛躍した、とする。しかしながら、この食物連鎖の頂点へ飛躍するスピードがあまりにも速すぎた。つまり、頭の中身は未だ、他の強力な動物などを怖がりながら、つまり不安がいっぱいなまま、頂点に立ってしまった。そのため、ライオンであれば度を超えた捕食などはしないが、人類はそういう自制の仕組みなどを獲得しないまま頂点に達したため、資源の枯渇などを自ら招いたりしているとする。ハラリは、「自分の位置についての恐れと不安でいっぱいで、そのためなおさら残忍で危険な存在となっている。多数の死傷者を出す戦争から生態系の大惨事に至るまで、歴史上の多くの災難は、このあまりに性急な飛躍の産物なのだ。」としている。[1]つまり、人類は自分自身の行動へのリスクマネジメントツールを持たないまま進化してしまったとするのだ。いわば、ブレーキが完璧でないスポーツカーみたいなもので、自らリスクの塊になってしまったのだ。今後の人類社会のリスクを考える場合には織り込むべき要素なのだろう。

原始の時代、火の使用というのは人類にとって偉大な進化といえよう。火が他の動物に怖れられたことから、火を焚いている宿営地では彼らの襲撃を防げたし、もちろん明かりも暖も取れた。さらに、宿営地を確保するためにも森林を焼いて、ヘビや虫を追い出して、切り開くことができたのであろう。また、何より火を使った料理をすることによって、食物を消毒することができたし、生では食べられない草や葉を野菜として食べられるようにしたり、肉を美味しく、消化がよく栄養が摂取しやすいものに変えたりした。つまり、火は人類が初めて採用したリスクマネジメントの大きなツールだったのだ。つまり文明の第一ステップだったのだ。そして火は神聖なものとして多くの宗教において祈りにも使われた。ただし、物事は何でも両面を持つのだが、火の使用というのはギリシャ神話の「プロメテウスの火」が教える通り、同時に大きな厄災の元をもたらしたのだ。

火はその破壊力、延焼力により、制御を離れたり、人間の悪意の下に使われたりすると、とんでもなく巨大な破壊、殲滅を招いてしまう。だから、身近で極めて役に立ち、また不可欠のリスクマネジメントツールでありながら、時折その恐ろしい牙を剝き人類がその扱いに悩み続けたツールでもあったのだ。

◆農耕の開始とリスク認識

氷河期が終了する一万三〇〇〇～一万一〇〇〇年前から気温が上昇し氷河は急速に溶けていった。そして海面は一〇〇m以上も上昇した。この新たな暖かい環境の中で、中近東のレヴァント地方では、麦の栽培が始まったとされる。最初は小さな土地で少しだけ、それが徐々に耕地も整備されて次第に大きな規模で栽培用として選別された小麦や大麦の栽培が開始された。農耕の開始である。

一方、他の集落では、野生にいて狩りの獲物となっていた山羊や羊、牛の飼育も始まった、牧畜の開始である。狩猟採集生活から農耕生活への移行は一万年程前から中東、中国、中央アメリカ、南アメリカなどでそれぞれ独自に始まったとされる。

村落を構成し定住を始めると、女性は毎年子供を産めるようになり、食糧の供給量の増加と相俟って、人口が増加した。多子の兄弟間での食糧をめぐる競争も厳しい中で、子供は三人に一人の割合で二〇歳までに命を落としたが、人口増加はとどまらなかった。そして結局、個々人からすれば狩猟採集時代に比して厳しい生活を余儀なくされた。

農耕時代に入ると人は、それまで狩猟採集民があまりしなかった心配をするようになった。つまり、そもそも農耕は比較的長期のプロジェクトであり、その年のことだけ考えても、いつ耕して種を播き、水遣りをして、草刈りをして収穫して脱穀してという耕作の予定を慎重に決めなければならない。収穫後ももちろん、すぐ大量に消費して構わないわけではなく、次の年の収穫まで食い繋いでいかなければならない。そのうえ、次の年の種籾も確保しておかなければならない。さらに長期的に計画する場合、たとえば耕地を広げようと思えば、どこから着手して、耕作できるのはいつになるのか、水はどこから確保するのかなど、しっかりした計画に沿って行う必要がある。

時間的な計画ができると、この計画に対して妨げる要因のことを予想して、しっかり対策を講じなければならない。つまりリスクを把握・分析し、そのリスクが発現しそうな場合や発現した場合には有効な対策を講じなければならないし、その対策のための準備も行っておく必要がある。リスク対策が不十分であれば、一家あるいは集落が全滅してしまうこともあるので、真剣に心配せざるを得なかった。農耕による食の確保という「目的」に対する不確かさの影響（前述した「リスクの定義」）を管理することの必要に迫られたのだ。本格的なリスクマネジメントの開始である。

たとえば、旱天、多雨による日照不足、低温、霜害、暴風雨、洪水、雹災などの気象の災害や異常気象のリスク、作物の病気や害虫、害鳥、害獣等の作物生育に関わるリスクや他の部族の侵入、略奪についても心配しなければならなかった。その上、その年に収穫され、貯蔵された穀物等についても、災害、カビ、変質・劣化、害虫、害獣、盗難、略奪等の被害から守り、次の年の収穫まで食い繋いでいかなければならなかった。

そもそも、心配とは物事の先行き、つまり時間の経過とともにリスクが発現するかもしれないことに対して心を悩ますことであり、かつ、守るべき何かがあるときに行うものである。この点で考えると農耕生活の開始というのは、時間軸として作物の収穫周期、つまり年単位の期間経過後の目標として計画・予定していた姿と現実の結果との差、乖離の発生について気をもむ必要に迫られたということができる。また、この心配というのは耕作地、作物、貯蔵収穫物、農器具、住居等の財産や、大勢の家族等守るべきものが多いゆえに、これらを失うことへの大きな恐怖感に怯えざるを得ない環境を自ら作り出したからこそ生じたものだ。つまりリスクを自ら抱え込んでいった結果、生じたものである。しかしながら、この時こそ人類がリスクを重要なものとして本格的に認識していく過程の始まりなのだろう。つまり、リスクという概念があったかどうかはともかく、収穫や財産についてのリスクを常に意識せざるを得ない状況にしてしまったものと言えよう。もちろんこれ以前からも、自分や家族の死や病気、狩りの首尾などに対するリスクというものはあったわけであるが、まだ目標という概念も明確ではなく、あるいは年単位でのリスクマネジメント活動を要請するようなものではなかったからである。

人とリスクマネジメントというものの付き合いは、実質的にはこの時に始まった。以来、社会の制度がしっかり固まっていくにつれて、予定や計画の概念が数値等により明確化されるとともに、そこからの乖離も明確化された。さらに、守るべき個人の財産の増加に伴い、心配の対象や程度も増大した。そして近世になってついにリスクという概念が明確に認識されるようになった。また、守るべき主体の単位も個人から集団、国家と大型化して、さらにリスクというものが重要な、大きな脅威として認識されるようになってきたのだ。

2 古代オリエント世界の宗教

(1) 古代メソポタミアの宗教

◆都市神

現代において明確に判明している宗教体系としては、古代メソポタミアの宗教が最古のものと言われている。世界の四大宗教のうちキリスト教とイスラム教はユダヤ教を母胎としているが、そのユダヤ教はメソポタミアの宗教の流れから出発している。

もちろん、メソポタミアの宗教は多神教であり、ユダヤ教に続くキリスト教、イスラム教は一神教という重大な違いがあるが、旧約聖書の記載内容と共通する部分が多いなど、その流れには共通するものが多く、メソポタミアからユダヤ教に引き継がれたものも多い。したがって、人々の宗教の源流というものを考えるにあたって、メソポタミアの宗教を見ながら太古の人がどういう宗教概念を持っていたかを眺めていくことにしたい。

東地中海一帯のレヴァント地方では、紀元前一万～八〇〇〇年頃には人類最古の定住集落が作られていた。そのころは狩猟採集の生活であった。そして紀元前八〇〇〇～七五〇〇年に、農耕が低湿地小規模園耕として開始された。担い手は定住狩猟採集民の女性であった。その後山羊や羊が家畜化され、紀元前六五〇〇～五五〇〇年にかけ、西アジアでは大半が農耕・牧畜化された。それからしばらく経った、紀元前四〇〇〇～三〇〇〇年頃ティグリス川とユーフラテス川に沿ったメソポタミアの地に、シュメル人が移り住み、人工的な灌漑農業を開始した。セム系のアッカド人もこの地へ定住し、この二民族は共存しつつ、この後三〇〇〇年に亘って双方の文化が融合した高度な文明を開化させた。当時の先端であった灌漑技術を生かした農業では余剰となる農作物も発生し、このためこれらを取引する商業も発展した。[2]

メソポタミアでは紀元前三五〇〇～三一〇〇年頃には都市文明が成立していた。そしてそれらの都市の中核には神殿も建設された。都市はまさしく市（マーケット）であるから、そこでは物資の交換が活発に行われていた。その流通などの際の備忘および記録の目的から出発して楔型文字として知られる文字が発明された。現在でも重要書類、貴重品など重要品の輸送の際は封緘されるが、シュメルではその際に封泥が用いられ、その際の印章を起源として楔形文字が発明されたとされる。

シュメル語の楔型文字で書かれた粘土板が発見され、そこには「大洪水伝説」が書かれていた。シュメルの人々は何度も大洪水に遭い、そのたびにその神の仕業を恨めしく思ったのであろうか、その物語を子孫に伝えたのである。そもそもメソポタミアとは、河と河の間の地を意味するギリシャ語で、ティグリスとユーフラテスに挟まれたこの地は洪水が多かった。そしてその洪水は家屋、人、家畜、作物、耕地が一瞬にして押し流されるほど激しいものであったとされ、人々が最も恐れた自然災害のリスクであった。[3]この「大洪水伝説」がやがて旧約聖書に記載されたノアの洪水の話になったとされる。それくらいにメソポタミア地域においては洪水というのが恐ろしかったということであろう。

メソポタミアでは紀元前三〇〇〇年以降、都市王国が分立し、十八もの都市が繁栄していたという。各都市には守護神があった。たとえば、ウルクのイナンナ神、ウルのナンナ神、ニップルのエンリル神というような都市神である。因みにウルクは五万人もの人口を擁していた。これらの神は神殿に祀られ、その神殿は平坦な地形の南メソポタミアでは都市中心のシンボルとして聳え立っていた。神殿は「家」と呼ばれ、神の住まいであり、日々神官たちから食事が捧げられていた。

そしてこれらの都市は、常に互いの戦争と異民族の侵入のリスクに晒されていた。王は都市神を始めとする神々に祭祀を行い、実りが豊かであることを祈るとともに、防衛の責任を果たすことを求められた。つまり祭儀権と軍事権である、もちろん立法者であり裁判官でもあった。[4] 守護神である都市神には、洪水などの自然災害や旱天などを防ぎ豊かな実りをもたらすことなどが求められた。しかし第一に求められたのは他の都市との抗争における戦勝である。ところが、残念ながら負けてしまうとその神像は勝者の都市に連れ去られることになった。やがて強大な都市が他の都市を支配下に置けば、その都市はより広大な領域を支配することになり。その王は国王となり都市神は国家神に昇格した。たとえばバビロンのマルドゥクはバビロニアという国家の国家神となったのである。また、メソポタミア北部、アッシュル市の都市神であったアッシュル神は、後代になってアッシリア帝国の国家神として全オリエントを支配することになった。

メソポタミアでは多数の都市国家が同じ生活様式、宗教体系を共有していた。しかしながら都市同士は対立し、併合などの動きが繰り返されてきた。そして紀元前二三〇〇年頃にはアッカドの君主であるサルゴンが、これらの都市を統べ、さらにアッカドを首都とし、イラン東部から小アジアにまたがる大帝国を建設した。しかしながら、このアッカド帝国は二〇〇年もたたないうちに滅亡した。

その後、南部のウルを首都とする王朝が成立したが、アムル人の侵入による混乱などで滅亡した後、紀元前一八〇〇～一七〇〇年バビロンからアムル人出身のハンムラビがバビロンの周囲の都市を集結させ王国を築きバビロニアとなった。アムル人はカナン語を話したが、このカナン語はヘブライ語の源流となっているものである。約一〇〇年後、ザグロス山地の住民の子孫であるカッシート人によりバビロニアは占領された。しかしカッシート人はメソポタミアの政治的・軍事的な基本的な枠組みを変更するようなことはせず、このため この地域の文化の成熟には好都合であったともされる。

その後「サルゴン朝」によるアッシリアの大帝国の建設、これに替わるネブカドネザル二世に率いられたバビロニアによる繁栄の後、キュロス大王率いる、アケメネス朝ペルシャによってメソポタミアはその支配下に置かれ、ペルシャの一地方となった。そして、マケドニアからアレクサンドロス大王が遠征し、ペルシャを滅ぼし、セレウコス王朝がこれを引き継いだが、かつて繁栄を極めたバビロンはその面影もなくなっていた。というのが、メソポタミア古代史の大略であるが、その宗教の内容はどういうものであったのであろう。

古代メソポタミアの人々は、太古の時代から、多神観を確信しており、生活に影響を与えるこの世のいろいろな存在や事象には、それぞれ超自然的な人格があり、それらが森羅万象を支配しているのだという考えを持っていた。たとえばウトゥ／シャマシュは太陽であり、また太陽神でもあり、アンは天であり、また天の神でもあり、アンシャンは穀物であり、また穀物を司る女神でもあった。[5] 一九一四年にA・ダイメル神父が出版した「バビロニアのパンテオン」には三千三百もの神々が列挙されている。[6]

前章1（未来への怖れと神の登場）で紹介した、ギルガメシュ叙事詩に出てくる神は、人間を麻痺させてしまうほど恐ろしいものであった。このようにメソポタミアの神は近づきがたく恐れを感じさせるような存在で、決して自分から求めて近づきたいと願うような存在ではなかった。メソポタミアでは、神は高位の権力者と考えられ、神秘的な要素というのは全くなかった。

ジャン・ボテロによれば、メソポタミアの宗教の概要として、

すなわち、宗教心に関しては、それは何よりもまず、神を恐れ、敬い、ひたすら遜る『遠心的な』感情から成り立っている。そしてまたこの神は、人間をモデルにした姿で想像され（神人同形観）、超自然の

存在、すなわち『神々』が構成する社会に属している（多神観）。人間は神々の命令に従い神々の必要を満たす義務があり、そのためにひたすら遜って献身的に仕えるが、それはまた同時に、このような身分の高い存在が要求すると思われる豊かさ豪奢さを満たすことでもある。

としている。[7]

◆死生観

ジャン・ボテロによれば、古代メソポタミアにおいて人間は、血管中に血液が流れ、気管に息が通っている間は、生きている。しかしながら、血液が無くなるか、呼吸が戻らない時には、人間はその形態を変え、「幽霊＝エツェンム」へと移行するとされた。そもそも人間にはその固有の運命により、この二つの連続する存在形態が定められているとされる。つまり「魂」あるいは「精神」が肉体の中にいる間は生きているけれども、それが離れると死ぬというのではなく、死とは人間から幽霊への変化であるということである。それについてジャン・ボテロは、

死者は、人々の間からすっかりその存在を消したわけではなく、思い出、夢、幻覚や妄想のなかで、死者のことを考えるだけでなく、ぼんやりとその姿を見たり、話したり、叫んだり、呻いたりする声を聞いたと思いこむことが起きる。……このぼやけた影、空気のようで、朦朧としていて、儚く、つかみ所のない影、これこそが死者が残したもの、……エツェンムと理解したのだった。

としている。つまり残された人々の目で現実に見えるかなど、五感によって認識できるかという問題は残るが、現実に夢に出てきて、故人が思い出の中で活き活きと思い浮かべられる。こういうことをもって、死とい

うのは消滅ではなく、死者は隠れたような状態で残っているものと理解された。

そして死者は、地下に埋められ、エツェンムは、「地下の巨大で真っ暗な洞窟に到着することになる。これこそが冥界であり、……そこで死者は、太古の昔からここに集まってきた無数の亡霊たちの仲間入りをする。ここは最終的な滞在地であり、亡霊はここで終わることのない、闇の中の、暗い、無気力で眠ったような存在形態を続ける。」としている。

この地下の洞窟の中の冥界における状況は、「死者たちのあの世における定めは、その行いによってではなく、概して言えば現世における生活水準に多少とも左右されることになった」とされている。ギルガメシュ叙事詩の記述によれば、冥界の暮らしぶりは、先ずは死に方によって異なり、また何よりも子孫による祖先供養によって大きく異なるとする。子孫がおらず誰の供養も受けられない霊は、飢えに苦しみ自ら食料を探さなければならず、これが悪霊となることもあり、子孫から供養を受けられるようにすること、祖先供養を行うことが重要とされた。[8]

いずれにせよこの頃はまだ、善行善果・悪行悪果の因果応報が来世に及ぶことはなく、宗教により人々の道徳を高め、社会の安定を図ることには限界があった。つまり、現世の行いによる天国と地獄への振り分け、などの考え方は未だ入ってきていない。メソポタミアの人々は現世での行いの如何にかかわらず、死んでしまえば皆エツェンムになって地下の洞窟にある冥界に入り、その闇の中の、暗い、無気力で眠ったような存在形態を続けるというふうに考えられていた。だとすれば、どんなに善行を積んだとしても死後に報いられるものはなく、逆にどんなに悪行を重ねたとしても死後その罪による罰を受けないということになる。つまり、死後の世界の苦楽は現世の行動に影響を及ぼさないことになり、ここでは道徳律は働かない。もっともそのような悪事を働いた死者はきちんとした埋葬や食物・飲料の支給を受けられず、苦しむ存在となったとされたのであろうが。

このように古代メソポタミアの宗教では、生前の善行・悪行と死後の苦楽が関連付けされてはいない。ということは、宗教の力による現世における道徳や規律は十分に期待することができない。つまり、死後の世界における取り扱いによって、社会や他人に対する貢献や規律、道徳を求めることはできないこととなる、これが法治主義への要請を強め、「目には目を」で有名なハムラビ法典の制定などを推し進める要因になったのではろうか。

◆神官たち

紀元前四〇〇〇年頃からのメソポタミアの都市の神官たちは、人々が持ち込む供物である穀物などの農産物や羊毛を日に二回、神前に捧げる。そしてその捧げ物により、神殿は豪華なものとなったが、神に仕える神官の暮らしはさらに豪華そのものであったという。神官は大変な貴重品であったラピスラズリの装飾品を身に着けて祭祀を行ったが、それほどの豪華な神殿や祭祀が必要とされた理由があったのだ。それは、祀られている都市神がそういう豪華なことをしないと満足しないと理解されていたからだとされる。神が満足するような豪華な神殿を建設して、豪華な衣装を着た神官が、豪華な供物を捧げて熱心に祈禱しなければ、願いは聞き届けられず、望ましくない、あるいは恐ろしい結果を招くものと考えられていたからだとされる。つまり、氾濫原の低地に築かれたシュメルでは極めて怖れられた洪水や疫病、飢饉や侵略などが起こってしまうかもしれないと信じられたからだ。そうなると神の慈悲にすがりたい人々の気持ちは嵩じて、当然、供物も増え、神官に頼る人々も増える。怯える対象であるリスクが恐ろしければ恐ろしいものであるほど神への願いの真剣さが高まり、それとともに神官への報酬は高まり、神官の地位も向上するというものである。現代的な言い方をすれば、不安ビジネスの上方スパイラルが、人類最初の都市が築かれたメソポタミアにおいて早くも発生したのだ。人々の不安や恐怖に怯える程度が高いほど、つまりリスクが大きいほどそれに対応するリスクビジネスの隆盛を招くというのは古く、メソポタミアの都市国家からの伝統なのだ。従って神官たちは膨大な富を手に入れるとともに、力も持った。しかしやがては世俗的指導者である王の権力が神官を上回るようになり、やがて紀元前二三〇〇年頃には王が神官を服属させるようになった。

◆セム人の宗教

シュメル人の宗教と旧約聖書との間に共通点は多い。人は死後それまでは仮の潜在的な姿として宿っていた肉体から離れ、巨大で陰気な地下の深淵へ行く。そこでは、ただ無限に無気力な存在を続けるにすぎないものとされた。また、神の人間への支配という面でも共通点は多く、神は人間たちが正しい行動を行うか監視している。さらに人間の生活は全部、神からの明確な「指示」に対応して行っているものであり、それに背けば、神に対して「反抗」、「侮蔑」を行ったことになり、それは「罪」を犯すことである。その場合には、人間は罪の対価である「懲罰」を受けるという認識を共有している。つまり、懲罰は現世のうちに下されるということになる。

これらの共通性、特に神による上方からの指導、これに逆らった場合の罪や処罰という神の人間に対する絶対的優越性の心情は、ジャン・ボテロによれば、中東地域をその本拠地とするセム人に共通してみられる独自の心性という。

つまり、両者に共通の死と死後の世界の図式や人間生活のすべてを支配し恩恵と災厄の両方を与える神の存在、さらには神の指示に背けば罪が生じこれにより罰を受けるというのは、シュメル人以降のセム人にみられる独自の心性である。さらに言えば、その神は人間からの働きかけを待つのではなく積極的に人間側に働きかけてくる。そして神に対するこのような考え方から、旧約聖書・ユダヤ教へまたさらにはキリスト教、イスラム教という中東地域に発生し、世界宗教へと発展した宗教の巨大な潮流が生まれたということができよう。

しかしながら、シュメル人が信じた宗教をはじめ、セム人が信仰した宗教の多くは多神教であったにもかかわらず、ユダヤ教ではヤハヴェのみを信奉する一神教となっている。たとえば創世記の記述を見てもバビロニア神話では神エンキ／エアと女神マンシムによって人間は創造されたとしているが、旧約聖書ではこれは唯一

神であるヤハウェによって創造されたとしている。ジャン・ボテロはこれを、

イスラエルの民は、創世主はバビロンの神マルドゥクではなく、イスラエルに固有な唯一の神ヤハウェであり、このヤハウェが世界を創造するにあたって、ほかのすべての巨大な神々を殲滅したというふうな、受容可能な新たな表現法に作り変えたのである

としている。[9]

これら、人間存在に対する神存在の圧倒的な優越性、人々の生活や行動に対して絶対的な支配者として絶えず行われる介入・指導、人々の行動を縛る規範の制定などの神への認識。そしてこの神の規範や命令に逆らえば「罪」を犯したとしてその報復を受け、その報復は三、四代先の子孫まで祟るという意識、さらには死と死後についての有り様などは、おそらくは、いわゆる「セム的心性」と呼ぶことができる独特の文化的資産から継承したものであろう。これはセム系言語の構造などと同じく、セム人に特徴的に見られる独自の心性である、とされる。そして、やがて神はただ一柱の絶対的な神となり、その神によって創造された、つまり被造物である人間は、日常の所作に至るまですべてが神の定めに従って生きなければならないとされた。そしてこれら戒律から逸脱した場合には、死を含む極めて厳しい神罰を覚悟しなければならない。極めて厳しい神を畏れまた服従する、ユダヤ教、キリスト教、イスラム教という「セム型一神教」の大きな流れが始まっていったということができよう。

⑵　古代エジプトの宗教

◆エジプト人とリスク

クフ王のピラミッドをはじめとする巨大なピラミッドや、金や宝石に飾られた豪華なツタンカーメン王墓の副葬品が表しているように、古代エジプトにおいては人々の心の中に死後の世界というものが占める割合が高く、極めて大きな関心事であったことに異論はないであろう。それ程に現世の暮らしから逃れたかったかといえば、全く逆のようで、古代エジプト人は、死後も生前と同じような生活を送ることを強く望んでいたとされる。つまり現世を超えるものを来世に望んだわけではないということである。ということは当時のエジプトという社会がそれほど幸福な社会であったということであろう。

エジプトはナイルの賜物というのは古くから言われたことである。ともかく、歴史の父とされるヘロドトスは、メンフィスから下の土地について、

> 彼らはどこの人間よりも……最も労しないで大地から収穫を恵まれている。……彼らは他の人間が収穫について骨折るどんな仕事をする労もとらないで……収穫を待つだけとしている。[10]

ナイルは毎年氾濫し、その水は数カ月にわたって耕地を覆い、これにより、必要な水分を供給するだけでなく、土地に栄養分を残すとともに、土壌の塩分も除去した。ということは、旱天や土地が痩せること、あるいは塩害への心配をすることなしに、適時に種播きや植え付けさえすれば、毎年ほぼ確実に豊かな収穫が期待できるということである。そのうえ、エジプトが置かれた位置では外敵の侵入のリスクも小さい。メソポタミアなど、他の土地の人々は、全てを壊滅させる洪水や旱天、土地の貧栄養化、塩害などの大きなリスクに気をもみ、さらには外敵の侵入という一瞬にして自分や家族の生命・財産の全てを失うリスクに怯えて

いた。さらにはこれらのリスクに対処するために、極めて多くの時間を割いて労力を投入せざるを得なかったことからすると、まさに雲泥の差である。当時のエジプトはそれこそリスクフリーの楽園みたいな場所であったということが言えよう。

そういう古代では例外的に恵まれた楽園のような国土を背景にした国の力や国民の活力があったからこそ、ピラミッド、スフィンクス、巨大な神殿など他の文明では例を見ないような、巨大な土木工事が可能であったのだ。そして人々はこの世にできるだけ長くとどまりたいと願い、この世の延長のような来世を渇望したのだ。[11]

当時の人々の死生観からすると、死者の世界はナイル河の西方とされ、そこには砂漠が茫洋と広がっているだけであるから、現世と河は隔てているけれど決して遠い世界ではなかったのだ。[12] さらに、多くの一般人は先祖のミイラを自宅の室内に保存するなど死者は「身近」な存在であったとされる。

エジプトでは、ナイルのもたらした肥沃な国土を、毎年の洪水が浸し、そのおかげで豊かな実りがほぼ確実であり、飢饉のリスクは低かった。さらに地政学的には国土の西は砂漠、東は砂漠と海、北は地中海、南は早瀬によって囲まれ、容易に外敵の侵入を許さない天然の要害となっており、外敵のリスクというものも低かった。つまり他の地域と比して総じてリスクが小さかった。深刻度が低かったのだ。そこで人々は明日、あるいは一年後のリスクに怯えたり、心配をしたりすることなしに人生を楽しめたのではないか。従って我が身が死を免れ得ない存在であるのであれば、死後もこの世と同じような暮らしを続けていくことができますように、という現世肯定の祈りだったのであろう。

◆神々と死生観

エジプトにおいては、太古から太陽崇拝が盛んであり、最初の太陽神は第三王朝まで信仰された鳥頭人身のホルスであった。これが第四王朝では、太陽神ラーの信仰に替わり、カフラー王以降は、王はラーの子とされた。そして第五王朝ではラーは王権神であると同時に国家神となり絶大な権威を有する神となった。

一方、人々の関心が高かった死後の世界を統治する冥界の神はオシリスである。古代エジプトの死生観を伝えているのはパピルスに書かれた「死者の書」が有名だが、それ以前のものも併せて考えるなら、おおざっぱに古王国時代は「ピラミッド・テキスト」、中王国時代は「コフィン・テキスト」、そして新王国時代が「死者の書」ということになる。[13] これらを見ると古代エジプトの人々が如何に死後の世界について関心を持ち、それを具体的に想定し、また如何に本気で死後の世界での具体的な試練を克服するための方策について考えていたかが分かる。それくらい現世というものがあくせくする必要もなく豊かで、空想にふける時間がたっぷりあり、また生というものを如何に素晴らしいと感じ、これが永久に続くことをどれほど強く希求していたかということが分かろうというものである。つまり、古代エジプトという国は人類が最初に造った現世のパラダイスであったのではないかとさえ思ってしまう。

古代エジプトでは人は死後、口を開けられ特別の道具で処置される「開口の儀」を経て、冥府へ赴くのであるが、この途上にも蛇、鰐、蛆、ゴキブリなど多くの障害があり、これらを制しながら途を進む必要がある。特に心臓を奪われると再生の望みが断たれるため、心臓を保持するのが大事とされた。そして、冥府の境にはナイル河とされる大きな河があるので、その畔で渡船を呼びこれに乗せてもらわなければならない。

無事に冥界に到着すると、そこではオシリスの法廷が待っている。そして生前の行為によって審判されることになる。この法廷の考え方は第九王朝頃から一部で始まり、第十二王朝の頃に一般化した。「死者の書」におけるオシリスの法廷では、まず、自分が生前に罪を犯さなかったという「否定告白」を行う。次にオシリスはじめ諸神の前で身の潔白を表明する。そして、真理を測るラー神の前に天秤が置かれ、その天秤の片方の皿に死者の心臓を載せて、反対の皿に載せられた正義の象徴である羽根と釣り合うかどうかを計量される。釣り合えば楽園であるオシリスの王国に行くことができる。しかしながら罪が重ければ釣り合わず、心臓は豺頭人身の葬儀神アヌビスによって喰われてしまい、二度と再生はできなくなってしまう。めでたく釣り合った場合には、「アク」となって死者は永遠に居続けることができるとされた。

「アク」は不滅で、超自然的な能力を持ち、来世から現世に対して影響力を及ぼすことができるものとされた。従って人々は、畏れ多い神ではなく親しみやすい先祖の「アク」に祈ったものとされる。しかし、供物の奉納が不十分であれば、「アク」は子孫に災いをもたらすこともあり得たとされる。[14] このあたりは古代メソポタミアの死者と子孫の供物に通じるところがあり興味深い。

そして、最後に到達する死者の楽園は「イアルの野」と呼ばれ、そこにはナイル河が流れナツメヤシが生い茂り、そこの沃野で農耕が行われているという、現世のエジプトそのものの風景の中で生活が行われるというものであった。まさにエジプト人はエジプト世界を愛し、このエジプトにおける現世に留まりたいとの強い願望を持っていたことが分かる。やはりエジプトは幸福な世界そのものだったのだ。

従って古代エジプトにおいては、かなりユニークな形かもしれないが、善行善果・悪行悪果の現世・来世を通じた因果応報システムが機能しており、これにより社会の秩序というのが維持され王国が繁栄した、ということができよう。

3　ゾロアスター教

◆アーリア人

現在のイランやインド、ヨーロッパに住む人々の共通の祖先ともされるアーリア人は紀元前二五〇〇年位までは、アラル海の近くで牧畜を行っていたものとされる。この民は信仰深い人々であり、現在まで続く世界宗教の母胎となるものを信仰し、またその中から新たな宗教を創設したとされる。直接その教えを受け継ぐものとしてヒンドゥー教があり、それを改革したものとしてゾロアスター教や仏教などがある。さらにはこれらを通じて間接的に大きな影響を受けたものとしてユダヤ教、キリスト教、イスラム教などがあり、世界宗教はすべて網羅されるといっても過言ではない。

アーリア人は紀元前二五〇〇年位に移動をはじめ、一つのグループは西へ向かった。もう一つのグループは南東、現在のアフガニスタン方面へ移動した。この地で一〇〇〇年ほど留まった後、再び二手に分かれて移動した。一方は、そこからインダス川方面に移動して、さらにガンジス川の方に進出した、つまり、世界史で教えるインドにおけるアーリア人の侵入ということになった。もう一方の流れはイラン高原に至ったものである。

その時代のアーリア人の宗教は多神教で、すでに神官というものが存在した。神官は祭主の依頼に応じて犠牲獣を屠って神々に捧げ、幻覚作用を持つソーマ草という薬草の汁を飲んでトランス状態となり、神託を得るというものであった。そして捧げられた犠牲獣は神官の取り分とされた。犠牲獣はたいてい牛で、牧畜の生活においては最重要とされたものである。また、祭儀は砂漠やステップ生活では極めて貴重な水と生活に欠かせない火を伴った。一方、当時のアーリア人の葬儀は土葬で、死後は彼岸に達する前に暗い河を渡って、地下の死者の国に行くとされた。しかしながら新たな霊は孤独で、死者の国には簡単に受け入れてはもらえず、そのため三〇日に亘って毎日、食物が捧げられる必要があった。そして一年後までは一カ月毎に供物が献ぜられ、さらにその後三〇年間はその長男が中心となって命日に供物を捧げられることとされていた。[15]

このアーリア人の、死者は地下の死者の国へ行きそこで留まる、という解釈は、メソポタミアの最古の宗教のものと同様である。この二つの地域はそう離れてもいないが、土葬をした死者の魂が、そのまま地下の世界に留まるとの解釈は極めて自然なものであったのだろう。さらに、子孫が死者のために食物を供えなければ死者が飢えてしまうというのもメソポタミアと同じである。これも人間の自然な発想なのであろう。つまり、昨日まで元気で食物を食べていた人が急に動かなくなり冷たくなってしまい、それで地中へ埋めたけれども、ひょっとしたら地下でひもじい思いをしているのではないかと遺族は心配になってしまうのだ。

火を焚いて、さらに供犠を行った上で祭司が幻覚剤を摂取してトランス状態になって神と交信する、というのも有史以前の宗教の萌芽の頃から行われた超自然的存在との交信方法であろう。つまり、「祭主は牛という自分の最も大事な財産を捧げましたから、神様どうかお受け取りください。その代わりにここの祭司を通じて願いをお届けしますのでどうかお聞き届けください。また、ご神託をこの祭司を通じてお伝えください」とでもいうものだったであろう。神にお願いするのであれば、それにふさわしい犠牲を捧げることが必要であるということと、神に願い事を伝えたり、神のメッセージを受け取ったりするためには専門の人間に、それが可能となる特別な状況を作ってやる必要があろうということである。

この姿、つまり大事なものをお供えし、神と交信できる特殊能力を持った専門家である神官が、トランス状態になって、神と交信し、神に願いを届けようとしたり、神の意思を伺ったりすることは、おそらく世界中の原始的な宗教に共通するものである。そして多くの場合、神官は何らかの方法、たとえば幻覚を起こす薬草や酒の摂取などにより神と交信できる状態、神懸かり的状態になる。そういう意味でアーリア人の宗教は、宗教に熱心な民ではあったにしろ、ごく「自然」なものであったといえるであろう。

◆ザラスシュトラの教え

こうした「自然な」宗教に対して改革をもたらしたのがザラスシュトラ（英語読み　ゾロアスター、独語読み　ツァラトゥストラ）・スピターマとされる。詳しい生年は不明であるが、紀元前一七〇〇～一〇〇〇年に入るものとされている。

ギリシャは、隣国であるアケメネス朝ペルシャから、マラトンの戦いやサラミスの海戦で有名なペルシャ戦役で侵略された。そのために古代ギリシャ人はペルシャへの関心が高く、プラトンやアリストテレスの時代に、ザラスシュトラは二元論の創始者として評価された。しかしながら、ザラスシュトラはプラトンより六〇〇〇年も前の人ということになっていたらしい[16]。

ザラスシュトラの教えは、神からの啓示によって開かれた世界宗教としては最古のものとされ、他の世界宗教に大きな影響を与えた。祭司の家に生まれたザラスシュトラは三〇歳の時に善の神アフラ・マズダーから啓示を受け、以来、アフラ・マズダーの教えを説くゾロアスター教を創始したとされる。

ザラスシュトラは、それ以前のアーリア人の多神教の神々のうちアフラ・マズダーだけを崇拝すべきと説いた。彼は、宇宙にはそもそも善と生をもたらす霊と邪悪と死をもたらす霊の二霊が存在し、この善と英知の霊から至高の神にまで高められたのがアフラ・マズダーであるとした。そしてアフラ・マズダーが、邪悪な霊的存在であるアンラ・マンユを敵として戦うための場として宇宙があると教える。アフラ・マズダーは創造神というわけではないが永遠な存在を有し、他の全ての善の神を創造したとされる。その教えは、聖典「アヴェスター」で伝えられているが、重要なのは信者の日々の行動が善や倫理に基づいているべきで、このことの方が儀礼や供犠よりも重要であると説いたことだ。

このことから、ゾロアスター教は善の宗教とされる。そして、アフラ・マズダーは自身が物質世界を創造した時に生まれた、邪悪の霊アンラ・マンユが支配する無知、暴力、罪業と対峙する。これら二つの霊力は決して和解せず、人間の全ての行動を支配する。そのため、人間はある時は、良心に従い善や倫理的な行動を行うが、時には悪に手を染めたり虚偽をなしたりする、というものである。そういう世界で人間は、「善思」を持ち良心の教えるところに従って、常に正しい善の行動を行うべきであり、そうすれば善良で後悔の無い人生を送ることができる。そしてその結果、世界は幸福に満ちたものになる、というものである[17]。

このようにゾロアスター教は、幸福追求の楽観的な宗教とされ、信徒は善を行い、生活を愛し、人生の喜びを享受し、懸命に働いて社会で活躍することが求められる。そして難行・苦行などは行わず、俗世に生き、現世の喜びを享受することができる。また他人に奉仕し、財産などに関してもすべて寛大に分け与えることが求められる。また、邪悪と戦うために積極的に働くことが要請され、社会の福利に寄与していくことが常に求められるものとされる。

現在、ゾロアスター教徒は発祥の地であるイランでは数万人とされる。むしろ最大の社会があるのはインドのグジャラート地方とされ、そこでは一〇万人の信徒が、パールシーと呼ばれ、特にインド経済界においては、傑出した集団を形成している。その経済的な成功の背景になっているのがゾロアスター教の現世の重視、社会への奉仕、相互扶助の精神だとされる。

◆死生観

人間は死んだら、善について現世で何をしたかについて審判を受ける。そして善の方が悪より多い魂については、楽土へと続く「選別者の橋（チンワトの橋）」が広々としていて楽々に天国へ行くことが保証される。他方で、生前の悪行が善行を上回った場合にはこの橋は渡るにつれてだんだん狭くなり、遂には刃のように狭いものとなって、魂は「虚偽の家」と呼ばれる地獄に転落する、とされる。[18]

ザラスシュトラ以前の宗教では、この「選別者の橋」は、権力者や多くの供物をした極めて少数の者しか渡れず、大多数の一般庶民や女性は地獄に堕ちるしかないとされていたものである。それがザラスシュトラによって、身分とか供物の多寡ではなく、現世における善行の実績によって審判を受け、善行を積んだものは天国に行けるという極めて画期的なものとなった。これにより卑賤な者も良い行動をとることによって天国で救済されることを約束した。さらに、たとえ権力者であっても邪悪な行動を行えば、地獄に行くことになり、後述する最後の大審判においては消滅してしまう運命であることを示し、それまでは天国行きを約束されていた権力者には恐怖を与えた。

善と悪つまりアフラ・マズダーとアンラ・マンユは果てしない戦いを続けるが、いずれは決着がつく時が来る。その時というのは、救世主（ザラスシュトラの長い時を経た息子とされる）が登場し、善に加勢することにより、悪に対して完全無欠の勝利を迎えることで訪れる。その時にはこの世界には終末が到来する。

この終末の時には最後の大審判が行われ、激しい火とともに山々から全ての金属が溶かし出される。そして溶けた金属は、輝く河となって大地を流れる。この際にはその時の生者もすでに死んだ者も復活してすべてこの河を渡らなければならない。この河渡りは正しい者にとって温かいミルクの中を歩くような易しいものだが、邪悪な者にとってはそのまま溶けた金属の中を生身で歩くようなものである。この最後の大審判において、邪悪な者は第二の死を迎えて地上から消滅する。さらにその溶けた金属の流れは地獄に注ぎ込まれ、世界から邪悪の最後の痕跡さえ消え去るものとされる。[19]

他方、復活した善の者は不死の肉体を与えられて、永遠に老いることなく、病むことなく、堕落することなく地上の神の王国で永遠の喜びを味わうこととなる。

ゾロアスター教はこのように、善悪の二元論、生前の行動の善悪による死後の審判およびこれに応じた天国と地獄、最後の大審判、肉体の甦り、善の勝利の後の永遠の生ということを最初に説いた宗教である。つまり、それまでの祭礼と供犠およびトランス状態の神官への神託という神官による祭祀を中心とした宗教からの大いなる脱皮であり革命である。それはこの世を善と悪という二元論から捉え、その中で善の行動をとることを求め、それにより現世のみではなく、死後の世界における因果応報を約束したのである。つまり、本格的な善行善果・悪行悪果による現世・来世を通じた因果応報システムを説く宗教体系はここに開始されたのだ。

これにより、集団で祭祀を行う宗教から、個人の内面に強い影響力をもたらし、その個人の考え方、価値観の転換を行い、内面から個人の行動を変革させてしまう大転回が起こることになる。そしてこれは、前章で述べたように社会の価値観に大きな影響をもたらし、その道徳・治安・結束に大きな貢献をするものであった。さらにこのザラスシュトラの教えから始まった宗教体系は、他の宗教にも大きな影響を与えて個人と社会と王から成るリスクに対するトライアングルを形成する土台となるものであった。

この革新が他の宗教に与えた影響も大きなものがある。たとえば、ユダヤ教の流れのキリスト教やイスラム教などの一神教においては、全てに亘って全能である唯一の神が支配する世界を説くが、それではどうして全能の神が支配するはずの世界に悪が存在するのかという、難しい問いに対して答えに窮してしまうところがある。ゾロアスター教の善悪二元論は、これらの教えに対しても悪魔やサタンを提供したとされる。論理的にはその考え方は矛盾なしとはしない面もあろう。しかしながら、これらの一神教が、悪魔等の存在とともに、天国とは逆の概念となる悪人が行く地獄を設けることとなり、善行善果、悪行悪果の生死両世界を挟んだ因果応報システムが成立することになるわけである。

さらに、ザラスシュトラは、世界は一度きりのものとして、最終的には善が勝利して世界の終末が訪れ、幸福な王国が訪れる。その時には死んだ人々が蘇って、最後の大審判があるとした。この世界には終末があり、そのときに最後の大審判が行われ、死んだ者も蘇って最後の審判を受けるというのも、ユダヤ教、キリスト教、イスラム教に受け継がれた教えであるといえよう。ここでザラスシュトラは、善人の場合は、その大審判も温かいミルクの河を渡るだけで、特に難儀はなくその後は肉体を与えられ、地上で永遠の幸福な生活が保障される。反対に悪を行えば、誰でも審判で地獄行きを宣告され、あの世の橋から落ちて地獄に行く。そして、時が来れば大審判となり、熱い溶けた金属の河を渡らされ、そこで苦しみながら、永遠に消えてしまう運命が待っている、としたのである。[20]

この革新は、ご神託という神官によっても左右されがちな神の意思ではなく、善と倫理という神の判断基準に明確な価値観を打ち出したものである。個人の善や倫理の行動というのは、その場ではなかなか本人に見返り・報酬は与えられない。これに対して、社会全体の価値観とも合致する個人の善や倫理への行動と、個人の死後の運命の幸不幸をリンクさせることによって、社会の利益・発展に寄与させるという大きな役割を果たすものであった。この効果を為政者が見逃すはずはなく、ゾロアスター教はアケメネス朝でも広く信仰され、ササン朝のペルシャにおいては正式な国教となっている。またこのザラスシュトラによる偉大な宗教改革の思想は、ユダヤ教、キリスト教およびイスラム教においても採用され、普遍的なものとなっている。

ゾロアスター教では、死すべき存在である人間の死後のリスク、つまり天国か地獄のいずれかに行く不確実性というものを明確に提示した。つまり、善が多ければ天国に行ける蓋然性が上昇し、邪悪が多ければ地獄に堕ちるリスクが高くなるということを明確に示すことによって死後のリスクに対するリスクマネジメントを呼びかけたわけである。この個人のリスクマネジメントの社会的な意味は大きく、この教えによって社会を不安定化させる要因である犯罪、虚偽、裏切りなどの邪悪を思いとどまらせる一方で、善行、倫理などの社会を安定させ、住みやすくする行為を増やすことによって社会や国家のリスクマネジメントの進展に大きく貢献したということができよう。

ゾロアスター教のそうした性格を見抜いた為政者から、この宗教が高く評価され、アケメネス朝ペルシャ、ササン朝ペルシャから積極的に受け容れられたことは、ごく自然な流れだったのだ。

そしてザラスシュトラという古代アーリア人の神官は、後世のヨーロッパでは超人として伝えられた。ルネサンス期にはプラトン哲学の祖として、ニーチェはその著「ツァラトゥストラかく語りき」で偉大な哲学者として、ナチスはアーリア民族の偉大な英雄として採り上げた。このあたりまで来るとかなり虚像と言わざるを得ないであろうが、それでもやはり人間を内面から変革し、社会の発展をもたらした功労者として、人類の宗教史だけでなく世界史全般にも大きな足跡を残した第一級の偉人というべきであろう。

4　普遍的な宗教（世界宗教）への流れ

(1)　枢軸転換期

カール・ヤスパースは、「歴史の起原と目標」で紀元前五〇〇年頃（紀元前八〇〇～二〇〇年の間）を「枢軸時代」（英 axial age，独 Achsen Zeit）と呼びこの時期に宗教を含めた大きな大転換が世界中で進行したとしている。この時期は、ウパニシャッド、ザラスシュトラ、釈尊、孔子、老子、第二イザヤに至るイスラエルの預言者、ギリシャ哲学者らがそれぞれ当時の支配的な宗教に対して反旗を翻して、儀礼と生贄などに代表される宗教から、個人の救済を行う宗教への大転換が行われたものとしている。[21]

この枢軸時代というのは、神話時代が終焉し、「今日に至るまで妥当する、限界状況における人間存在の原則が突如として出現したブレークスルーであった」とされる。そして「人間が全体としての存在と、人間自身ならびに人間の限界を意識したということである。人間は世界の恐ろしさと自己の無力さを経験する。人間は根本的な問いを発する。彼は深淵を前にして解脱と救済への念願に駆られる」とする。

この流れは二つに分かれ、宗教でいえば一つはゾロアスター教、ユダヤ教、キリスト教などの一神教の流れ、もう一つは業によって決定される輪廻転生を基盤に説くものの流れである。そのどちらの流れの宗教もすべて、生前に行った善と悪とにより死後、天国か地獄に振り分けられることを説くなど、死後の運命が変わる、とするという教えを持った倫理的宗教とする。[22]

これらの宗教は、信者の祈りに応え、リスク等に関する願いを叶えてこの世における人生の幸福をもたらすという機能もさることながら、死後の世界における幸福である冥福、救済を約束する。つまり、この世における善悪の実践の仕方によって死後、天国に行けるか地獄に堕ちるか等が決定されるという教えである。つまり、後に世界宗教となる救済論的な構造を持った宗教が登場してきたわけである。[23]

教義によりその善悪の規準、神の意に適い推奨される行動規範等を定めることを通じて、この世の社会生活や私的生活においてさえ適用されるべき道徳的な規準・規範を信者に示した。そして、人々は死後に地獄に堕ちて苦痛を与えられるリスクへの恐怖感から、その道徳的な規範を遵守しながら、天国に行けるようにと真摯に願い、祈った。これにより、宗教は社会のみならず、個人の内面からの重要な規範としての役割を担うことになり、社会生活の秩序維持に極めて重要な役割を果たした。まさに善行善果・悪行悪果による現世・来世を通じた因果応報システムを持つ宗教体系の登場である。

そして、それまでの犠牲獣を捧げて、国や社会のため集団を守るように祭祀を行う宗教というよりも、神と個人との関係の方を主軸とする宗教となった。そして神は社会を通じて個人を支配するのみならず、個人をその内面からも支配したのだ。また、この時代はローマ、ペルシャ、秦・漢とそれまでの都市国家や王国の版図を超えた大帝国が出現し、王国などが吸収されていった時代であり、裏を返せば、戦乱と明日をも知れぬ大きな変化の時代であった。そういう時代の中でそれら新しい宗教は、それまでの、地域や王国、さらには民族をも超えた、普遍的な宗教となり、世界宗教化していった。

一方で教典等も整備され、明確な姿を現した各宗教は、征服された土地の住民である他の宗教の信者に対して、征服者側の宗教の優位性を説き、改宗を迫り改宗させた。そして、しばしば自らの教えのみが正しく、他の教えは誤ったもの、邪教であり、それを信仰することは許されないとし、非寛容、排他的な態度で異教の人々を差別、排除し、時には命さえも奪った。これこそが宗教による暴力性の始まりであろう。

この宗教が持つ他宗教、あるいは他宗派に対する不寛容というのは、世界の多くの地域において、血なまぐさい歴史の大きな原因となった。つまり、同じ宗派の信者内には博愛、平等、団結などを強く説く同じ宗教が、他の宗教・宗派の人々に対しては、不信感を抱き、敵視するという、宗教の持つこの矛盾する特性が、このとき生まれたのである。これは信仰集団の内外に大きな壁を作ることとなり、内部には団結を、外部には排除を奨励することになった。

この時代の中国とインドにおける状況について見てみよう。たとえば、中国では春秋戦国時代に諸子百家と呼ばれるように、儒家（孔子、孟子、荀子）、墨家（墨子）、法家（商鞅、韓非子）、道家（老子、荘子）、兵家（孫氏）などの新たな思想、哲学が唱えられた。背景としてはこの頃、中国では周によって形作られた封建秩序というものが形骸化し、諸国分立で相争う状況となる中で新たな思想哲学というものが求められていた時期である。

インドでは、アーリア人の信じたバラモン教のヴェーダ聖典からウパニシャッドに至る、梵我一如の哲学の流れがあったが、紀元前六～五世紀頃この流れから離れ苦行を行った大勢の沙門たちが説いた教えも花開いている。

①プーラナ・カッサパ：道徳否定論

②マッカリ・ゴーサーラ：因果の否定による決定論
③パクダ・カッチャーヤナ：七要素説で因果の否定
④アジタ・ケーサカンバラ：唯物論で因果の否定
⑤サンジャヤ・ベーラッティプッタ：不可知論を唱えた懐疑論
⑥ニガンタ・ナータプッタ：不定主義でジャイナ教の教祖

これらは、後に仏教からは六師外道と呼ばれているし、もちろん釈尊が説いた仏教もある。インドでは各王国が分立する中で王や、また経済が発展し力をつけてきた商人が新たな思想哲学を求めるという時代背景があった。社会が進歩し、経済の仕組みや社会の秩序というような世の中の枠組みというものが整備され、定まってきつつあった時代である。その中で生きる人々に、生き方の根本となるべき価値観や考え方、社会や世界というものをどのように解釈すればよいのか、またそれらはどうあるべきか。さらに人はその中でどう生きるべきか、についての指針が求められた時代であったのであろう。そのような時代背景の下で、それこそ真白な紙に自分の信条を誰にもおもねることなく自由に書くようなものではなかっただろうか。そしてこれらは程度の差こそあれ後世まで伝わり、現代まで残っているものも多い。枢軸時代は戦乱とともに、人々の意識の中の地理的世界が拡がった時代がもたらした、偉大な思想の時代というべきであろう。

⑵ ユダヤ教

◆**排他的一神教への流れ**

ユダヤ教では唯一の神ヤハヴェを信仰するが、ユダヤ教で聖典とされるタナハ（キリスト教の旧約聖書）では、創世記一で天地創造の五日目に、「神はまた言われた、『われわれのかたちに、われわれにかたどって人を造り、これに海の魚と、空の鳥と、家畜と、地のすべての獣と、地のすべての這うものとを治めさせよう』」とされている。つまり、われわれ（神々）の姿に似せて人を造ろうということであり、複数形なのである。英語では「after our likeliness」となる。また、シナイ半島から発掘された紀元前八世紀頃のものとされる壺には、「ヤハヴェと彼のアシェラによって」などの文字が見え、ヤハヴェだけではなく、その妻であるアシェラ女神も信仰されていたものと解釈されている。

ユダヤの民の神への祭祀は犠牲獣の供犠が中心であり、山羊や羊、鶏その他の動物が祭壇で屠られ、火で焼かれそれが振る舞われるわけであり、神殿では犠牲獣の鳴き声や煙が絶えなかったとされる。ダビデによって、イスラエルが統一された王国として成立したのは前十一世紀末で、その後ソロモン王が継ぎ、イスラエル王国は繁栄の時を迎えた。しかしながらその繁栄も長続きせず、王国は南北に分裂し、北のイスラエルは前七二二年に滅び、南のユダ王国も（新）バビロニア帝国によって前五八七年に滅ぼされた。ユダ王国の滅亡に引き続く、ネブカドネザル二世によるバビロン捕囚の日々が大きく影響して一神教となったとされる。エルサレムが陥落し、神殿が破壊されて廃墟となり、国土が異教徒の領土となった。さらに、ダビデ王朝最後の王（ゼデキア）は両眼をつぶされ、「青銅の足枷をはめ」られて、捕囚の行進の先頭を行かされたとされる。[24]

当時の常識によれば、バビロニアが奉じる守護神のマルドゥクが導いた勝利ということになり、滅亡したユダ王国の守護神ヤハヴェは敗れたことになる。したがって、イスラエルの民はヤハヴェへの信仰を捨て、勝ったマルドゥクへの信仰に鞍替えしても何ら不思議はなかったのであった。事実多くのイスラエルの民は名前もバビロニア風にし、マルドゥクを信仰し始めたとされる。だが、捕囚されたイスラエルの指導者層はこの敗北に関してそのような解釈はせず、この事件はイスラエルの民が神との契約を破ったために民族に課された試練であるとした。敗北、神殿の破壊、バビロン捕囚という民族の最大の危機・苦境の中にあってこのような解釈を行うというのは相当に苦しい決断であったことと推測できる。そして一神教としてのユダヤ教が誕生した。[25][26]この一大事件である捕囚の間に、ユダヤ教は他の宗教の影響も受け、現行のものへ整備されていった。そして、イスラエル人の民族神であったヤハヴェは、ユダヤ人にとっては世界中でただ一柱の絶対的な神になったとされている。

そもそも宗教は、神の多寡から①多神教（polytheism）、②一神教（monotheism）、③神という明確な概念を持たないか否定する宗教、に分けられるとされる。八百万の神を信じる神道やヒンドゥー教、大乗仏教、それに古代メソポタミア・古代エジプトの宗教、ギリシャ・ローマの宗教などは多神教とされる。一方、ユダヤ教、キリスト教、イスラム教は一神教とされる。

しかしながら、一神教というのもさらに分類が可能であるとされ、複数の神々の存在を前提としたうえで、その中の特定の一神のみを信仰する拝一神教から交替神教、包括的一神教そして、信じる神のみを唯一の神とし、他に神が存在することを原理的に否定する排他的一神教があるとされる。このうち、ユダヤ教、キリスト教、イスラム教は排他的一神教とされる。これは、キリスト教、イスラム教がユダヤ教の流れから生じた宗教であるためである。したがって排他的一神教のルーツは、ユダヤ教であったわけだ。モーゼの十戒においては、

わたしは主、あなたの神、あなたをエジプトの国、奴隷の家から導き出した神である。あなたには、わたしをおいてほかに神があってはならない。あなたはいかなる像も造ってはならない。上は天にあり、下は地にあり、また地の下の水の中にある、いかなるものの形も造ってはならない。あなたはそれらに向かってひれ伏したり、それらに仕えたりしてはならない。わたしは主、あなたの神。わたしは熱情の神である。

としており、排他的唯一神教であることを明確にし、また偶像崇拝を禁じている（新共同訳聖書）。これに続けて「私を否む者には、父母の罪を子孫に三代、四代までも問う……」とされており、極めて厳格に服従を求める。そして「誰でも安息日に仕事をする者は必ず死刑に処せられる」（三一－一五）とまで言っており、信者の生活の実に細かいところまで掟を課し、これを守らない者は決して許さない、と極めて厳格である。こ

のように唯一の神は、全てを造り、決定し、支配することから、人間の運命だけでなく、内面までも支配する、厳しく、得体が知れず、怖い存在となる。

他方で、多神教の場合は他の神の存在も前提としているため「競争原理」が働き、それぞれの神は多くの信者を獲得しようとするから、人間に近く親しみやすい存在になるが、一方でそう強力なパワーを有する存在ではない。

キリスト教においても、このユダヤ教の流れを継ぐ形で、使徒パウロは唯一の最高神はユダヤ人のみではなく広く他民族をも含めた唯一神だとした。そして、どの民族でも信じるべき神はこの世界にただ一柱存在する神であり、その神を信仰するというキリスト教の流れとなった。そしてこれらの流れを引き継いだイスラム教にも排他的一神教の教えは貫かれることとなった。こうしてイスラエルの神として始まった神は、キリスト教によりラテン・ギリシャ・ゲルマン・スラブ等の多くの民族へ、イスラム教によりアラブ、トルコ、ペルシャその他アジアの多くの民族の間に広がっていったわけである。

◆教え

旧約聖書では、天地創造の物語が記され、そこには「光あれ」という神の最初の言葉によって、世界が創造され、これが六日目に完成し、七日目が神の安息日となったとする。神々の姿に似せて作られた最初の人間であるアダムとエバは楽園で暮らしていたが、神との約束に背き、智慧の木の実を食べたために、楽園を追放された時に神から苦しみを与えられたとする。つまり、アダムには生涯にわたって食べ物を得ようとして苦しみ、顔に汗して働くことを求められた。エバには酷い産みの苦しみが与えられた。さらに、塵から造られた人間は塵にかえることとした。ジョン・ロック著「キリスト教の合理性」では、

楽園が、苦労の多い仕事も悲しみもない無上の喜びの場所であり、また不死の場所であったということ

である。しかし、ひとたびそこから追いだされると、人は、この死が待つ人生の労苦、心配事、儚さにさらされ、やがてその生は、人がそこから造りだされ、またそこへと戻るべき塵のなかで終焉するのであり、それからは、人は、自らが造りだされたその塵以上の生命も感覚も持つことはなかったのである。

としている。[27]

つまり、これらは人間が生きる上での大きなリスクおよびその対処法を教えているともいえる。すなわち、飢えという存亡を脅かすリスクに対処するためには額に汗して苦しい労働に耐えるしかないこと。人間の存続には生殖が必要だが、それには酷い苦痛がともなうこと。所詮、人間は神によって土の塵から造られたものであるから、やがて土に還る、つまり死の定めを与えられた存在である。それから、もちろん最も重要なのは、神との約束を破ってしまうリスクであろう。このリスクを犯してしまう時には、神から神罰というとんでもない災厄のリスクが降って来ることを全ての人々に理解させようとしたのだ。そしてこれ以降では、人はいろいろな罪を犯すが、そうした場合には神は、情け容赦のない神罰を下すことを繰り返し述べている。たとえばノアの洪水、ソドムとゴモラの破壊、バベルの塔の物語というものはこれらの部類に挙げられるであろう。そして、ユダヤ人たちはバビロン捕囚、エルサレム破壊、ディアスポラ、他民族による迫害など、民族への苦難が迫るたびに、これは神が民族に与えた試練であるとの認識を共有することになった。[28]

神ヤハヴェは、他にはなく唯一の絶対的な存在とされ、全てを創造し全ての出来事、全ての人々の人生に関与し、心の中まで見通す偉大な存在とされた。人々は神が定めた律法（トーラー）に従った生き方をするように求められた。ミルチア・エリアーデは、

人はヤハヴェの「奴隷」あるいは「下僕」であり、彼の神を畏れて生きなければならない。従順こそは宗教的に完全な行為である。これに対し、罪とは不従順であり、神の戒めを破ることである。

とし、まさしく創造者と被造者という絶対的上下の関係とする。[29]

エルサレムのユダヤ教の神殿は、紀元前五八六年の新バビロニアによる破壊と、ローマ時代のユダヤ戦争（紀元七〇年）の際の第二神殿の破壊という二度の破壊を蒙っている。これらを経て、ユダヤ教は神殿での供犠を行う祭儀的宗教から、トーラーに従う生活実践の宗教への変貌を遂げたとされる。[30]

それでもヤハヴェは、イスラエルの民を全ての民の中から選び「宝の民」とした、とする。ユダヤ人は離散の歴史が極めて長く、その土地の多数派である他の民族に囲まれて、ユダヤ人だけのコミュニティを作って生活することが多かった。しかし選ばれた民としての誇りをもってこの律法に忠実に生活したユダヤ人は、どこの社会においても地元の周囲の人々の警戒心を呼びやすかった。それは旧約聖書にも記載のペルシャ帝国における全ユダヤ人の絶滅指示から、ナチス・ドイツのホロコーストに至るまで、歴史上、度重なるユダヤ人迫害を引き起こすことになった。

死後の世界というのは旧約聖書では、当初はヤハヴェの管轄外であったらしいが、やがて全能の神として冥界をも支配することとされ、コヘレトの言葉には「塵（＝肉体）はもとの地に戻り、霊はこれを与えた神に戻る」（一二章七節）とされ、肉体と魂の二元論的な人間観が示されている。[31]

しかしながら、ヘブライ語聖書では、死者の魂の行先として「陰府」について記載されているが、これは、黄泉の国という概念であって、天国や地獄というような分化が進んだ概念ではないとされる。[32]

◆他教との軋轢・迫害

世界宗教への道を歩き出したキリスト教は、メシアであるイエス・キリストをエルサレムで十字架に架けて殺した「キリスト殺し」に対して、その源流であるユダヤ人を非難し糾弾し始めた。史実を検証すると、イエスは、ローマから任命されたユダヤ総督である、ポンティウス・ピーラートゥスの最終判断により処刑されたものであって、ユダヤ人から処刑の要求があったからとしても、判断し実行したのはローマ側であった。したがってこの批判の正当性については、疑問があるところではあるが、キリスト教徒によるこのキリスト殺しの批判は次第にユダヤ人全体に対する批判・憎しみに変わっていった。

ローマ治世下にあっても、紀元六七年のユダヤ戦争においてエルサレムの神殿は徹底的な破壊に遭い、百万人に上るユダヤ人が殺され、エルサレム自体も破壊された。これにより、ユダヤ民族の放浪の運命が決定された。さらに、三二五年のバル・コホバによる反乱では兵士だけでも五十八万のユダヤ人が殺されたとされる。パレスチナでは一〇〇〇の村落がローマ軍によって徹底的に破壊され、廃墟と化した。生き残った一万人のユダヤ人は、奴隷として売り飛ばされ、パレスチナではほとんど人影が絶えたという。[33]

従って、ユダヤ人を民族として迫害する動き、あるいは受難の動きというのはかねてよりあったものである。しかしながら、この「キリスト殺し」の批判以降、この動きが激化し、ユダヤ人の存在自体の否定、拒否という事態さえ生じた。あるいは、そこまでいかなくても、ユダヤ人に対してなされる、数々の制度上の規制や禁止あるいは制度面には表れない内面における憎悪、偏見や差別の中で生きていかねばならない運命となっていくのである。また十字軍の際にはユダヤ教徒が、キリスト教社会の「内なる敵」としてイスラム教徒と手を組んでいるとされ、最初の犠牲者ともなった。[34]

自身がドイツ出身のユダヤ人で一九四一年に米国へ亡命した、ハンナ・アーレントの「全体主義の起原　反ユダヤ主義」によれば、十九世紀に至るまでユダヤ人は君主の使用人であり、軍需物資供給者であり、国民戦争となった時も戦争には参加せず、そのことにより君主から見た有用性があったとする。十九世紀ヨーロッパは国民国家に編成されたが、主な政治指導者にとって、ヨーロッパは力の均衡によって保たれており、これを自国に有利にしようとはしても、全ヨーロッパの支配を目指しているわけではなかった。そしてユダヤ人をこの均衡のために利用した。ユダヤ人は終始一貫して国民国家の中に同化されることを拒んできており、国民国家の中の非—国民的な要素としてとどまった。そしてヨーロッパに内属する民族として、軍需物資供給者、御用銀行家、情報伝達者、和平仲介者としての役割を果たした。[35]

しかし、「ナチス・ドイツのように国民国家として編成されたヨーロッパの破壊を目指す政治は、集団としてのユダヤ人を必然的に絶滅しなければ、ならなかった」、とする。「もちろんだからといって、肉体的に皆殺しにする必要はないけれども」、ともしている。つまり、ヨーロッパのすべてをナチスが支配する全体主義体制において、国民国家の間で調整を行う機能などは不要であり、邪魔になるとしか考えられないということであろう。

一方、「人間は権力には服従するが、政治意思なき尊大さ、権力なき富を憎む」とする。これらは寄生的なもの、よけいなもの挑発的なものと感じられるからだとする。ユダヤ人はそれまで国家の最高指導部と親しくしその利害にかかわることによって利益を得ると同時に国家からの保護を得てきたが、各国の民主化の結果このような保護は難しくなってきており、そういう中で国家としての迫害に直面したということである。

これをリスクマネジメントの観点から考えてみよう。十九世紀においては、ナポレオンのような例外はあるにせよ、国家同士が角を突き合わせて戦争と平和を繰り返していた。こういう状況ではそのような国家の間を取り持ち、双方に武器や資金を供給すれば、いずれかが勝利するであろうことから、少なくとも勝った方からは、焦げ付きの可能性は少なく、ユダヤの金融業者にとってはリスクの少ない商売となる。さらにその国が負けたとしても賠償金の貸付けなどのニーズがあり、デフォルトの可能性は無きにしもあらずだが、良い利率が取れる。そこの政府が借りるのであるから、復興に伴い国民の勤労による返済を待てばよく、返済の当てのない貸付けというわけではない。つまり、ゼロサムの世界の中での争い、コップの中での争いであるからには、その渦中に巻き込まれない限り、安全な立場でいられる、というものであっただろう。したがってユダヤ人のリスクマネジメントシステムは完璧に機能し、そのビジネスモデルは有効なものであった。

ところが想定外のことが起こる。それは、国民国家に分割されているヨーロッパという仕組みそのものを根底から変えて一つの全体主義国家に変えようというものだ。確かにそこでは、複数の主権の間で商売を行うというビジネスモデルは成立し得ない。したがって、ユダヤ人の不幸は、それまでの成功を導いた、小国分立のヨーロッパの中でのリスクマネジメントシステムを変えなかったことに原因の一端はあるのであろう。

⑶ ギリシャ・ローマの宗教

◆ギリシャの神々

古代ギリシャではオリンポスの十二神をはじめとする、ギリシャ神話の神々が有名である。彼らは、人間の姿形をして、欲望、嫉妬、恋愛等人間と同様の行動をする存在であり、さまざまな神話を残している。西洋においては現代に至るまで親しみやすい神々として、絵画、音楽などの世界にたびたび登場する身近な存在である。既にミケーネ時代からこれらの神々は信仰され、神話が語られていた。他方で、ギリシャ文明の発展に伴い、時を下るにつれ哲学が発達して、合理的に世界を説明するようになってきた。そしてこれと入れ替わるようにそれらの神々についての信仰熱は冷めていったものとされる。

古代ギリシャ人が信じていた死後の世界は、ホメロスのオデュッセイアなどに記されており、それによると、冥界は最高神ゼウスの兄弟であるハデス神によって支配されている。死者は冥界に入る前に、生者と死者の世界を分けるアケロン河を、渡し賃を払って舟で渡るものとされる。ハデス神は豪華な館に住んでいるが、その館にはケルベロスという頭が複数ある怪犬がおり、冥界を出ようとする死者の霊（プシュケ）を貪り喰らうとされる。[36]

死後世界では、生前の行いの善悪によって往くところが異なり、善人は「幸福の島」とも「エリュシオンの野」と呼ばれる、「心に憂いの無い」地で暮らす。普通の死者は、影のような存在として暗い世界に留まり、やがて一定期間が過ぎれば記憶を失ってから再び生まれる。これが悪人となると責め苦を受けることになるが、責め苦にはいろいろある。たとえば狡猾で良心を欠いたシシュポスは、急坂で石を押し上げるが石はもう一息の所で再び転げ落ち、永遠にこれを繰り返すという責め苦である。タンタロスは湖の中で、水が飲めず永遠の渇きと飢えに苦しめられるという責め苦である。したがって善行善果・悪行悪果による現世・来世を通じた因果応報システムをある程度備えていたものと言えよう。

◆ローマの宗教

古くからのローマ人は、形式的な宗教を信じ、お祓いの儀式を行ったり、豚・牡羊・牡牛三頭の犠牲を引き回すことを行ったり、鳥の飛び方によって占いを行う鳥占官を置くなどしていたとされる。犠牲獣を供犠して祈禱する祭祀も盛んに行われた。そのような素朴な宗教の地盤があったところに、ローマの発展とともにギリシャの神々が受け容れられた。そのような神々とギリシャの神々が習合し、ユピテル、ミネルバ、ヴェヌスなどの神々が尊重されることになった。これらは、ギリシャの主神ゼウス、アテナ、アフロディテとそれぞれ同一視された。

ローマはその後飛躍的に版図を拡げ、地中海世界の全てに加え、現在の中部・西ヨーロッパの大部分およびオリエントに至るまでを支配することになった。前二〜一世紀にかけてのオリエントは、アレクサンドロス大王の東征後の時代であり、インド・ペルシャなどの東方の文化とギリシャ文化が融合したヘレニズム文化が盛んであった。そこでは東方文化の影響も受けた新たな神々が信仰されており、これらオリエントの神々もローマ社会に浸透していった。これらの宗教には季節毎の祭りが開催されるなど信者を引き付ける要素も多かったとされる。

帝政時代になってアウグストゥス帝やティベリウス帝はローマの宗教を重視したとされるが、カリグラ帝はエジプトの宗教、ネロ帝はシリアの女神というようにオリエントの神々を支援する皇帝もおり、こういう背景の中でこれらの神々はローマ帝国全土に広がっていったとされる。

エジプト系では、オシリスとその妻イシス、シリア系の神はデア・シリア（女神）、ユピテル・ヘリオポリタヌス、ユピテル・ドリケヌスなどがあり、小アジアでは大地母神キュベレ、その夫とされるアッティスなどがある。このような外来の教えで盛んであったのはミトラス教が挙げられる。ミトラスは、アーリア系の神で、インドではミトラで仏教ではマイトレーヤつまり弥勒菩薩、ゾロアスター教ではアヴェスターに登場するミスラであり、アケメネス朝ペルシャでも信仰された。ローマ帝国で信仰されたミトラス教では牡牛を供犠する儀式が行われ、この神はローマ軍の兵士の間で特に盛んに信仰されたとされ、各地に神殿が築かれた。[37][38]

(4) バラモン教

◆リグ・ヴェーダ

インド亜大陸においては、先住民族がインダス文明などの文明を築いていた歴史があり、モヘンジョダロやハラッパーなどの古代遺跡が今も残っている。そこへ中央アジアから移動してきた牧畜民族のアーリア人がヒンドゥクシ山脈を越えて紀元前一五〇〇〜一三〇〇年頃侵入して支配民族となり、その後紀元前一〇〇〇年頃にかけてガンジス川沿いの肥沃なヒンドスタン平原に移り農耕に転じた。

前述の通り、アーリア人はもとより宗教的な民族で、従来からの宗教を基盤としてバラモン教を興した。その教えは、ヴェーダ聖典による神々への讃歌によって神々を讃えるものであった。ヴェーダ聖典は紀元前一二〇〇年頃成立し、最初の宗教の聖典とされるリグ・ヴェーダに代表される。アーリア人は、これらの神々を祀る司祭者をバラモンとし、第一階級とした。王族や戦士はクシャトリアとして第二階級、一般庶民はヴァイシュヤとして第三階級とした。この身分制度、すなわちカースト制度は現在まで続いている。アーリア人は、ドラヴィダ人などの先住民をこの制度の中の最下層である、第四階級シュードラと新たに位置付けることによって、アーリア人がインド社会の支配階級として永続できる体制を確立した。つまり、宗教を利用した社会の支配を行ったのである。

リグ・ヴェーダは神々の讃歌の集成で、アーリア人が最初に残した文化的遺産とされ、紀元前一二〇〇年頃を中心として作られた。太陽神（スーリヤ）、雷神（インドラ〈帝釈天〉）をはじめとする三十三神が讃えられているが、それぞれの神格に序列はなく、各々の神に最大級の讃辞が贈られている。リグ・ヴェーダは一〇巻からなり一〇〇〇を超える讃歌からなるが、その内容は多岐に亘り、それぞれの神々を讃えるとともにその神への願い事もしっかり入っている。さらに神々への讃歌ばかりではなく、人々の人生あるいは日常生活における願いなどを謳ったものもある。リグ・ヴェーダは約三〇〇〇年を超える時が経過した現代まで、厳格な相伝による暗誦によって連綿と伝えられている。そして供犠を伴う祭祀を行って子孫の繁栄や富むこと、つまり現世利益を祈ったわけであるが、犠牲獣としては山羊、牛、牡羊、馬などが捧げられたとされる。[39]

辻直四郎訳「リグ・ヴェーダ讃歌」[40]に記載の賛歌を、いくつか挙げる。

◆天地両神の歌

…………………

八　両種の称讃、勝れたる人々の〔それ〕と〔神々のそれと〕が、われを支援せんことを。両種の擁護〔勝れた人々のそれと神々のそれ〕が、支援もてわれに伴わんことを。部外者よりも豊かに恵む者のために、あまたの〔財貨あらしめよ〕。われら願わくは、栄養に酔いつつ享楽せんことを、神々よ。

九　この天則〔の発現×讃歌〕を、われ叡智に満ち、天神のために、地神のために、今宣りつ〔両神をして〕最初に聞かしめんがために。〔両神は〕不名誉・不幸より守れ、危急の時において。父〔天神〕と母〔地神〕とは、支援もて〔われらを〕保護せよ。

天神はディアウスで、ギリシャ神のゼウスと同じであり、地神はプリティヴィーと称する。両神には、このように財貨や豊かな栄養や享楽を願い、さらには不名誉や不幸より守ること、危急の際に支援を与えてくれることを願っているリスクマネジメントである。

さらに、リグ・ヴェーダには、日常の人々の願いを歌ったものもあり、当時の人々の心中や願いが分かって興味深い。

◆疾病に対する歌

一　われ汝を供物によりて解放す、未知の疾病よりまた房咳（ラージャ：ヤクシュマ、肺結核）より、〔汝が〕生きんために。あるいはもしここにグラーヒ（「捕捉者」、ここでは病魔）が彼を捕捉したりとせば、インドラとアグニ（火神）よ、それ（グラーヒ）より彼を釈放せよ。

これは肺結核にかかった者を、死から奪い戻し、長寿を保たせるための呪術的な歌とされる。古代における病の深刻さを窺わせる内容である。

◆主婦が指導権を握るための歌

一　かしこに太陽は昇れり、ここにわが幸運は昇れり。賢明なるわれはここに克服者として、〔夫を〕克服せり。

二　われは旗印（統帥者の象徴）なり、われは頭なり。われは強力なる戦士なり。夫は克服者たるわが意図にのみ従属せんことを。

この時代においても、夫唱婦随というのではなく、妻がむしろ征服者として嬶天下を志向するような女人が多くいたことが偲ばれて、人類の家庭の構造が今に至るまで変わっていないことが分かるものともいえよう。

◆ウパニシャッド

バラモン教では、リグ・ヴェーダの他にも三つのヴェーダ聖典があり、これらを注釈する文献が作られた。ブラーフマナ（祭儀書）、アーラニヤカ（森林書）とウパニシャッド（奥義書）である。このうち、ウパニシャッドが特に重要とされる。

そこには、宇宙の万物を創造し、また宇宙に内在する唯一の根本原理であるブラフマン（brahman……梵）と、個人の主体としての生命原理であるアートマン（ātman……我）との二つの基本概念がある。バラモン教の教えによれば、人間が善行を積み重ね、煩悩を取り除き、智慧によって、ブラフマンと真の自己であるアートマンとの同一性を知り、両者が一体になった状態を実現すれば、自己は輪廻から解放され（＝解脱）、真の自由を得られるというものである。これがつまり梵我一如である。

さらにもう一つの教えとして業報輪廻の考え方がある。業とはサンスクリットではkarmanで善悪の行為のことを指す。つまり善悪の行為は必ず残存の余力を残しており、これが必ず果報というものに結びついてくる。そしてすべてのことは過去に行った行為の結果なのだという考え方で、善い行いには必ず良い結果つまり、善行善果となり、悪い行いには悪行悪果となる。そして輪廻はsaṃsāraであり、生死を繰り返しても生命主体は生まれ変わり、死んだとしても雲散霧消はしない、つまり自我であるアートマンは存続するというもので、業報輪廻という通り、過去生に行った行為の結果についても善行善果・悪行悪果つまり因果応報を繰り返す。

つまりすべてのことは、前世も含めて過去に行った行為の結果なのだという教えであり、本人の過去生というものが現実にはわからない以上、これは反論のしようのない論理ということになる。したがって誰も反論できない教えとして広く信じられた。そして、輪廻の思想は、広く世の中の常識となって定着していき、仏教を含めた思想の根底をなしていた。つまりこの教えは、死後に生まれ替わって次の生の事であるから、死後の天国や地獄とは異なり、来世ではなく次世と呼ぶべきものであるのかもしれないが、これを来世と見ることもできよう。そうすれば、善行善果・悪行悪果による現世・来世を通じた因果応報システムを持つ宗教体系だということができる。

5 仏教

(1) 釈尊の仏教

ガンジス河沿いの地域は紀元前六世紀頃、農産物の収穫が増え豊かになった。さらにその余剰分の取引などによる商業が活発化したため経済が発展し、人々の生活にも活気がみなぎっていた。そういう新たな状況の中で、旧来からのバラモン教はその権威を少しずつ失いつつあった。そして新思想、つまり、既存体制を形作る役割を果たしていたバラモン教を否定して、これに代わる新たな思想を唱える思想家たちが登場し活躍していた。本章4（普遍的な宗教〈世界宗教〉への流れ）で述べた「六師外道」などもこれらの動きである。彼らは、沙門（努力する人）と呼ばれ、バラモン教に代わる新たな教えを唱え、人々の間に支持を拡げた。

釈尊（釈迦族の王子・ゴータマ・シッダールタ）もこのような沙門の一人として、王子の立場を捨てて出家し、苦行などさまざまな修行の後に悟りの境地に達して、それを人々に説いた。

釈尊の説いた仏教の旗印とされる三法印（四法印）は、パーリ語とともに書けば、

①諸行無常（sabbe saṅkhārā aniccā）：すべての現象・存在は、多くの原因・条件によって生じ、存在しているものであり、そうしたあり方のものは永遠不変ではなく、変化し、やがて消滅する（無常）。

②諸法無我（sabbe dhammā anattā）：すべての現象・存在は、多くの原因・条件によって生じ、存在しているものであり、そのようにして存在するもの（＝諸法）は固定的な実態を持たない。

③一切皆苦（一切行苦）（sabbe saṅkhārā dukkhā）：すべての現象・存在は、多くの原因・条件によって生じ、

存在しているものであり、そのようにして生じ、存在するものは、人の思い通りにはならない。だから「苦」なのである。

④涅槃寂静（sāntaṃ nirvāṇam）：人間の持つ身勝手な欲望（煩悩）の火が消えると、心身ともに安らかで、幸福で静穏な状態を達成することができる。[41]

◆苦について――リス苦

釈尊は、王子時代に四門出遊などで得た経験、つまり現実世界の直視から、生老病死をはじめとする数多くの苦について深く思いを巡らせた。そして多くの修行を積んだ後に悟りを開いた。一切皆苦というように、この苦の概念が仏教のそもそもの大きな土台のひとつとされる。「苦」はパーリ語でdukkha、サンスクリット語でduḥkhaであるが、その原語は、語義としては「うまく行かない」、「するのがむずかしい」という意味とされる。文法的に不変詞としても用いられるが、名詞となって、「望みどおりにならないこと」となり、そして苦、苦しみ、悩みとなる。一方で学者によっては「不安」と訳す場合もある言葉のようである。この苦というものが、釈尊の悟りの根本とされる。

釈尊の頃の言葉とされるパーリ語の辞書（「パーリ語辞典」水野弘元著）によると、dukkhaは「苦、苦痛、苦悩」とされ、派生語のdukkaraは「なし難い、困難な」という訳がつけられ、dukkhatā、dukkhattaには、「苦性、困難」と訳される。[42]一方、サンスクリット語辞典（「梵和大辞典」萩原雲来編）ではduḥkhaは「苦、苦悩、苦事、苦受、重苦」とされ、duḥkha-kieśaで「苦煩悩」、duḥkha-cārikāaで「苦行」、duḥkha-janma-hetukaでは「未来苦、生来苦」とされる。

つまり、この苦という言葉は、物理的、肉体的な苦しみ、つまり肉体のどこかがたとえば怪我をしてあるいは強く圧迫されて痛いとか、激しい空腹を感じるなどの神経が刺激を受けて感じる辛さや、痒みその他の不快さからくる肉体的苦痛というよりは、むしろ精神的な苦しみのことを言っているようである。苦悩という表現が適切かとも思われる。ダライ・ラマ十四世も「肉体的な感覚による苦しみより精神的な苦しみの方が大きな影響力を持つ」としている。[43]

もっとも、「基本梵英和辞典」（中島巖編）によれば、dukkham は英語で、sorrow, unhappiness, pain, agony, trouble, difficulty と訳されているので、精神的なものも主体としつつ肉体的苦痛の方も入った言葉のようではある。[44]

そしてもう一つ、物理的、肉体的な苦しみは現実のものとして現在抱えているものであるが、精神的な苦しみは、「不安」と訳す学者もいるということからも分かる通り、将来のことを思い悩んで抱える苦しみであることが多い。「恐れている厄災が起こりそうだ」という不安をはじめ、自らの行為でも「なかなかうまくいかない」、「するのが難しい」というのはむしろ、これから行うことの過程における困難さ、百に一つはうまくいくかも知れないけれども、ほとんどは失敗しそうだから達成はまず無理だ、など行為の目的達成の見込みが立たない場合に感じることであろう。あるいは着手はしたものの、実現したい目標の達成を困難にするさまざまな不確定な要素が出現するなどして、達成が難しいと思われる時に感じる苦しみであるといえよう。つまり、「目標の達成に対する不確かさの影響」についての苦悩なのだ。つまりリスクに対する怖れ、思いわずらいが「苦」なのではないか。つまり、何らかの欲望や志向というのがあるけれども、その実現の前に立ちはだかるリスクを前に恐れおののく、こういう苦悩が代表的な苦なのであろう。

◆四苦八苦

これを釈尊が説いた四苦八苦で考えてみると分かりやすい。四苦は生・老・病・死だが、老・病・死・生の順で考えていく。

老苦（jarati dukkha）：人は年齢が進めば必ず老いる、以前は敏捷に動き、少しくらいの徹夜など多少は無理がきいた身体も、いろいろ問題が出てくる。まず運動能力が落ちる、ゴルフの飛距離も落ちる、走れなくなってしまう、無理に全力疾走など試みれば足がもつれての転倒が容易に想像できる。その時は骨が脆くなっているので骨折すること間違いなしだし、骨折したら治癒まで時間がかかる。さらに体のいろいろな部位が痛みだす、腰痛、肩痛、首痛等々、ちょっとした動作でもイタタタなんて呻いてしまうことになる。病気も増える、生活習慣病はもとより、老化現象と相俟っていろいろな部位で発病してしまう。癌や血管の老化から来る心臓病、脳疾患など命にもかかわり得る病気の多くも老いとともに発症する。さらには記憶力も怪しくなってきて、地名や人名などから始まって、普通名詞や動詞まで出にくくなって困ったり、もどかしい思いをしたりすることが増える。筆者も前期高齢者となり、最近とみに、そうした老いによる諸症状を実感するに至り、寂しい思いをしつつ「だから年は取りたくないものだ」などと独り愚痴を言ってみたりするのだが、これはかりはどうしようもない。

人間も生物である以上、経年劣化する、つまり老いる宿命にあり、この宿命からは逃れようがないのだ。老いの不快さは、徐々に進行する身体および意識の衰弱という現実だ。これはリスクというより時の経過とともに必然的に進行する変化だともいえそうだ。しかし、逆から見ると、老いというのは誰でも経験するものではない。早く、若くして亡くなってしまえば老いなど経験することは無いわけだ。だから当たり前だが、老いとは若くして死ぬリスクを免れた、「幸運」な人だけが経験することになるという、若死にと裏返しのリスクなのだ。

さらに老いの進行の速度および程度が人によって異なることは間違いないが、これは大きな不確実性であり、リスクだ。人々は老いへの対策をいろいろ講じる。若い頃から体を鍛えておけば、筋肉などの老化を遅くすることができるといわれ、スポーツも奨励されているし、さらに頭を使うことはボケ防止に役立つとされる。近年流行のアンチエイジングも、肌の老化防止など盛んに行われているし、女性を中心に相当大きなマーケットになっているようである。

厚労省の発表によれば、二〇一九年の女性の平均寿命は八七・四五年（男性は八一・四一年）、であったが、これより干支の一巡り、六〇年前の一九五九年にはこれが、六九・八八年（男性は六五・二一年）であったので、一七・五七年（男性は一六・二〇年）も寿命が延びている。したがって当時は八〇歳を超えるようなおばあさんは、今よりずっと少なかったのであるが、顔全体に皺が多くなって顔がなんだか小さくなった感のあるおばあさんに対して、悪ガキであった筆者たちの仲間では、梅干ばあさんなどと陰口をたたいていた。しかし、現代ではそのようなおばあさんを見かけることは稀であり、八〇や九〇歳を超えても顔の肌がツヤツヤして、若々しい人が多いような気がする。栄養状況全般の改善の効果も大きいであろうが、化粧品業界や薬品業界が高齢化社会に向かって精力的に行ってきたアンチエイジングマーケットへの取り組みの成果が大きいのであろう。

歳を重ねれば、体や脳の衰えや親しい人の死を経験する。老いというものは、これらの経験を通じて、死のリスクが時期は不明だけれども確実に迫ってきているという事実を、より現実味をもって自覚させるものなのである。そして老化は、今日できていることが先々はできなくなるということであり、いつかは分からないけれども必ず進行していくのだ。つまり老化の進行のスピードというのが大きなリスクなのだ。今日できたことが明日できるとは限らないのだ。そして基本的にはできなくなったことが再びできるようになることはないのだ。若いころは成長・充実の一方通行だったものが、老化、衰弱の一方通行になってしまうのだ、そして待っているのは死で、決して青春が蘇ったりはしない。

だから、若いころは輝いていた未来が薄暗いものに変わり、未来がリスクに押しつぶされたような見通ししかできなくなる。つまり、将来が「なかなかうまくいかない」とか、「するのが難しい」というリスクに怯える「苦」の状態になってしまうのである。

病苦（byādhipi dukkha）：病気はケガと並んで、治癒するまでの期間は人々を日常の生活ができないようにして生活の質を低下させるし、行動に制約を与える。また、発熱、悪寒などにより酷い不快感や意識レベルの低下、さらには痛みなどの不快感をもたらしたりする。それで昔から人は神に健康を願い病気の快癒を祈ってきた。何といっても人間は動物であり、病気は生命の活動レベルを低下させ、本人も大いに不快に感じるから嫌われてきたわけで、病の苦痛というのはよく理解できる。

しかし、経験から自分の将来を予測できる能力を身に付けた人間からすれば、罹患した場合の心理は、これら現実に感じる苦痛よりもさらに酷いものとなる。自分の病気が治癒する可能性が高いことを知っている人からすると、もちろん早期の治癒を願う。しかし、そう簡単には治癒には至らないことも多い。治癒が簡単ではないことを自覚している人からするとどうだろう。この先病気がさらに悪化していくのではないか、この先さらに痛くなったり、気分が悪くなったりするのではないか、一生このまま治らない、または死んでしまうのではないかという不安や恐怖が頭をもたげてくる。病が持つこの不確実性、つまりリスクが苦なのである。

現代であれば患者は、特別な場合を除けば、担当医から病名やその程度、今後の治療方針や方法、回復や退院等の見通しについて説明を聞くことができる。そうすれば、自分の病気についての客観的な評価を基に、自分なりに整理してその病を受け容れることもできるわけである。だが、それでも不安は残る。特に難しい手術を受けなければならない場合は、悪い方に転ぶリスクが頭から離れないであろう。

医者は「この手術は、八〇%の成功率です」と言って楽観的な話をするけれども、本当に大丈夫なのだろうか。自分は残りの二〇%の方に行ってしまうのではないだろうか、そうなったら死んでしまうのだろうかなどと思ってしまってリスクに対する不安と恐怖に怯える、ということになる人は多いのであろう。それほど深刻でなくても、医者は「四、五日で熱も下がりますよ」と言うけれども本当だろうか。それより長引いたら七日後に入れている大事な予定はキャンセルするしかない、とかと不確実性について思い悩むことはよくあることだろう。

それが、二五〇〇年位前の医療技術というものが未熟であった釈尊の時代においては、どうであろうか。インドでは古代三大医学の一つとされる、アーユルヴェーダ医学が実践される医療先進地域だったとされる。それでも体液や心身のバランスと調和を重視するものであったとされ、患者本人は、医師の説明に一応の納得はしたとしても、漠然とした不安の部分が多く残ったであろう。治癒についての不確定要素が大きいため、病人の恐怖・不安というものが、現代の病人と比して、格段に大きかったことは容易に想像できよう。

もう一つ忘れてはならないのが、疫病の流行であろう。狩猟採集時代においては人々の交流の規模や頻度というのが少なかったため、大規模な伝染病の流行は稀だった。しかし農耕社会に移って以降は交流も増えていた。特に釈尊の生きた時代のインドは、農業だけではなく商業活動も盛んであったことから、人の交流は大規模かつ高頻度で行われ、それだけ疫病流行のリスクは高かったことが考えられる。コレラ、天然痘、マラリア、ハンセン病などである。たとえばコレラはインド・ガンジス河の下流が発生源とされ、古来何回となく流行し、インドでは一九五〇年代に至るまで流行が報告されている。天然痘もインド起源とされるが、エジプトのラムセス五世（紀元前一一五七年没）も罹患していたとされるから、相当に遠方まで感染が広がっていたことは間違いない[45]。

二五〇〇年前のインドにおいて伝染病が流行した場合、人々はその家族や集落の多くが急に罹患し、重篤な症状を呈し、多くの病人がそのまま亡くなるような疫病も経験した。そうした時に抱いた恐怖・不安の心理は如何ばかりであっただろう。周囲の皆が何か得体の知れないものに取り憑かれたのか、苦痛にのたうち回りながら死んでいく。明日はわが身かと皆が怯え、何とかその疫病から逃れたいとパニックに陥ったことは容易に想像できる。細菌やウイルスの存在は全く知られていないから、魑魅魍魎や悪魔の仕業、あるいは神罰かと思いながら、何やら正体不明の悪いものに取り憑かれたような思いであったであろう。そして、その疫病も選択的なのだ、多くの人は死んでいくが、中には治癒する人や罹患さえしない人もいる。つまりそれは優れてリスクなのだ。このように、感染症の発生状況下では特にそうだが、感染症でなくても病を得るリスクおよび罹患した後のリスクに対する恐怖は凄まじいものがあり、これが病の「苦」なのであろう。

死苦（maraṇa dukkha）：死は人間が人間になる以前から恐怖の対象であったに違いない。経験を未来へ投影する能力、未来予測能力を身に付けた人類の先祖は、近しい者の死を経験して、自分も将来いつかは死ぬ存在であることを認識した。そして死後の遺体がどう変化していくのかも知って、死というものの恐ろしさを知った。死すべき定めと死の残酷さを悟ったのだ。そして死は人間が最も怖れるものとなり、死への不安はその時から人間の精神の大きな部分を支配するようになった。

死への恐怖・不安の内容は次の三つに分けられるであろう。

①死に至るまでの不安・恐怖

自分が死ぬべき運命にあることは認めるにしても、それではいつ、どういう形で死ぬのだろうということが不確実であること、つまり死の時期と経過のリスクについて怯え、思い悩むというわけである。大抵の場合は自分の寿命がいつまでもつかは全く見当がつかない。それが命の儚さということで、明日にでも不幸な事故や急な心臓疾患の進行によって命を失うこともあれば、現在八〇代の人でも二〇年後あるいは三〇年後も生存していることもあり得るのである。

普段は忘れていても、親しい人の死に臨んだり、死ぬかもしれないような危機的な経験をしたりした時には思い起こし苦悩した。自分はあとどれくらい生きられるのだろう、その時子供はいくつになっているだろう。どういう死に方をするのだろう、苦痛にもがきながら死ぬのだろうか、独り野垂れ死ぬのだろうか、あるいは安らかに皆に看取られながら死ぬことができるのだろうか。不慮の事故だろうか病気だろうか、等々であったであろう。つまり死は不可避だろうけど、その時期や、死に至る経過のリスクが大きいための不安や恐怖である。

病気になった場合には、自分はこの病気で死ぬのだろうか、あとどれくらいもつのだろうか、その時を安らかに迎えることができるのだろうか、あるいはひどい苦痛を覚えながら逝くのだろうか等々である。

いずれにせよ自分の終末という、ある意味で一番重要な時のことが不確定要素に包まれており、それについて思い悩む、それが「苦」ということであろうか。

②死の瞬間に対する不安・恐怖

死の瞬間に当たり、これを通過した経験者の体験談を聞くことができない以上、これは想像するしかないわけである。死の瞬間は苦痛にもがき苦しむのであろうか、その時には意識もないので苦痛というのは感じないのか、あるいは別の感覚や死後の世界の入口ということで安らかな気持ちになれるのか等々である。臨終の際にどういう目に遭うのかについては誰に聞いても確かな答えというものが得られない以上、その不確実性についての不安というものが膨らみ「苦」となるのであろう。

③死後に対する不安・恐怖

死後、人間はどうなるのかについては人間が死すべき定めを悟って以来、人類最大の謎であるということが言えよう。もちろん、人間の精神というものは肉体に付属しており、肉体が死という形で滅失してしまう以上、精神も滅失してしまう、つまり自分は消失するという考えも古くからあったであろう。一方、古くから人間は肉体とそれに宿る魂の二つからなり、たとえ死んで肉体が滅んでも、その魂は死後も残り、死後の世界へ行くということを信じる人々は多かったし、古代インドでは常識であった。輪廻の巡り合わせの中で次はどういう生が待っているのかが不確実、リスクでありこれが大きな「苦」となる。

さらに、自分の家族がどうなるかのリスクも「苦」である。自分がいなくなって残された家族の生活は成り立つのか、生活の糧を失って困窮するのではないか等々、特に自分が一家、村落、事業体、国における現役の長や王であった場合には後継の問題などで不安は大きく、その心配も大きな「苦」であったに違いない。

生苦（Jāti dukkha）：このJātiという言葉は、生、誕生、生まれ、血統、種類などと訳され、生きるというより生まれるというニュアンスが強い言葉である。生きるという単語では、jīvati（生きる、生存する）や名詞のjīva（生命、命、霊魂）という言葉があり、生きる苦しみというのであれば、jīvati dukkhaとした方がストレートであろうが、Jātiとなっている以上、生まれる苦しみということになろう。いろいろな仏教の書籍などでも生苦を単に生きる苦しみと記載している場合も多いが、本来は「生まれる苦しみ」ということなのだ。

しかしながら、母親は大変な思いをして子供を産むわけだが、生まれる前や出産時の赤ん坊は、圧迫されて呼吸困難とかの苦痛は感じるのかもしれないがそれが人生の四大苦に該当するのかといえばどうも疑わしい。ここはやはり、人生を生きていく上でのすべての苦は誕生時から死ぬまで続いている。自分が望んだわけでもないのに、このように苦難に満ちた人生というものを始める立場に放り出されてしまった。このリスクに満ち溢れた世界の中で、さあ生きていけと言われたって……ということなのだろうか。苦は生まれたときから生きている間中ずっと続くのだという意味での生苦なのである。したがって前述した書籍などの記述も結局は正しいということなのであろう。

人生は、なかなか自分が望んだ通りになることは少なく、さまざまな不確実な要因、たとえば、自然の法則、他人の欲望や思惑、権力・暴力・対立、社会的な慣習・常識などによりうまくいかないことが多い。さらに時には予想もしなかったような原因で自分の生存さえ危うくさせるリスクにより、存在そのものが脅かされる。

釈尊の生きた時代のインドは、農業や商業が発展して豊かで活気に溢れた時代ではあった。しかしながら、二五〇〇年前の古代社会のことであり、治水や灌漑の技術も未発達で、大雨や干ばつなどの天変地異のリスクやそれらによる飢饉のリスクに絶えず晒されていた。また国家間の対立などの社会的確執や犯罪など治安上の問題もあり、人々の生活は現代と比べれば極めて不安定なものであった。つまりリスクに満ち溢れていたのだ。特に凶作などによる飢饉となれば人間の最も基本的な欲求である栄養摂取欲が満たされない飢餓という恐ろしい事態であり、このリスクへの怖れというのが如何ばかりであったかは想像可能である。

このような飢饉や戦争などのリスクに晒され、そういうリスクの発現への恐怖に取り巻かれた時代にあっては、なかなか希望は持てず、恐怖に怯えつつ生きることになる。したがって、今度は自分が望んだ方向にうまくいきそうだと思っても、その成就を妨げるものが現れ、つまりリスクが発現してしまい、「なかなかうまくいかない」とか、「のぞみを実現するのが難しい」ということになってしまうことの方がむしろ多かったであろう。したがって生そのものが苦であるという、釈尊の指摘はもっともであった。もちろん、この成就を妨げるモノには、予測できたものでやっぱりダメだったかというモノと、不測のもので驚愕してしまうモノの双方があろう。つまりやはり発現してしまったリスクと、よもや発現するとは、と思うリスクである。

成立が最も古い経典の「法句経」（ダンマパダ）では、

●死ぬことも、老いることも、病いにかかることも苦しみであるとすれば、そもそも生存そのものが、苦しみであると言わねばならない。

●わたくしは幾多の生涯にわたって生死の流れを無益に経《へ》めぐって来た、——家屋の作者《つくりて》（生死輪廻の因）をさがしもとめて——。あの生涯、この生涯とくりかえすのは苦しいことである。（法句経一五三）

としており、死・老・病という苦があること、および生死輪廻により無益な生涯を繰り返すことが苦であるとしている。つまり、やはり生まれてくること自体が苦ということである。[46]

次に、生老病死の四苦を死の観点からみてみる。まず生だが、これは生まれることや生きることそのものが苦に満ちているとする解釈ももちろん可能だが、一方でこれは死にたくない、生き続けたいという生への執着心によって苦が生じるという解釈も可能であろう。次の老にしても、老いて体の自由が利かなくなり、人の介助を受けざるを得ないということに対して苦という解釈も可能だが、それよりも老いて自分の寿命が尽きようとし、死が近くなることの恐怖なのではないだろうか、つまり生への執着心が死に近づく老いというものの苦を表しているのではないか。病も老と同様に病気そのものによる痛みや辛さというものもあろうが、病の先に潜んでいるかもしれない死に対する不安や生への執着からくる苦と考えることの方が妥当なのではないか。その次はそのものずばりの死だが、これは前述の死に伴う不確実性に対する不安や恐怖なのだろう。人間というものが本来保守的であり、現在の生きているという状況が変わることを望まない、したがって死にたくない、辛い世界ではあっても生きていたいという生への執着そのものなのであろう。そう考えるとこの四苦というのはすべて生への執着つまり死のリスクに対する恐怖心そのものではないかとも考えられる。

ということで、四苦といわれる生老病死は、いずれも現実の苦痛もさることながら、今後どう転ぶかわからないというリスクに対する不安・恐怖、中でも死の恐怖に直面した人間の精神的な「苦」つまり「苦悩」の要素が強いことが確認できたものと思う。

それでは、釈尊の教える四苦八苦の残る四苦、つまり、愛別離苦、怨憎会苦、求不得苦、五蘊盛苦ではどうだろう。

愛別離苦（piyehi vippayogo dukkha）：愛する者との別離は苦である。

ただし、ここでいう「愛」は、現代において我々が日常使う「愛」という言葉が持つ、対象に対し温かい気持ちを持ち、慈しむような意味、たとえば人類愛だとか隣人愛というような意味はあまり込められてはいない。自分を中心に見て、相手方への自己の執着を貫き通したいという「愛」でいわば自己中心的な「愛」であることに注意が必要であろう。

別離の前後で考えれば、別離前の苦しみというのは、たとえば肉親で、いつか死により別れの時が来るリスクに対して持つ、そうなった時の心を想像した苦であろう。旅立ちでは、親しい者があるいは自分自身が旅立つことになり、その日以降はもう会えなくなってしまうというリスクについての苦しみなのであろう。別離の後でいえば、会うことができない現状に対する虚無感と、近い将来に再び会える可能性が少ないという客観的な状況に対する絶望感ということになろう。つまり、将来のリスクと現状の喪失感を合わせた「苦」である。

愛別離苦は、人間が社会的動物であり、一人では生きていけない存在であるのに愛する者との別離、たとえば父母と、配偶者と、友との死別や離別など、生きていくうちには避けられない別れの苦しみである。認められない恋に落ちてその仲を引き裂かれるというのもあるのかもしれない。単独では生きられず、人と人とのかかわりの中で生きていくしかない人間にとって、生きていく上での大きな悲しみ、苦しみであろう。そしてこの別れのリスクについてはいつかそういう時が来るかもしれないと日ごろから思ってはいても、その時期というものは予想できないことも多い。そして、いざその時になって初めてその人が自分にとっていかに大事な存在であったかに気づき、それまでの行動を後悔することになるわけである。たとえば「親孝行したいときには親は無し」というわけである。

怨憎会苦（appiyehi sampayogo dukkha）：怨む者、憎い者とはできれば避けたいがこれに会わなければならないのは苦である。

よくあるのは、会社の異動で悪評が高くソリが合わない人物が上司になってしまう、学校であれば大嫌いな先生が担任になる、引っ越したら隣人は大変な人だった、ということだ。会社の上司の場合には上司には何の悪意はなかったとしても、本人にとっては毎日が地獄となってしまい、ハラスメントになってしまうのかもしれない。最近の事件であれば、嫌いな人がストーカー行為をはたらく、道路で追い越した車からアオリ行為を受ける等々が起こっている。できれば接触を一切避けたい人と対応せざるを得ない状況になってしまうという苦しみで、会いたくないけど会ってしまうリスクが高いことから悩むという苦であろう。これも人間が社会的動物であるからこそ、その社会性の中で遭遇せざるを得ないリスクということができよう。

求不得苦（yampiccha dukkha）：求めるものを得られないのは苦である。

生活において日常感じるものである、業務上あるいは私生活において高い目標を設定したけれどもなかなか達成できない。勉強をするけれどもなかなか成績は向上しない。上司に認められたいと思っているが、なかなかうまくいかない。交渉をまとめたいが、なかなか妥結には至らない。等々、人間生活でいつもぶつかるものである。もちろん、欲しいものがあるけれども手に入らないという日常的な「苦」もあろう。

これは、求めて努力したけれども結果が得られなかった、という結果に対する失意とこの結果を踏まえ、「今度こそは」とも考えるけれども、「挑戦してもまたうまくいかないことになってしまうのではないか」、つまり失敗する確率は高いのではないかという失敗するリスクの高さへの絶望感やまた失敗するのではないかという恐怖感なのであろう。得られないリスクの大きさに絶望し、苛立ちを覚えてしまうのだ。

そして、強く願った結果、やっとそれが得られたとしても、そのことはすぐに既成事実化して、さらに欲しいものを願う貪欲という要素もある。人の持っているものをうらやましいと思い、自分も欲しくなる。これはモノだけではなく、地位、名誉、富などでも同様で、人間の欲というものは凄まじいものがあり、また際限がない。正に煩悩というところの中心的な存在なのであろう。赤ん坊でさえ欲しいものをあげないとダダをこねることで分かる通り、これは人間の本性的な欲望である。一方、これは物欲ばかりではなく、設定したいろいろな目標の達成に関しても同様である。つまり試験で八〇点を取ろうと努力して八〇点が取れたら今度は九〇点を取ろうと思う。サラリーマンが入社して課長を目指して努力して実現したら、今度は部長・役員・社長と目指して行けば出世にもつながっていく。

したがってこの求不得苦の背景となる欲望というものが人生の努力の源泉になっていることは間違いなく、このような欲が人類の文明・文化というものを作る原動力になったことも間違いない。アダム・スミスが「国富論」でも記したように、人間のこの欲望というものが「（神の）見えない手に導かれて」[47]、現代の高度に発展した経済社会を築いてきたことも間違いなかろう。そしてその欲が満たされない時や満たされないリスクが高い時の苦しみが求不得苦というものである。貪欲は人間の欲望がある限りその背面で生じ、達成されれば喜びに変わるものの、また次の欲望が生じ、その欲望が達成されるまでは、この苦しみは続く。この苦しみから逃れるには欲望というものを抑える、あるいはなくしてしまえばよい。しかしながら、それは諦めるということであり、大人しくすべての欲望を捨てられればよいのだが、食欲など人間の生存のための本能と繋がっているものも多く簡単ではない。また、そんなことをすればたちまちにして生存競争に敗れてしまうであろう。つまりこの欲は競争力の源泉であり社会発展のエネルギーなのだ。

もっとも現代はこれが行き渡りすぎた結果、誰もが際限のない欲張りとなり、その結果として生じた格差社会というものが問題となっている。いずれにせよ、この欲望というものが人間の本能からきている性であるならば、人間はこの求不得苦というものに付き合うしかない。これを上手にコントロールしつつこの苦しみをバネにして、社会的にも受け容れられる欲望、つまり「志」に転化し集中してその実現に向かって邁進していくということしかなかろうとも思う。

五蘊盛苦（pañ-cupādāna-kkhandhā-dukkha）：物資界、精神界のいずれを問わず、人間存在を構成するすべてのものは苦である。これは、パーリ語でpañ（五）-cupādāna（執着）-kkhandhā（要素）-dukkha（苦）ということで五蘊つまり、自己の色・受・想・行・識（色蘊：身体、受蘊：感受作用、想蘊：表象作用〈概念・姿を思い浮かべる〉、行蘊：意志作用〈ああしよう、という心の働き〉、識蘊：認識作用・識別作用）への執着をいう。自己を構成する、身体、感覚、認識、判断、意思に対する執着が強い苦しみである。これは心身が問題なく盛んであるところから生ずる苦ということである。たとえば、自分自身の感覚や考え、判断は正しいのに他人のそれは間違っているという執着が苦であるということである。すべての現象・存在は、多くの原因・条件によって生じ、存在しているものであり、そのようにして生じ、存在するものは、人の思い通りにはならないし、なるわけもないのである。だから「苦」なのであるが、心身が盛んであるところから外見的には何の不自由もなく苦などあり得ないような状況なのであろう。ところが、そういう体力や気力が充実したところにふと現れる悩みであろう。

心身共に盛んな青春時代に訪れる苦悩なども典型的というべきであろうか。つまり、客観的に見れば危なくてしようがない存在の自分を完璧だと思ってしまう錯覚のリスクなのだ。自分というものを客観的に見ることはせず、自分は正しく、他人は間違っているという思い上がりの状態そのものが、大きなリスクの材料を抱えた状態である。これは大きな過ちをしでかしてしまうリスクや自分が間違っていたことを後で気づき、後悔のあまり自己嫌悪や、臍を噛む思いをしてしまうリスクを増大させているということなのであろう。

以上をまとめると仏教でいうところの四苦八苦のうちはじめの四苦は主に死を中心とするリスクに対して思い悩んだり、その恐怖に苛まれたりあるいは死に臨んでの苦しみであるということも可能であろう。そして、後の四苦は人間が煩悩の塊であり、また社会的存在であるところから来るリスクに向かい合わざるを得ない苦しみのことを言っているということが可能であろう。人間は、これまではうまくいかなかった経験を重ねて来たとしても、将来にはうまくいくことを確信できれば、元気にそれに向かって挑んだり努力したりすることができる生き物である。しかし将来も過去の不首尾と同じようになかなかうまくはいかないだろう、と思えばやる気も起こらないし、将来を悲観してしまう生き物なのだ。

まず、自身の過去を振り返ってみても、これまでも思い通りにはならなかったという事実の積み重ねがある。そしてこれらの経験を踏まえて、これから先のことを予測しても、これからもなかなか思い通りにはならないであろう、思い通りの結果は得られない可能性の方が大きいであろうと思ってしまう。もちろん例外的に「ラッキー」の積み重ねの人生の人もいるだろう。そういう人を除けば、多くの人はうまくいかないリスクが高いことに対して、希望が持てない、つまりリスクに怯える苦しみを持ってしまうのであろう。

これまで見てきたように、釈尊が説いたといわれる四苦八苦の苦というものを分類すると、次のようにまとめられようか。

①現に受けている苦痛・飢餓・喪失・不幸・空白感などの苦しみ

②右記の苦痛や不幸などに直面したり・差し迫っている状態で感じる恐怖への苦悩

③不幸な事態に陥ってしまうリスクが存在すること、あるいはそういうリスクが大きいことに関する不安・恐怖、絶望感の苦悩

④リスクのそのような悪い結果を想像することによる不快感やそういうリスクに対峙せざるを得ないことに対する不快さ、リスクを超えられない自分に対するふがいなさの苦悩

ということなのではないだろうか。つまり、①の現に生じている苦痛などの他、②~④の悪い方へ展開しそうなリスクを抱えることについて、それに対する怖れなどを忘れることができないことから生じる苦悩というのが主と考えるべきなのではないか。何しろ、人間は過去の経験から自分の運命を予測する能力を身に付けてしまったのだから。これが全ての不幸、苦の始まりなのだ。つまり、将来が予測できるという「素晴らしい」能力を身に付けてしまったばっかりに、その将来の負の部分、リスクに対する恐怖や不安に苛まれ、苦悩を抱えてしまうようになってしまったのだ。駄洒落でいえば苦とはリス苦なのだ。

先が見えなかったらいろいろと思い悩むことも無いのに、人間は余計な能力を身に付けてしまったのかもしれない。先を予測して計画を立て段取りを踏まえて行動することができるようになると、他人にもそれを期待するようになる。それを承け、集団としても先を読んだ行動を皆に求めるようになり、もちろん社会を構成すればそれを構成員全員に求める。たとえば他人の財産・生命を奪おうとすれば抵抗されるだろうし、社会的な罰も受けることになる。だからやってはいけないのだ。それが規範であり、法だ。それで人間は誰でもそういう先を読んだ行動をとることが期待される。そして実際の行動が期待されていたものと違った場合には非難・

制裁を受けることになる。つまり責任を取れというわけだ。場合によっては社会からの追放や死が求められるのだ。人間だったら、大人だったら、そういうリスクがあることを踏まえて行動しろというわけだ。そして、そういう社会的非難・制裁のリスクも苦なのだ。

◆縁起……ダイナミックな世界観

仏教では絶対的な神がさまざまな事象の発生をコントロールするようなことは説かず、この世界の出来事や物事にはすべて原因となるものがあり、その結果として発生するとする。つまりこの世はすべて原因と結果の法則によって動いており、存在しているとする。

「仏教の根幹は縁起にあり」といわれる、すべてのものには原因があり、それによって結果が生まれるという、いわゆる因果律である。この因果律は現代においても物理学の根本原則、特に時間の問題を考える際には重要な規律である。縁起は、パーリ語で paṭicca-samuppāda、サンスクリット語で pratītya-samutpāda で「〜に縁って起こること」とされる。samuppāda を分解すると、sam（共同、集まる）udpāda（上方や外側に倒れる、落ちる→生じる、起こる）となり、「集まって起こったもの」となる、したがってこの縁起の意味は「たくさんの原因が複雑に絡み合いながら結果を作る」となる。

「すべての存在・現象はたくさんの原因や条件によって成立しているが、その中のひとつの原因・条件が異なっていても今の状態は成立しない」[48]とされており、そしてこれは未来にも当てはまり永遠不変のものはあり得ず、やがて変化を遂げ消滅する、となりこれが諸行無常となるわけである。

つまり、縁起をなす原因や条件の一つ一つの要素の中に、結果がどちらに転ぶか人間からは予測できない無数の分岐点があり、時間の経過に伴ってその多数の分岐点を通過して事象が進行する。つまり、無数のリスクの発現の連鎖の結果として現在に至ったが、さらにこの後も無数のリスクの分岐点を通過して事態は進行する。したがって現在の姿も過去の無数のリスクが発現した結果であり、未来もリスクに満ち満ちており、それらのリスクがどう転ぶかによって決まる。したがってすべての成り行きはリスクに支配されており、確実なことは言えず人間はその将来の悪い可能性について怯えたり、自分が望む方へリスクが転ぶことを希ったりするしかない、だから苦なのである。そしてそのようなリスクの連鎖の中で永久不変のものなどあり得ない。

たくさんのリスクの分岐点を通過しても、また新たなリスクが生じその分岐点を経て、また次の分岐点というような形で連鎖していく。つまり縁のひとつひとつのピースがリスクのピースとなっていくわけでこれが合わさって事象が進行していく。そこで人間の意思が働き、苦が形作られる。つまり、この苦の大元である渇愛・煩悩という心の作用があり、このリスクを自分の欲望に沿うようにと願い、そうならないことに怯えたり怒ったりする。つまり苦を抱くが、渇愛・煩悩を滅却してそれを救うのが悟りであり、その悟りの境地が涅槃であると説いたのが釈尊の仏教ということであろう。縁起のイメージを図（**図Ⅱ－1**）に示すが、前章2（リスクとは）で説明したリスクのイメージ図（**図Ⅰ－1**）とほとんど同じであることに気付かれるであろう。つまり、事象は時とともに左方から右方へと進んでいくが、その時、各分岐において人間はその矢印が自分の欲望に沿う方向に分岐することを望むけれども、なかなかそうは

図Ⅱ-1　縁起のイメージ図

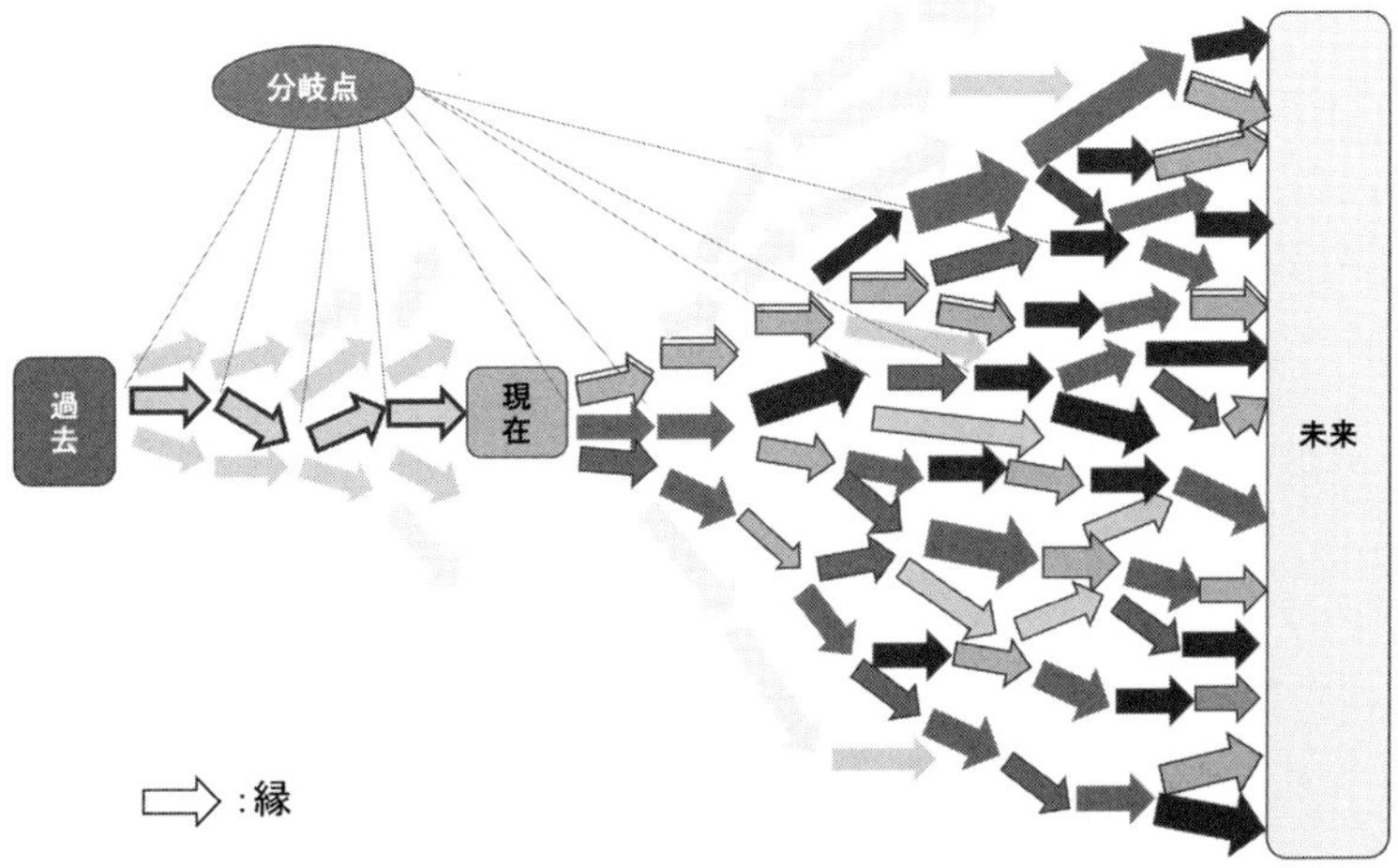

ならない。さらにその先の分岐点でも望む方向に行くとは限らない。そのコントロールできない分岐の連鎖で事象は進行していくが、そこに苦が生じるわけである。

縁起という言葉は、「縁起がいい」、「縁起でもない」、「縁起をかつぐ」とか仏教用語以外でも広く使われる言葉で、広辞苑（第二版補訂版）では、（因縁生起の意）とし、

①仏教用語として：多くの因縁がより集まって現象が生起すること
②事物の起源・沿革。由来
③社寺等の由来または霊験などの伝説
④吉凶の前兆。きざし

とされている。

つまり通常使われている「縁起がいい」などという言い方は、この④の吉凶の前兆ということであり、リスクを意識した上での予感なのだ。「縁起がいい」とは望む方向にリスクが転びそうだ、ということで「縁起でもない」というのはその逆だ。「縁起をかつぐ」というのは、「ちょっとしたことにも縁起がいいとか悪いとか気にする」ということで、僅かな兆し（と本人が考えること）でリスクがどちらに転ぶかを気にすることなのだ。だから、我々も普通に縁起という言葉をリスクに紐づけて使っているわけだ。

人智の及ばないところで縁起というものが、複雑な原因やその際の条件が絡み合いながら起こる、ほんの小さな縁が異なっただけでも全く異なる結果に結びつく。これはまさしく人智を超えた複雑な絡み合いであるわけだから結果は分からない、せいぜい確率でしか分からない、つまりそれがリスクなのだ。

縁起の考え方でも極めて多くの要素が関わり絡み合いながら結果を作る、ほんのちょっとしたことが違えば結果が大きく異なることにもなり得る。これはリスクの考え方と全く同じだ、リスクを構成するほんの小さな

要素が変わっただけでも結果には大きな差が出てくる。自動車事故でもよくあるのはほんの一秒でも気づくのが早く、ブレーキを早く踏んでいたら、事故は起きずに済んだ。大雨特別警報で、避難があと五分遅れていたら濁流にのみこまれていた。「歴史に、もしも……はない」というのは古くから言われる真理だが、ある要素がほんの少し違っていたら、歴史は変わっていただろうといわれることは古来多い。「クレオパトラの鼻がもう少し低かったら、歴史は変わっていただろう」というのはパスカルの言葉とされるが、世界は無限の要素の因果関係で動いており、その中のたった一つの要素だけを変えてみても、その要素の変更だけを反映し、他の要素は全く変更されない因果関係というものは、理論的にはともかく、現実には想定が困難であり、やはりリスクの連鎖による必然と偶然の因果関係により物事は経過するとする他ない。そういうリスクの積み重ねで歴史は作られてきたということであろう。したがって歴史に「もしも」という言葉はタブーなのであり、それぞれの結果は必然か偶然かと見方は異なるかも知れないが、原因と結果の連鎖によってもたらされてきたものと受け止めるしかない。

釈尊は縁起という深い言葉により複雑に絡み合う無数の要素により事象が進行し、結果が生まれることを悟るとともに、これからもそういう無数の要素が絡んで物事は進展していく、そのことは予測が難しい、つまりリスクなのだ。したがって未来はいろいろな要素により変わっていくものであり、その結果について確定的なことを言うことはできない。つまり、断定的な予測はできない、断定はできないけれども、無数の要素が作り出すさまざまなリスクがあり、全てのものは現状のままで留まることは無い。現在の姿も仮のもので、リスクに晒されこれから変わっていく。つまり現在の姿というのは縁起の果てにたどり着いたものだが、これとて仮の姿であり、無常である。だから今後も変わっていくが、変わりようについて予測はできるが誰も確定的なことは言えない。ほんの小さな要素の変化で結果は変わるのだから、まさにリスクだ。縁起で見ればリスクは不可知だ、としている。

したがって縁起を踏まえて釈尊が説いたリスクマネジメントは、縁起が教える通り、リスクの方はなかなかコントロールすることができないのだから、リスクの影響を受ける側の心を切り替えるべしというものだ。その方法は、心に執着があるために未来に対してあれこれ不安や恐怖を感じるのだから、その執着を離れ滅却せよ。たとえリスクが発現してしまったとしても涅槃に至れば煩悩などの執着は消えているのだから心のダメージは少ない。それを理解している状態になっている（＝悟っている状態）にあるのであれば、そもそも思い煩うこともない。したがって苦は消滅する。というものである。

リスク論的に言えば、リスクとは目的に対する不確かさの影響なのだから、目的を無くす、小さくする、あるいは目的への執着を減らしてしまえば、たとえ不確かさがあったとしても、影響は無い、あるいは軽いもので済んでしまう、ということである。そうすれば目標がうまくいかないからと焦ったり、怯えたり、気をもんだりすることは無い。したがって苦は消えるという、一種消極的なリスクマネジメントということかもしれないが、二千数百年も前であったことを考えると、極めて偉大な思想という他ないであろう。

釈尊は、世界を静的に観察するのではなく、変化に富む動的世界として見つめ、人生でいえば東門から出れば息も絶え絶えの老人の現実や、南門からは病人、西門からは死人の葬儀を見て、北門からは沙門の立派な姿を見たとされる四門出遊の伝説にもあるように、人生や世界のいろいろな出来事を見つめ、現実の世界の観察から深い思索を行い、縁起というものを悟ったとされる。つまり、人生の観察による動的、ダイナミックな世界観なのだ。

縁起の考え方からすれば、さまざまな要素の絡み合いから事態は進行していくが、一つの要素が変わっても現在の状態は成立しない、従って、その進む方向性は確実には予測できない、というのであるからまさしくリスクだ。どちらに転ぶか分からない無限のリスク要素の結果として、現在の姿があり、しかもこれらは現在もまた将来も無限のリスクにさらされており、その結果として未来は形作られ定まっていくだけであるので確定的なことは言えない、つまり諸行無常なのである。そしてそういうリスクというのが人間にとって苦なのであり、思い煩うべき煩悩があれば、あらゆるところに苦は無限に満ち溢れている、だから一切皆苦である。

そして、すべてのものがリスクに囲まれた、いわばリスクの海の中で、転変を重ねていく世界で、変わらない存在などはあり得ない。バラモン教の教えの中では生死を繰り返す輪廻の中でも変わらない自我としてのアートマンという存在が信じられてきたが、生死を超越して存続する自我の存在などあり得ない、したがって諸法無我なのだ。というのが釈尊の教えの中心なのではないだろうか。

◆釈尊の教え

人間は過去の経験からあり得る未来をある程度予想する能力を身に付けた。けれども、将来の姿は縁起でいうところの無数の要素の組み合わせによって造られ、要素が複雑に絡み合うことから断定的な予測はできない。つまり将来はリスクの塊であり、その行く末はどうしてもリスクに左右されるのである。そのうえ現実のものとなった将来の姿も全てそれから変化していく。だから四苦八苦のような苦について、これら苦の原因であるリスクを根本的に無くすという根本療治の途を示すのは困難である。そこで釈尊は、リスクを怖れる苦しみの根本は、未来の姿についての執着や、その不確実性へ不安・恐怖というものを感じるようになったことであり、人間がそれらから逃げられない哀れな存在になってしまったことをまず認めたのである。そのために人生が苦に満ちてしまっていることを現実として受け止めたのであった。

そして、その未来への不安・恐怖を感じる心の在り方を変えて、現実に対処していこうとするものなのであった。まず、自分の内面に恐怖や不安、絶望をもたらす苦の原因であるリスクを滅却・消失させるということは困難である。縁起で説く通り、苦をもたらすリスク事象というものはある確率により不可避に発生していき、その発生自体は止めようもないし、コントロールも難しい。一方で、リスクを覚知して、その恐怖・不安を感じるのは自分の内面なのだからその受け止め方を変えてやれば、苦の生じ方は変わってくるのではないかということなのだ。

リスク事象×受け止め方（価値観）＝苦

つまり、客観事象×主観＝苦（楽）なのであるが、苦をもたらす客観的なリスク事象の方は変えられないとすれば、この主観である受け止め方（価値観）つまり執着の部分を変えればよい。この受け止める心の在り方を変えてやれば、苦を苦とは感じない、あるいは、苦の痛みを少しは和らげることができるという考え方で臨んだということだ。

そしてこの受け止め方で特に大きな問題になるのは、リスクが自分の望む方に転んで欲しいという、我欲（目的）への執着である煩悩なのであるから、この煩悩の滅却が進むようにしてやればよい。そうすれば、リスク事象の結果についての不安や恐怖というものが消去されて、リスクが楽しみに変わること……はないだろうが、この受け止め方が小さく変われば、それに応じて苦も小さくなる。たとえば受け止め方の係数がこれまで一〇・〇位あったものが、〇・一にまで小さくなれば、苦の大きさは一〇〇分の一にまで小さくでき、安寧な人生を送ることができるであろう。ということが釈尊の教えの中核となるところではないだろうか。

従ってその教えというのは、あくまで、この世の中、現世をどう良く生きるか、安寧に生きるかについて考え抜かれたものである。どうすれば将来の不安・恐怖に苦しまないで生きるかについて考え抜いて、生きているうちに、つまり現世、現実の中で安らぎ（涅槃：nirvāṇa）を得ようとするものであり、人生の途中での悟りであり、死後のことを言っているわけではない。

釈尊はリスクを苦として捉え、縁起の考え方によりリスクの発現というのは不可避であり、また複雑で人智の及ぶところではないものとして、その発現面に焦点を当てることはしなかった。代わりに、リスクに苦悩したり、リスク発現の際にダメージを受けたりする心の方に、その在り方、受け止める姿勢に対して教えを行った。そしてその際にも深刻な苦痛を受けないようにした（現実苦の緩和）。それによりリスクの発現を不安に思い、恐怖に感じ、未来に怯える心を緩和させた（将来に対する苦の緩和）。もとより生老病死等を防ぐことはできないが、これに対しての不安・恐怖を乗り越えられるような悟りを提示したのである。

つまり、リスクの発生そのものを防止するのではなく、発生の際のダメージを抑え、それによりリスクへの精神的な負担感を抑える道を示したということができよう。それが涅槃寂静ということなのではなかろうか。

四苦八苦に象徴される苦をもたらす原因の事象というものは、もちろん人間が自ら望んだものではない。むしろ避けたいと思っているけれども、リスクなのだから発現することもあり得る。リスクがあること自体はどうしても避けられないものである。リスクのため、思い通りにならないだろうと思うから苦というのが起こるわけである。つまりそこには、こうなってほしいという望み、欲望、それらに対する執着というのがあるから、これを阻む要素が出現した時、出現しそうな時に苦を感じるのである。つまりリスクに対して苦を感じるのである。従って釈尊は、リスクを制御してやろうとしてもそれはなかなか困難で、そのたびに辛い思いをすることになる。従ってリスクを制御することはいっそ諦めたらどうだ。そんな望みや欲望というものもたとえ成し遂げられたにしても無常のものであり、すぐに雲散霧消するように儚いものでしかない。それよりも心を柔軟にして、そういう欲望の方を抑えたらどうだ、そうすれば固執して苦しむことは無くなるよ。という苦を感じる心の方の現在でいう「レジリエンス性能」、心のレジリエンシーを高めよ。ということを説いたのだ。

つまり、心のレジリエンスによってリスクという苦を克服するというリスクマネジメントを説いたものなのだ。そうすれば最大の苦である死のリスクでさえも超えた達観というものが得られるであろう。輪廻というものがたとえあったとしても、達観できれば次の生や死を恐れて苦しむことは無い。もちろん輪廻が無いとすればその安らかな死で終わるのだということであろう。だから輪廻の中にあっても輪廻というものは無かったとしても、いずれにせよ安らかであるという意味であろう。

(2) 大乗仏教

仏教思想は、大乗仏教の出現によって飛躍的に発展したとされている。大乗仏教は膨大な数の経典を有するが、大乗経典には、空思想、唯識思想、如来蔵思想、密教思想等、哲学的に深化した種々の思想が含まれている。仏教思想家たちはこの経典の内容にもとづいて思想を体系化していった。

◆根本分裂

釈尊入滅後、約一〇〇年を経過した時点で、仏教教団は上座部と言われる釈尊の教えの厳守派と大衆部と呼ばれた現実派に分裂した。これが根本分裂と呼ばれるものである。主な争点は二点で、一点目は僧団の運営の規則である律の運用に関して、厳守派と柔軟運用を主張する現実派である。二点目はブッダ観の違いである。つまり、釈尊は入滅したのだが、それは亡くなって何も残っていないのか、あるいは入滅後も何らかの重要な存在であり続けているのかという問題である。社会では釈尊入滅後はブッダ崇拝が盛んになり、その遺骨を安置し祀る仏塔（ストゥーパ）が盛んに建設されていた。

上座部の主張は、人間である釈尊が定めた戒律は厳格に守っていくべきであり、修行者は阿羅漢を目指すべきとし、阿羅漢は少なくとも仏教の教えについては完全であり、釈尊にも足りないところはあった、とするものである。一方の、大衆部の主張は、戒律は、本質のみを押さえて現実に合わせて柔軟に対応すればよい。阿羅漢は未だ煩悩、無知、疑惑等も抱え不完全な存在だが、釈尊はただの人間というのではなく、超人的存在として捉えるべきだ。つまり尊敬というのではなく、信仰すべき対象として崇拝するべきだ、というものである。つまり簡単に言えば釈尊を「神様」（ではなく「仏様」）として崇めるべきだというわけだ。反対派つまり上座部にとってみれば、「ちょっと待ってくれよ！　釈尊は、師、先生でしょう、皆と同じものを食べたり、おなかを壊したりしたのだから人間でしょう。ソリャー偉い人だっていうのはその通りだけれども、神様というのとは違うでしょう」という気持ちだったに違いない。さらに「釈尊は涅槃寂静されたのでしょう。つまり、輪廻から解脱され入滅されたわけだ。ということはアートマンも否定されたわけだから、完全に消滅されたわけでしょう。それが神様として存在しているというのは変ではないか」という意見もあったかもしれない。ここまでくれば両者は確かに同じ教えとは言えないであろう。そして上座部の教えは上座部仏教の流れに、大衆部の考え方が、大乗仏教への流れに結びついていった。

釈尊が創教した当時、インドにおいて繁栄していた商業活動の担い手などからの支持により、初期仏教は発展を遂げた。ところが、盛んな交易の相手であったローマ帝国の衰退・滅亡とともに商業資本も弱体化した。そして一方では、バラモン教の系統であるヒンドゥー教が、相対的に大きな位置を占めるようになってきた。ヒンドゥー教の隆盛の中で、仏教もインド社会の中で生き残るためにはヒンドゥー教と妥協せざるを得なくなり、民間信仰をも積極的に取り入れていった。それまで基本的な姿として仏教徒は、出家して僧団（サンガ）に入り専ら修行して、煩悩を滅却して悟りを開くことのみを目指してやってきた。つまり、仏・法・僧の三宝の重視である。そもそも出家を前提とし、社会とは切り離して俗世とは距離を置いた教えだったのだ。しかしながら、出家をしない在家信者の救済という観点からは、そのニーズに適合することができず、信者を失っていくしかなかった。マックス・ヴェーバーは、「全体として古代仏教は、特権をうばわれた諸層のではなく、むしろ多大な特権をあたえられた諸層の産物である。[49]」と指摘している。そもそも古代仏教というものがエリート層のための宗教であったことは間違いないところであり、そのため在家信者の層を拡げ、広く大衆に普及させるには不向きな面があったというべきなのであろう。

大乗仏教はこうした背景から在家信者の救済に対する広いニーズに対応すべく整備されていった。つまり、上座部仏教では修行して悟りを開いた者は阿羅漢となるが、大乗仏教では在家信者を含めて悟りを開いた者が到達できる最高の姿は、仏陀になることであるとした。つまり釈尊だけではなく在家信者を含めて誰にでも「成仏」の途を開いたのである。それまでは、釈尊が唯一無二の仏陀であり、その後数十億年の仏陀不在の時代が続き、やがてマイトレーヤ（弥勒如来）が現れるとされていたのであるから、まさに根本的な発想の転換というほかないであろう。

このように当初は律や仏陀に関する解釈の差異からスタートした根本分裂以降の流れにより、大乗仏教は、結果として釈尊が始めた教えからは相当異質なものに変化を遂げた。「根本分裂」は、革命的な変化に結びついていったのである。

このような釈尊でさえ驚くに違いない重大な変化はどのようにして起こったのであろうか。まずは、当時のインド社会における宗教的常識があろう。釈尊は諸法無我という形でアートマンは否定したと言えようし、そのように解釈できるが、当時のインド社会の常識としては、霊魂不滅であり輪廻転生であったわけである。そういう風土の中で、釈尊も輪廻転生を真っ向から否定する教えを説いたものとは思われないし、弟子たちはやはり輪廻転生の常識に囚われていたのであろう。また、特に釈尊入滅後はそういう常識への囚われの中からの解釈をしたであろう。さらに在家の一般信者についていえば、輪廻転生という常識の基層があり、その上に釈尊の教えを吸収していったのであろう。

教えからすれば、「諸行無常なのだから、どういうリスクが発現しても不思議ではないし、縁起の中でいずれあらゆるリスクが発現し得る。発現しないでと願ってもそれは煩悩であり、発現したとしてもそれを受け容れて平然としていられるように悟りを啓け」、という事になろうか。そもそもその願いを聴きいれ、願いをかなえてくれる万能の神様などの主体がいないのだから物事を祈ろうとしても祈る対象がないわけだ。仏陀とはそもそも悟りに至った人ということなのだから、少なくとも初期の仏教において特に人を救う人という概念があったわけではない

成仏という言葉もそうで悟りを啓き心の中に仏国土をなす、という意味の言葉であり、修行を重ねるうちにそういう仏国土を心の中に築くということを目標にして日夜修行に励むわけだ。したがって死後、その魂が死後の世界にあるという西方浄土、極楽などという仏国土に行くという意味ではなかった。

これが大きく変わるのは大乗仏教が登場してからだ。それまでの仏教はどちらかといえば修行者が修行をして諸行無常、諸法無我、一切皆苦などについて悟りを啓き、これによって涅槃寂静の世界に至ることを主な目的としていた。必ずしも一般在家の信者が悟りに至るということを主眼とはしていなかったわけである。しかし、一般在家の信者たちのニーズがこれでは満たされなかったであろうことは充分理解できる。もちろん釈尊は、修行においては苦行を求めることはせずに中道を採るように教えており、物理的な修行のハードルはそれほど高くはなかったことは事実であろう。しかしながら、それでも在家のまま悟りを啓く、成仏する、幸福な来世を迎える、現世の願いを聞き届けてくれる、等のニーズは高いものがあった。他方で、仏教への主な対抗勢力がバラモン教からヒンドゥー教に変容していく中で、このあたりのニーズに対応できるようになったこともあり、仏教自身でも一般大衆のニーズに対応する必要に迫られた。このような動きもあった中で、広く多くの在家信者のニーズにも合致する大乗仏教が成立した。これにより仏教はそれまでとは大きくその性格を変えることとなった。

そして一、二世紀にインドで編纂され「諸経の王」と呼ばれ、日本仏教でも中枢となっている法華経においては、

釈尊は仏になってから既にほぼ無限の時間が経過している。方便として涅槃に行ったように見せかけたが、実際は入滅していない。常に真実の法を説き続けているが、神通力で見えないようにしているのだ。常にここにいて決して滅しない。しかし、方便のために死んで再び蘇るように見せるのだ。(法華経　如来寿無量品第十六「自我偈」)

とし、釈尊は、無限の過去から存在するものとする。

◆空の思想

三世紀頃のインドで大乗仏教の成立に大きな貢献をなしたとされる龍樹（ナーガールジュナ）は、縁起から「空」の概念を唱えた。この「空」という概念はインドにおける偉大なる発明である「０」（零）の概念とほぼ等しいものとされる。しかし龍樹自身、この空性については言葉で説明するのは難しい概念だとしつつも、この世の中のものの一切が空という教え、空の思想を導入した。龍樹は根本中頌を著して部派仏教の中でも有力であった説一切有部などによる実在論的思考の論破を行ったものである。説一切有部は事物には、固有・不変の本質があるとしたが、これを否定して、縁起するものには固有の本質などない。つまり、常に転変するものに本質などない。これは無自性、すなわち空であるとしたものである。そして空性を説くことの究極的な目的は、戯論（言語的多元性）の寂滅であるとしている。[50]空は般若心経でいう有名な句である「色即是空、空即是色」などでも強調されている。

縁起をさらに進め、全てのものに永久不変なものなどないとすれば、全てに実体などは無く、「空」すなわち「一切は空」なのであるというわけである。

中村元編著「仏教経典散策」に掲載された「般若心経」の思想説明によれば、

- ◆物質的要素も精神的要素（感覚・表象・意志・知識）もすべて実体がないのである。
- ◆この現象世界に存在するものの特性とは、実体がないということにほかならない。
- ◆私の身体・私の心・私の感覚器官というような「私のもの」と観念するものがどこにもないのである。なぜなら本来「私」という実体もないのであるから。
- ◆また、修行してめざすさとりも、修行によって厭離すべき煩悩も本来ないのである。さとりに固執すれば、それはさとりを実体視したことになり、煩悩は厭離すべきものだといって執拗に固執すれば、これも煩悩を実体視したことになる。

◆苦の観念にとらわれてもならない。なぜなら苦という実体も本来ないのだから。したがって苦の原因もないのである。苦の原因がないのだから、苦の生ずることもなく、苦をなくす方法さえ必要がない。
◆このように修行し心を安住し続けるところを般若波羅蜜多、つまり智慧の完成という。

とされている。[51] つまり、この世界のあらゆる物・肉体や精神作用も永遠不滅の実体など持たないので、空であり実体はない。この見地に立てば「私」という実体も「私のもの」という実体もないから、修行して厭離すべき煩悩も本来は無い。生老病死という「苦」についても、人間の観念から生じた相対的概念であり、実体はない。従って苦を無くす方法も必要がない。このように修行すれば智慧の完成、般若波羅蜜多となる。

これは縁起を改めて解釈し、全ては不変ではなく、それは将来どういうふうに変わるか誰も確実なことは言えない。そして、人間存在を始め、全ての物事は変化していく定めにあり、その行方は誰も知らないという、二千年前のリスクについての認識だったのかも知れない。

空の思想をリスクとの関係でいえば、災害、戦乱、疫病等リスク現象そのものに対する考え方に変化はない。しかしながら、これらの現象により変化する物体、身体などの五蘊全てが空というのであるから、リスク事象により影響を受ける客体のすべてが、そもそも実体がないとする。さらにそれにより経済的な損失や苦痛を被る本人の色（肉体）や精神的な働きである受（感じること）・想（思うこと）・行（意思）・識（判断）もそもそも空であり実体がないとするのである。したがって現象は起こるが、それも空であり、これにより影響を受ける主体に実体がないというわけであるから、リスクというのは理論的には消えてしまうわけである。

前述の算式をもってくれば、

リスク事象 × **受け止め方（価値観）** ＝ **苦**

なのであるから、リスク事象もそれを受け止める方の主体である五蘊すべてが空なのであり、主観である受け止め方（価値観）の0をかけても結果はもちろん0になる、つまり苦は（楽も）生じないことになる。つまり、全てが空ということを悟ればリスクに怯えながら生きる必要は無くなるということである。人間というものが釈尊の説くように徹底的に煩悩を滅却することができれば、自分自身を含め全ては空であることが悟れるはずであり、そうすれば空がどうなろうと思い煩う必要は無くなる。リスク事象である縁起も受け止め方も両方0なのだから、0に0をかけても当然0である。したがってリスクなどに心を乱されることは無くなる、ということであろう。したがって究極のリスクマネジメントであるわけである。すべてが空であることを悟ればリスクに思い煩うことは無いというのはその通りであって、釈尊が教えた煩悩の滅却を別の言葉で説いたものともいえよう。そしてこの龍樹の教えは、大乗の教えの中で説かれ、在家信者も含めた全ての信者に説かれたものなのである。

確かに、「全てについての実体はそもそもゼロだ、ゼロの価値のものに執着してもしようがない、自分だってゼロなのだ。だからゼロの自分を可愛いと思っても仕方がないではないか」という方が、「修行をして煩悩を捨てよ」というより簡単であろう。つまり、飴玉を欲しがる子供に、「飴なんてないのだよ」と空の袋を見せる方が「我慢しなさい」というより効果があるかもしれないというわけだ。リスクでいえば、リスクにより影響を受ける主体が、自身への執着を捨てることによって、不安・恐怖を取り除くというそれまでの教えをさらに進め、代わりにリスク事象そのものを実体のないものと価値観を変えるわけだ。これならば煩悩を滅却するための修行を行わなくても、煩悩そのものの元を抑えることができるので修行は少なくて済むというわけであろう。本人がそういう価値観への転換ができるのであれば、極めて優れたリスクマネジメントと言えよう。

しかしながら、全てを空だと受け容れるということは、在家の信者にとっては経済発展、防衛、治山治水等も含め、自身やその安全さえも全て空という事実を受け容れることでもある。これは社会の発展や安全性の向上などにはむしろ否定的な価値観につながっていくことに注意が必要であろう。つまり人々からヤル気を消失ないしは減退させるという負の要素があるのだ。このあたりにずっと後になって東洋が西洋に文化、経済的に遅れる事態になった原因の一つがあるのかもしれない。

般若心経の冒頭に登場する観自在菩薩は広く衆生の願いを聞くとされ、古くから多くの信仰を集めてきた。法華経でも第二四章・観世音菩薩普門品に観世音菩薩を称名することによって、救ってもらえるという厄災などが列挙されている。①火災、②洪水、③航海の風災、④暴力、⑤鬼難、⑥捕縛および⑦盗賊等の七難が挙げられており、これらは当時の人々が怖れ、観音様に救済を求めていた現世のリスクということができようか。古代インド版の地震、雷、火事、親父というわけである。[52][53]

◆浄土教

仏教はそもそも、現世で生きるための哲学として出発し、当時の富裕層の商人や、バラモン、クシャトリア階級からはそれなりの支持を得ていた。しかし、これらエリートではなく、大衆から広く信者を得ていくためには、前述の通り、大衆の関心が高い死後の世界の教えというものが必要なことだった。つまり仏教の存続・生存のためには一般大衆の現世におけるリスクニーズに応えるだけではなく、死後のリスクニーズに応えていくことが必須であったのだ。そして、阿弥陀如来のおわします西方浄土への成仏を説く浄土教の教えによって仏教はその性格を大きく変えた。そして、むしろ積極的に死後の救済を約束することを通じてその支持を広げてきたということができるのであろう。

釈尊の教えをまつまでもなく、一般の大衆にとって、明日の食料にさえ不安を抱える普段の生活というものは、飢えや寒さなどの苦痛の他、明日をも知れない不安・怖れなどに晒されている。つまり、一般大衆は上位カーストや富裕層が経験したこともないような厳しい苦に苛まれつつ日常を送っているわけである。そういう人々にとって、現世における悟りというのもさることながら、どうせこの世が苦に満ち、展望が開けないものであるならば、せめて死後の世界で良い目に遭いたい、幸せになりたいと考えるのはごく自然なことであったろう。そしてこれに対する展望を開いてくれたり、その方法を教えてくれたりする教えに魅力を感じるのは当然のことであったはずだ。

この教えは、法蔵菩薩はブッダとなって阿弥陀如来となる前に四十八の誓願をしたが、その中に全ての衆生の往生を叶えるというものがある。この法蔵菩薩が如来になることは果たされたのである。であれば、全ての衆生は極楽往生が可能なはずであるとする。阿弥陀如来の住む西方浄土は素晴らしいと説く無量寿経、阿弥陀経、観無量寿経の阿弥陀三部経の教えなどが続々と登場した。法蔵菩薩は一切の生あるものを救おうとの誓願を立て、極めて長い修行を経て阿弥陀如来になったのだから、全ての衆生は極楽往生することができるという、浄土教の教えが一般信者にとって極めて魅力的なものに映ったことは当然であろう。これにより、仏教は現世におけるリスクニーズだけではなく、死後の世界におけるリスクニーズにも見事に対応した結果、圧倒的な信者の支持を獲得したわけである。これを整理すると、次のようになろうか。

現世においては、永遠に存在するものなど無く、それは時の経過に伴って必ず変化あるいは滅失していくものである。縁起で教えるように、その過程において、さまざまな因果関係によって結果が生じるが、人間にとっては、度々それらは予測不能な時・形で現れる。したがって、生老病死等、四苦八苦に代表されるリスクに対する怖れや不安を抱かざるを得ない。しかしながら、これらのリスクの発現はいずれ避けられないのである。これらのリスクに、不安や恐怖を覚えるのは、老いさらばえたくない、病の苦痛は避けたい、死にたくない、愛する人と別れたくない、嫌な奴とは付き合いたくない、目的達成がうまくいかない、自惚れてしまうなど、欲望に執着する心があるからである。執着するからそのようなリスクに対して恐怖、不安を感じて苦悩する。したがって、執着心を捨てれば、どういうリスクが発現したとしても、心は苦悩に悩むことなく安らかでいられる。という釈尊の現世での教えがあるわけである。これは熱心に修行する修行者、出家者にとっては、受け容れやすい教えであったであろうことは想像に難くない。俗世間を離れて、地位や資産をすべて放棄して修行を行えば、たとえばすでに資産は手放しているのであるから、金銭や財物に対する執着心というのは捨て去ることは容易であったろう。またサンガの中で同じ目標をもって修行している仲間たちと煩悩を滅却する方法などを切磋琢磨しつつ習得していけば高次の悟りを得るという見通しも立てやすかったであろうことは理解できる。

一方、在家の信者にとっては有り難い教えであることは分かっても、自らの食い扶持は自ら稼ぎあるいは産出し、家族を養い、家系を子孫に伝えていくためには、全ての煩悩を滅却するなどというのは相当にハードルの高いことであったであろう。またもし、これが実現できたとすれば、金銭欲も萎むことになることから、事業などもなかなかうまくゆかず、家庭の維持もなかなか困難になってくる。そうすれば四苦八苦は当然のことながら余計に重くのしかかってくる。あるいは他の苦のリスクについては覚悟ができたとしても、死のリスクというものはどうしても大きい。そして老いるに従って死への不安・恐怖というものが膨らんでくるわけであり、死後はどうなるのだろう、仏教に帰依しているがどう導かれるのか、との思いがどうしても膨らんできたであろう。そして、死後の世界への展望を示してくれ、少しでも明るい展望を示してくれる教えがあったならば、その明るい死後の世界を約束する宗教になびいたことも、容易に想像できる。

中国においては、廬山の慧遠によって始められたのが浄土教とされる。ただし慧遠の念仏三昧は、観想念仏であり、阿弥陀仏や浄土というものを心の外部にあるものとはせず、心の中に念じて内在させる存在として捉えていたものであるとされる。これに対して唐代の善導（六一三〜六八一）は、このような観想念仏の捉え方ではなく、実際の存在として阿弥陀仏や浄土を捉え、この浄土への往生が阿弥陀仏の本願として実現されることを説いた。つまり、心の中にある極楽浄土から、死後において実際に行ける場所としての極楽浄土への転換である。

そして、その浄土往生の方法として称名念仏を重視した。この善導の解釈はかなり異端的なものであったが、一般民衆から見れば分かりやすく、また称名を唱えるという実践が容易であることから、広範な支持を獲得した。ただ、中国においてはこの善導の解釈は下火になり、やがて元の観想念仏の解釈に戻った。しかしなが日本においては法然以降、善導が説いた阿弥陀如来・極楽浄土の実在を前提にした信仰が主流となり、日中間で浄土観に大きな差異を生じたものとされる。[54]

これらの流れを整理すれば、大乗仏教の流れの中で、釈尊に対する神秘性が増加するとともに、悟りを開き成仏するということに関するハードルというものがどんどん低くなってきているということができる。般若経で説く六波羅蜜の布施・持戒・忍辱・精進・禅定・智慧について考えてみれば、持戒・忍辱・精進・禅定というのは、戒律を守り、苦難に耐え、修行に励み、自己の精神統一という自己の修行そのものである。しかしながら、「布施」というのは、「他者に対して施したり、安心を与えること」つまり、利他的行為である善行というものを求めているのである、そしてそうした善行を積めば成仏できることを説いている。まさしく善行善果・悪行悪果の現世と来世をつないだ因果応報システムである。これにより宗教によって支配された世界、つまり古代・中世というものの社会の秩序維持に不可欠の教えとして機能したわけである。

当初はリスクに満ちている苦の世界の中で我欲を滅却して生きることを説いた仏教が、次第に変容を遂げて、善行善果・悪行悪果で現世・来世を通じた因果応報システムを提供することになった。そして遂にアジアにおいても仏教による、施政者・社会・個人によるリスクマネジメントのトライアングルの構築を可能にした。そしてその体制は安定を保つことができたのである。

6　ヒンドゥー教

◆ヴェーダの宗教

紀元前一二〇〇〜一〇〇〇年頃までに、ヴェーダの宗教と言われるものになるのだが、このころの宗教は祭祀を中心とした宗教であるわけである。

中村元が、前田専学編「東洋における人間観　インド思想と仏教を中心として」に寄せた「『リグ・ヴェー

ダ』における人間観」によれば、

初期のインド・アーリヤ人は、現世の生活に深い喜びを見出していた。かれらはどこまでも現世および来世における生に執着していて、未だ厭世的な世界観を懐いてはいなかった。牧畜の生活を楽しんでいたアーリヤ人は、人生は愉快なものであると感じ、若々しい活気にあふれていた。

とし、現世の中で憂いの少ないアーリア人の姿を描いている。そして彼らは死後の世界について大して関心も示していないが、漠然とした観念を有していたものとされる。彼らは死すべき運命は自覚していたが、神酒とされるソーマ酒により不死となれるのではないかとも考えていたらしい[55]。

この時代は、祭祀が最も重要と考えられ、それを司るバラモンは神をもコントロールできる存在とされたことから、リスクに対して心配する人は何でもバラモンにすがった。そしてバラモンは神々を通じて未来を変えることができるものと信じられたことから、人々のリスクマネジメントは、バラモンに頼んでリスクを封じてもらうとともに、死後のリスクに対してもバラモンに祭祀をお願いした。バラモンは儀礼の間は儀礼の咒句であるマントラを唱えて、究極の実在であるブラフマンの力を呼び寄せるものと信じられた。このマントラは、仏教に伝わり密教の真言となっている。

死後の世界の神とされているのが「ヤマ」であり、これが仏教に採り入れられて、中国経由で日本に入ってきたのが閻魔大王である。そして死後の審判を行う恐ろしい存在となって、「嘘をついたり、いうことを聞かないと閻魔様から舌を抜かれますよ」と言われて震え上がる大勢の子供たちの恐怖の的となった。

ヴェーダの時代においては、死者の生前の善行・悪行の審判と悪業を行った者への懲罰はヴァルナという神が行うものとされていたが、ヴァルナは、神々を含め、人々が守るべき天則と掟の守護者とされており、さらには、ヴァルナは全てを統括する最高神とされた。それとともに、ヤマは、死者が生前に行った行為の審判や地獄における責め苦の執行者となり、人々の畏怖を集めることになった。

◆梵我一如

こうしたバラモンに独占された儀礼ばかりの実践に対して疑問を抱く人々は社会を離れ、森にこもって苦行を行った。苦行者は、身の回りの物さえ持たない質素な生活の中で瞑想と苦行を行い、世を捨てた隠者として森の中で暮らした。やがて、このような苦行者は瞑想を通じて深い宗教的な思索の成果をもたらすようになり、さらに進んで哲学者や賢者として尊敬を集めていった。そして、ヴェーダ奥義書とされる「ウパニシャッド」はこのような森の隠者によって編纂された。編纂時期は紀元前七〇〇〜五〇〇年とされる。

隠者達の主張は、重要なのは祭儀そのものではなく、祭儀の背後にある精神であり、彼らはこの精神を突き詰め、悟りを得るべく苦行を行ったものである。その結果、それまでの多くの神々を宇宙の根本原理である、ブラフマンという唯一の存在に集約・還元させた。このブラフマンは、宇宙最高の存在であると同時に、宇宙のあらゆる被造物の中にも遍在するとした。

それに対して魂、自我であるアートマンは、現世または来世におけるその行為によって一つの結果と結びつく、そのような行為を業（カルマ）と呼ぶ。そのような業の結果を反映して霊魂は果てしなく誕生や再生を繰り返す、つまり輪廻を繰り返す。現生での行いが悪ければ、その業により、来生では悪い状態で生まれ変わる、たとえば動物として生まれ変わる。良い行いをした場合には来生でも良い状態で生まれ変わる、たとえばより上位のカーストに生まれ変わる。といった輪廻の中で生まれ変わりを繰り返していくというわけである。

これは、善行・悪行という業による因果応報を説く教説であり、人々にとっては納得感のあるものであったであろう。ゾロアスター教でも見た通り、善行・悪行の因果応報の考え方は、個人、社会及び為政者にとって社会の安定をもたらすことにより大きなメリットをもたらす。

輪廻の考え方そのものは、諸説あるものの、アーリアの流れではなく、当時のインド原住民の中にあったものをアーリア人が受け継いだものとする説もある。[56] 輪廻というのは言ってみれば、死後、肉体は滅んでも永遠に残る魂、つまりアートマンが未来永劫、誕生と死を繰り返す連続的サイクルの中から抜け出せないということである。それは、人間も含め生き物は死すべき運命から逃れられない以上、誕生する度毎に死ぬ運命を引きずり、死の恐怖を抱え続けざるを得ないということである。また、輪廻の生まれ変わりは子孫に生まれ変わるものとされるが、もしも、子孫が途絶えることになると祭祀が断絶してしまう。その場合には、死者は餓鬼になってしまうとされ、このことも大変恐れられた。

そこで人々は輪廻からの解脱（モークシャ）を目指すことになった。解脱するためには、自我であるアートマンを宇宙の最高原理であるブラフマンと一体化すること、つまり悟りを得ることが必要だとされた。アートマンがブラフマンの一つの独立した部分となることで一体化することが、すなわち悟りであり、これにより解脱ができるというものである。ブラフマンは梵でありアートマンは我であることから、よく言われる梵我一如である。この悟りの境地に達することによって、輪廻の循環を脱し解脱することができるものとした。この解脱こそが人生最高あるいは唯一の目標とされるようになった。

ただし、解脱へはなかなか辿り着けないので、必ずしも一生ではなく、二生あるいはさらに多くの生による業を積んで目指すべきものともされた。[57]

ウパニシャッドの前は、儀礼により死後の運命は決まるとされた。しかしウパニシャッド以降は、輪廻のその次の生まれ変わりを決めるのは業であり、業の良し悪しが現世中の幸不幸にも反映され、さらに輪廻の中で次の生まれ変わりが変わる。さらに善行を重ねるとともに、梵我一如を悟ることができれば、アートマンを閉じ込めている輪廻からの解脱が可能となり、最高存在であるブラフマンになることができる、というわけである。

当時の学者にヤージニャヴァルキヤという人がおり、彼によれば、悟るためには、「子孫、財宝、そして世間に対する欲望を捨てる」というように欲望を捨て、遍歴遊行者となり、隠遁生活を送る、そうすれば死んだ後にブラフマンと合一することができるとしている。[58]

◆アートマンとは何か

このように、ウパニシャッドの中心思想は、ブラフマン（梵）とアートマン（我）との同一つまり梵我一如である。アートマンを日本では、我とか自己とか訳しているが、欧米では魂（soul, Seele, ame等）と訳すことも多いらしい。我や自己と魂では持つ意味は相当異なるが、そういう解釈もされる言葉なのであろう。

アートマンはニヤーヤ学派によって哲学的な議論が行われたとされ、その根本経典である「ニヤーヤ・スートラ」には、アートマンは「すべてのものを認識する主体、あらゆる事柄を経験する主体、〔すなわち〕すべてを知る者、あらゆるものの経験者である」とされる。代表的な叙事詩とされる「マハーバーラタ」の記述によると、人の死に当たりアートマンは、知られずに別の身体に入りこむ。元の身体を五大元素（空、風、日、水、地）へ分解したのちに五大元素により別の身体を保持する。声・触・色・味・香の五感は心から生まれ、心は理性から生まれ、理性はアートマンである本性から生まれる。本性には前生の善悪の行為の結果である業が蓄えられ、それらは新しい身体の内に連れ戻される、としている。[59]

従って、この考え方によればアートマンは、生まれ変わった次の身体の中に前生の善悪の行為の結果である業を引き継いでいくわけであるから、善行善果・悪行悪果の現世・来世を通じた因果応報システムが作用すると説くわけである。

このアートマンについてその存在自体を諸法無我ということで否定した釈尊の教えというものはインパクトが大きかったかと思われる。とにかく諸行無常で、あらゆる物は常に変化する、永遠に続く実体などは無いと説く仏教なのだから、人間の実体についても同様であり、永遠に続く本性、我、魂等はあり得ないというのが釈尊の教えなのである。従って輪廻転生などというのも当然ないことから、ありもしない来生についてあれこれ悩んでも仕方がない、それでなくてもこの世の中は苦で満ちているのであるから、これらの苦への対処が重要だ。これらの苦の原因はリスクであり、あれこれ将来に対して、ああなって欲しいとか、こうならないで欲しいとか、そうなると怖いなとかいう思いになって苦が生じるのである。従ってそれらの欲を無くす、つまり煩悩を滅却すれば、この人生をもっと楽に生きられるのではないか。というのがそもそもの釈尊の教えである。こう考えれば、釈尊の教えは極めて自然なものなのである。

しかしながら、当時の世の中の常識というのは、このような釈尊のそもそもの悟りを受け容れる余地は少なかった。アートマンが無いなんて非常識だ！　輪廻転生というものは必ずあって、悪いことをすれば来世で悪いことが起こるに決まっている。輪廻転生の中での因果応報を否定するものはこの社会の安寧をもたらしている制度を否定するものだ。等の反論というのは釈尊としても当然予想できたのではないか、従って梵天勧請が必要になるほど自分の悟りを他人に説くのをためらったのではないか。あるいは、釈尊はアートマンや輪廻の否定をあまり前面には出さずに、縁起を重点的に説いたのであろうか。それでも、あるいはそれだからこそ、その弟子たちの持っていた常識というものは釈尊の教えに接していてもあまり変わることは無いままに過ぎて、釈尊の入滅後には、釈尊の存在そのものが超自然的なものとなっただけでなく、輪廻転生そのものが含まれた教えや浄土への往生など、釈尊の教えからすると大転回というしかない大乗仏教の世界が広がっていったのではないだろうか。

◆ヒンドゥー教の成立

仏教とジャイナ教はウパニシャッドの教えを含むバラモン教の中から興っている。そしてこの間、アーリア人の侵入以前からインド亜大陸で生活していたドラヴィダ系をはじめとする諸民族、つまり非アーリア人の信じていた宗教や仏教などの影響を大きく受けて、現代まで連なる「ヒンドゥー教」が成立する。

社会の上流層であるバラモンはもちろん、インテリ層などは、バラモン教を奉じたが、一般民衆の間では、古くからの樹木、聖石、リンガ、竜神などの民間信仰が依然として盛んであったとされる。このような種々な民間信仰や原始的な雑多な崇拝とバラモン教が結合してヒンドゥー教が成立した。そのような中でヒンドゥー教の中に取り込まれたことの代表が牛の尊重や沐浴だとされる。[60]

ヒンドゥー教での古くからの祭祀は、社会的なもの、つまり王・地主などが施主となって国家・社会的な祈願である戦勝、豊穣などをバラモンによって祈願されるものと、個人的なもの、つまり各家庭における日常的・個人的なものに分けられる。ただ家庭内のものであっても結婚など特別なものは、バラモンによって執り行われる必要がある。バラモン以外のヴァルナに属する者が行うことが禁止されているからである。さらに供犠もバラモンの手を通じて捧げられたものでなければ神は口にしないとされているからである。太陽が毎朝昇ることさえバラモンの祈りの成果とされたのである。

アーリア人が供犠で捧げていたものの代表が牛であったように、古来の教えでは牛は供犠の代表的存在であり儀式で屠殺されていた。しかし非アーリア社会において、牛は牛乳を恵みまた犂を引いて耕作を補助したり、運搬に使われたり、フンは燃料になったりと、社会に特に役に立つ動物とされた。これが進んでヒンドゥー教の教えでは牛は神聖な存在とされ、牛を殺すことはバラモンを殺すことと並んで二つの大罪とされるに至っており、現在でも牛の尊重は続いている。[61]

ヒンドゥー教では、信愛（バクティ）が推奨される。ウパニシャッドの説くブラフマンは宇宙の根本原理ということでかなり抽象的な存在であるが、バクティは人格神への信仰を旨としている。その人格神はシヴァ神やヴィシュヌ神が代表的である。バクティは非アーリア人に由来するものとされ、伝統的な宗教儀礼を無視するものであるため、長い間バラモンに反対されたが、後代になってむしろバクティ運動自体が主流となって、多くのバラモンも帰依するようになった。[62]

バクティへの帰依者をバクタと呼ぶが、バクタはひたすらその神に信愛を捧げ、神はバクタに恩寵を施すものとされる。神には化身（Avatara）があるものとされ、さまざまな姿で登場することができる。そして一般民衆には抽象的なブラフマンよりも、化身で人間の姿をして絵に描かれた神の方に親しみを感じたことは間違いないであろう。

バクティはシヴァ神を崇拝するシヴァ信徒とヴィシュヌ神を崇拝するヴィシュヌ信徒に大きくは分かれる。シヴァ神は元々非アーリア神であったが、ヴェーダでは、ルドラがその化身とされる。また、宇宙創造の神として仰がれることも原初の父親として仰がれることもある。

現代インドのヒンドゥー教徒の死生観も数千年に亘って引き継がれてきた業による因果応報に基づく輪廻転生を基礎としている。つまり、死後には生前の行いに応じた報いというものが待っており、生前における善悪というものが神により審判され、罪が認められれば懲罰を受けることになる。

しかしながら、現代のインド社会におけるインテリ層の中においても、「人々の出生における不平等、つまり、生まれながらの幸不幸というものは、一度きりの人生というものを前提とすれば到底納得できるものではない。これらは前生の業により生じたものであり、来生の幸不幸は今生における行為も含んだ因果として生じるものであるから、今の生を正しく生きようと考える方が合理的」であると考える人も多いようである。そしてこれがインド社会の倫理観を支えている、ともされる。つまり、古代から引き続いて輪廻の繰り返しを通じた善行善果・悪行悪果の現世・来世を通じた因果応報システムが社会に作用しているということができよう。

7　キリスト教

◆ローマ世界への受容

キリスト教の開祖イエスも、その最初の弟子たちもみなユダヤ人であったことは、明白とされる。そして、当初のキリスト教が、ユダヤ教が信仰する唯一神ヤハヴェと同一の神を信仰していたことは、「私に光栄を与えてくださるのは、あなた達がわれらの神と呼んでいる私の御父である」(「ヨハネ福音書」八章五四)というイエス・キリストの言葉からも間違いないところとされる。ただ、初期の教会では、従来のユダヤ教の教えを

踏まえ、

- ◆ユダヤの民による磔刑によって死に、よみがえったイエスは真のメシアであり、救い主である
- ◆救いはこのイエス・キリストによってのみもたらされる
- ◆救いをうけるためには悔い改め、その罪の赦しを受けるため洗礼を受ける必要がある

という教えを、同胞であるユダヤ人に広めた。救世主メシアというのはユダヤ教の教えの中で、ダビデの子孫から出現し、ダビデの王国を再建し、世界に平和をもたらす存在とされたからである。しかしながら、ギリシャ・ローマの多神教やその他の宗教を信じるユダヤ人以外のローマ帝国の人々にとっては、当然ながら関心は低く、当時のキリスト教使徒にとっては伝道の対象にはなりにくかった。[63]

それでも、ローマ市民権を有し、キリスト教徒の迫害を行っていた中心人物であったサウロが、キリストの声を聴いて回心し、キリスト教の使徒パウロになった頃から以降はユダヤ人以外の入信者も増えてきた。これは、紀元三〇～四〇年代のこととされる。また、やがてユダヤ教では必須とされた割礼も不要とされた。そして、キリスト教はユダヤ教の伝統である割礼にこだわることなく、民族宗教の範疇を超え、広くギリシャ・ローマ世界の人々に拒絶されない素地が備わった。

キリスト教は、ユダヤ教から派生したものであるから、旧約聖書の創世記にあるアダムとエバが神の言いつけを守らずに禁断の木の実を食べてしまったので、楽園を追放されたという話は受け継いでいる。そしてアダムとエバが犯したこの罪、原罪は全人類が引き継いでいたとする。キリスト教では、この原罪について、イエス・キリストがこの人類の全ての原罪を負って、つまり肩代わりして、十字架に架かり、自らの命でその罪を贖ったとする。ユダヤ教で太古から神に捧げられてきた供犠として捧げられたというわけである。つまり贖罪だが、これにより全人類は救済されたものとする。そしてイエス・キリストは復活した。これは良い知らせ、

すなわち福音だというわけである。

イエスが登場した頃のユダヤ教では、生活の細部まで定められた律法の遵守が人生最大の務めのように見なされ、民族の誇りである反面、過剰な負担ともされていた。これについてパウロは「律法を実行することによっては、だれひとり神の前で義とされない。律法によっては、罪の自覚が生じるのみである」(ローマ人への手紙三―二〇)とした。つまり律法ではなく、キリストへの信仰によって義とされるとの立場を鮮明にするとともに、キリスト教をユダヤ人だけのものではなく、世界宗教として拡大していく条件を整備した。

◆中世における教皇権と世俗権力

キリスト教はローマ帝国内において、何度も迫害を受けたが、その中でも信者の輪を拡げ、三一三年のコンスタンティヌス帝によるミラノ勅令によって公認された。そしてテオドシウス帝の時代には、ローマ帝国の国教とされた。こうしてキリスト教はそれまでの少数派の立場からむしろ多数派となり、教会組織やその他の体制を整備していく中で圧倒的な主流を占めるようになり、ゲルマン民族の侵入や西ローマ帝国の滅亡、ゲルマン諸族による王国の樹立という中でも新たな信者を獲得し、それまでの宗教をむしろ異教として斥け、ヨーロッパにおける圧倒的な存在となった。そしてヨーロッパはキリスト教会に支配された中世を迎えることになる。

中世のヨーロッパにおいて、九六二年にドイツ王(東フランク国王)であったオットーがイタリアも併合して神聖ローマ帝国を創始しオットー大帝すなわち初代皇帝となった。この時ローマ教皇ヨハネス一二世から戴冠を受けている。もっとも、神聖ローマ帝国の成立は、八〇〇年にローマ教皇レオ三世によりローマ皇帝として戴冠されたフランク王のカール大帝をもって初代皇帝とみなす考え方も多い。

オットー大帝は、特許状を発布し、皇帝による教皇領の保全や新領地の寄進を約束したが、同時に教皇叙任の条件として皇帝への忠誠を求めるなど、皇帝権を教皇権の上位に位置付けた。そして帝国内にあっては司教の国王に対する忠誠が求められるという状況が十一世紀に至るまで続いた。

これに対し、教皇側からは皇帝や国王のような世俗権力よりも教皇をはじめとする教会権力を優位に立たせようとする巻き返しの動きが行われた。当時、教会では聖職の売買であるシモニアと聖職者の妻帯であるニコライズムが横行し、退廃の象徴として広く非難されていた。これらを教会側では問題視し、シモニア・ニコライズムの禁令を発出したが、なかなか国王等の世俗権力の抵抗もあり実現できなかった。かかる状況下で、神聖ローマ皇帝ハインリヒ四世は教皇グレゴリウス七世の意思に反した人物をミラノ大司教に着座させた。教皇はこれを非難したが、皇帝は一〇七六年にドイツの司教を集めて、グレゴリウスの廃位を宣言した。これに対抗してグレゴリウスはハインリヒを破門した。というのが「叙任権闘争」の始まりで、皇帝権と教皇権の公然たる闘争である。皇帝側は破門という事態に対処するため、司教会議等で反撃を試みたものの、勝ち目はないものとして、ハインリヒは教皇滞在中のイタリア・カノッサ城の前で厳寒期に教皇に赦しを求めたとされる。これは「カノッサの屈辱」として有名であり、教皇権の皇帝権に対する勝利である。もっともその後ハインリヒは再び反旗を翻してローマに進駐し、グレゴリウスを追い出すという展開になり、グレゴリウスは失意のままサレルノで客死した。

このように、キリスト教の歴史において、皇帝権と教皇権の闘争という歴史があるくらいに、キリスト教会の勢力は強かったものとされる。現在のヨーロッパにおけるキリスト教の姿からは想像もできないくらいの宗教勢力の大きさである。当然ながら、このことは人々の精神生活だけでなく日常生活においてもキリスト教がいかに大きな割合を占める存在であったか、を物語っている。もちろん、軍隊等の実力組織を持ち武力を有していたのは皇帝や国王等の世俗権力であり、教皇側は神との繋がりにおける権威を有していたにすぎない。にもかかわらず、皇帝の権力を凌駕するような権威を備えていたことになるわけである。つまり、人々の生活や精神の中で、神への帰依、依存というものの程度がそれほど高かったということである。そしてその信仰心が社会の規律を厳格なものにし、異端というだけで火刑にしたり、魔女狩りに結びついたりするような、人間の生命さえ奪う程のものであったのだ。

◆人々の信仰生活

キリスト教の公認やゲルマン民族の侵入による西ローマ帝国の衰退・滅亡により中世のヨーロッパが始まるとされる。ローマ帝国時代からそこにいた住民からすると、その頃の気持ちとしては、「何やら急に蛮族と呼ばれたゲルマン人が増えて我が物顔に振る舞っている」、ということで不信と不安の中に暮らしていたことだろう。侵入したゲルマン人の方も、やむに已まれぬ事情により移住したものの、慣れない土地で自分たちを得体のしれない者、つまりエイリアンとしてしか見ない先住民や他の土地から移動してきた部族などとも近くになり、互いに不信と猜疑心を高めていたのである。

こういう、中世初期の混沌と不安や猜疑心の中で、キリスト教は、「汝の隣人を愛せ」と教える。新顔の「不気味な隣人」が急増してきたその時代にマッチした教えであったのだ。さらに、このように不安定で、なかなか明るい将来の展望が描けない現世ではなく、来世に希望があると説くことについて救いを見出したのではなかろうか。つまり、新たな隣人とも同じ神を信じて同じ価値観を持つ、さらにその教えが隣人を愛せというものであれば、社会の安寧つまりリスクマネジメントにどれほど役立ったであろうことかと思われる。

そして、ゲルマン民族出身の新たな王や領主もキリスト教を受け容れた。初めはその領地支配のための手段としての意味もあったのだろうが、次第に自らも熱心な信者となり、領国の教化に尽くすとともに、聖職者と教会の保護を行った。支配者としては、複数の民族・部族が入り混じっている中で、相異なるそれぞれの宗教を信じている状態でいることは、良くないことは理解していただろう。つまり、価値観や信条が異なれば、相互に不信や争いの元であり、それよりも一つの宗教を信じていてくれたほうが、諍いの元を絶てたし、領国の融和・安定に寄与することは十分認識していただろう。さらにその宗教が、善行善果・悪行悪果の現世・来世を通じた因果応報システムを有していることは、領国の安定には理想的であったといえる。さらに前章４（リスクと神が造るトライアングル）で述べた、リスクと神が造る個人・社会・国王のトライアングルがもたらす効果は、この時期の国王にとってはまさに渡りに船であっただろう。キリスト教会にしても、この混乱期であったにもかかわらず、旧来のローマ市民だけでなく、かつて蛮人とされた新参者で新たな支配民族となったゲルマンの諸族の住民に一気にキリスト教を広めることができたのは幸いであった。教会はこのようにして勢力をヨーロッパ中に広げ、いわば「独占宗教」として、以降教会が世俗勢力を上回る実質的権力を得てヨーロッパを支配する体制を築く基礎を整備できたのだ。

改宗した人々からすれば、「これまでは多くの神様がいたのに、一人で絶対という神様一人になった。そのたいそう偉くて、畏れ多い神様は何でもお見通しで、世界中のことはもちろん、私の心の中でさえご存じという話だ。だから神様の悪口を言ってはいけないし、悪いことは思ってもいけない。世界のこれからのこともすべてその神様が決めるという話だ。だから人間はその神様に少しのお願いくらいしかできない。神様の教えは聖書に書いてあるらしいけど、それは自分では読めない」というような心境ではなかったか。聖書の中身を知ろうと思えば教会にいる司祭に教えてもらうほかなく、神への願いも司祭を通じてしか伝えられなかったのである。したがって人々は、全宇宙の創始者であり統治者である神の教えに違うことの無いように、清く正しく生きる、しかなかったのである。日々の生活もその怖い神の怒りに触れるようなことがないように、注意して生きなければならないということである。

民衆からすれば、人間はアダムとエバが楽園で神との約束を破ったことによる原罪を抱えている存在だといわれても、「どうもそういうのは身に覚えがない。遠いご先祖様が犯した罪といわれてもねえ……」という気持ちだったに違いない。けれども、「そんなこと思ってもいけない、すべて心の内までお見通し」といわれれば、考えることさえ憚られるわけだ。つまりごく一部を除き、ヨーロッパのすべての人は「マインドコントロール」されたわけだ。価値観の根底までも含めて全てに神があり、神は全てをお見通し、なのだから、思想の自由はおろか、思考の自由さえ許されない時代に入ったのだ。

「妙なことを考えて、それをうっかり口に出してしまったら、告げ口されて異端とされて火刑に遭うかもしれない、だから原罪はあると考えるしかない。罪深き存在として日夜悔い改めて善行を重ねるしかないのだ。なんだか納得できないと思ったとしても、思ったこと自体が罪なのだ。地獄に堕ちるかもしれない。ローマやゲルマンの神々を信じていた、牧歌的な日々はもう帰ってこないのだから」。「とにかく司祭が説教する聖書で書かれていることと違うことを口走ったら、異端だとか言われて火刑にされてしまう。あるいはそこまではなくても破門されてしまう。破門されたら、この村では生きていけないし、村を出されたら野垂れ死にするしかない。火刑というのも破門というのも絶対に避けたい」。「教会は死後に最後の審判で、天国行きか地獄行きかを決める時に口添えをしてくれるかもしれない。そもそも教皇は聖書の解釈権まで持っていて、神に一番近い人なのだから、王や皇帝より偉くて当然だ」というふうに考えられていたのであろう。

また、経済面でも、全信徒は旧約聖書の記載を根拠とする税制である、十分の一税を教会に支払うことが求められ、物納あるいは貨幣で教会へ納めさせられた。これは献金ではなく、全収入の十分の一は神の取り分として徴収されたものである。この十分の一税は、世俗権力である領主が要求する人頭税その他の税とは別に納めなければならず、教会勢力による支配を強化する制度として機能した。

◆中世の構図

このようにして教皇および教会は絶大な権力を持ち、中世ヨーロッパにおいて、社会は無論のこと、一人一人の心の中までを含め、全てを支配したのだ。

現代でもその姿の痕跡は残っている。筆者が一九八〇年代、ドイツ研修中に南部バイエルン州の田舎道の小さな村を日曜の朝に訪れると、村の人は殆ど総出で教会のミサに出席している。教会は小さな村には不釣り合いなくらいに立派で、内部の装飾や天井画も美しく、芸術作品とも呼べるほどだ。建設や維持には相当の費用が掛かっていることが想像される。ミサが済むと人々は家路につくが、多くの人々は、村に一軒きりの酒場兼レストラン兼ビール醸造所兼宿屋に繰り出す。そこで昼から皆でビールを飲んでワイワイ騒ぎながら、歌を歌い週末の昼間を楽しむ。もちろん中世は現代より相当貧しかったのであろうが、週末を過ごすパターンとしてはそのころと同じなのかなと思わせる光景であった。

教会と人々は、日曜のミサや説法というような日常はもちろんのこと、人生のあらゆる場面でつながっている。秘蹟（サクラメント）と呼ばれるもので、入信の洗礼・堅振、聖体拝領、聖職者へ罪を告白する悔悛、臨終の際の終油、婚姻などがあり、まさに生まれて死ぬまで教会にお世話になる。

中世においては、人が危篤状態となったときには、神父を病床に呼ばなければならなかった。そして病人は臨終に当たり、神父に最後の告白を済ませたのちに罪の赦しを受けたしるしとして、聖油で眼、鼻、耳、唇、胸などに十字を描いてもらう。これが終油であるが、中世ヨーロッパではこの終油の秘蹟を受けないと死ねないとされていたのである。[64] おちおち死んでもいられないという姿である。まさに誕生から死に至るまで教会に支配された世界である。

この時代、そもそも人の一生は儚いものであったことを思い起こす必要があろう。平均寿命がそもそも三〇歳余りである。若者のおよそ四割が二〇歳になる前に死亡する世界だ。そして四〇歳位では円熟期を迎え、五〇歳ではもう長老の部類だということである。[65] つまり、人生は短く、死というものが極めて身近にある世界である。そのうえ社会には、戦争、疫病、殺人その他、死に結びつくリスクに溢れていたのである。そうなれば人々は、常に死のリスクについて意識せざるを得ない。したがって人々はせっせと教会に通い、神の加護を祈ったのだ。

中世は科学や学問の発達が未熟な、というよりむしろギリシャ・ローマ時代に較べて退歩したようにも見えた時代であった。人々のリスク観についてみてみると、すべての自然災害、事件、火災、冷害、旱天やこれらによってもたらされる飢饉や社会的混乱、病気、疫病の流行などすべての厄災は、神の意思によるものとされた。つまり、人間の理解では理不尽とか不条理だとしか思われないことでも、全ては神の意思によるものであり、厄災は神の怒りであり、人間に警告を与えるためのもの、あるいは罰を下すための御業であると解釈されたのである。

それでも、中世においては飢饉、戦争、地中海沿岸部におけるイスラム圏からの海賊襲撃、疫病の発生は続き、これらは「神の剣」などと呼ばれ、中世世界において最も怖れられた神の怒りであったとされる。特に疫病は何度もヨーロッパ世界を襲い、その代表はペストであった。その他にもライ病、天然痘、インフルエンザなどの感染症が流行し、人々を恐怖のどん底に落とした。医療技術も十分なものではないため、人々がすがるのは、その厄災を起こし人々に罰を与えた神しかない。健気な人々は神に赦しと救いを求めて祈り、さらに清貧に生きることにした。つまり、この時代において採用されていたリスクマネジメントは、たとえば戦争に対しては、城壁や環濠の建設や分厚い鉄製鎧の採用など、疫病に関しては黒死病を契機にヴェネツィアで始まったとされる検疫制度の開始など、人為的に行われたものも、もちろんそれなりにあった。しかしながら、やはり主となるのは神への祈りであったというしかない。まさに神によって支配された時代であったのである。つまり、「リスク=神のご意思」であり、それが全てであったわけだ。

ヨーロッパ社会と多くの人々が、こうした教会の支配から抜けだしてもっと「客観的に」神を捉え、「神に支配されて」生きるのでなく、「神とともに」生きるようになるためには、人間を復活させるルネサンスを経て、近世に至り啓蒙主義と近代工業化、民主主義という革命を経る必要があった。

◆イミタチオ・クリスティ(キリストにならいて)

十五世紀後半の一四七一年にこの世を去った修道士トマス・ア・ケンピスが著した、イミタチオ・クリスティは、基本的には修道士向けの部分が多いが、その文章の分かりやすさから、中世以降現代まで聖書に次いで読まれている書物とされる。[66] その中では十五世紀頃のヨーロッパの人々が、どのような姿勢で神に向き合っていたか、あるいはどういった姿勢で神に向き合うように求められていたかが分かる。

説かれていることの要点をまとめると、

- 現世の富、名誉、地位、長寿等は空しい、この世のことは軽んじるべきで、死後の天国を目指すべきである
- 人間は死ぬべき定めであり、明日も定かではない、死ぬ覚悟を怠るな
- 死者を待つ煉獄の火の燃料は現世での罪である。現世での艱難により責め苦を逃れられる
- 自己を低く見て、他人を高く評価せよ、自己主張はせず謙遜が重要
- 死すべき運命である他の人間は頼りにならない、キリストを頼れ
- 人間は塵や土と泥から成り、楽園から追放された身である、へりくだれ、この世の慰めには向かわず捨離せよ
- 知識欲、学問、科学を否定し神の恵みだけを求めよ

つまり、この世の栄華や富などは空しいものであり、死ぬべき定めの人間にとって現世というのは重要ではなく、死後の世界で天国を目指すべきである。従って、自己主張や学問などはほどほどにし、謙虚な姿勢を保ってキリストに帰依すべきである。そうすれば、煉獄の苦しみも軽く、天国に行けよう、とする。これは「人は地上では旅人であり、寄留者である」との新約聖書の教えにも沿っている。

徹底的な現世否定であり、現世は来世の前段階に過ぎないので、来世のために生きよというに等しい。これが中世ヨーロッパの価値観で、一般大衆を含めた多くの人々が考えていた正しい生き方なのであろう。この書が書かれたのは、テオドシウス帝による、三九二年のローマ帝国におけるキリスト教国教化から、一〇〇〇年余りの歴史を経ていた時代である。この間に、ゲルマン民族の侵入や西ローマ帝国の滅亡、十字軍などイスラム教徒との戦いなどがあったわけだが、ヨーロッパ人の精神はキリスト教によって極めて強固かつ厳重に支配

されていた一〇〇〇年であったといえる。そして、人々はその基本的価値観さえも神との関係や死後の世界への恐怖などによって操られるくらいの状態にまでなっていた、ということだろう。

世界的に見ても、現在の欧米、つまりキリスト教社会の多くでは、個人が尊重され、個人がその個性を発揮して、自己主張を行うことが奨励される個人主義の社会であり、謙譲とかへりくだりというのは、あまり見かけない。「世の中はとにかく損か得かの世界で、すべては弱肉強食の世界での取引（ディール）だ。アメリカ第一だ、大統領選挙の再選第一だ、選挙で負けたらそれは不正のせいだ」といって憚らない人物を大統領に選出し、再選を巡っても七〇〇〇万を超える票を投じた米国は好例だろう。また、欧州各国でも個人主義の傾向が強い。しかしそこではほんの六〇〇年前までは、へりくだれ、自分を一番低く置け、自己主張は控えよ、などという教えを掲げる書が、聖書の次に読まれていたということは、まさに天地がひっくり返ったような価値観の変化を思わざるを得ない。本当に、欧州人のご先祖は、謙虚な毎日を過ごしていたのだろうか、と思ってしまう。そうしたら、そのご先祖様たちは、現在の子孫の姿をどう見ているのであろうか。

あるいは、些か皮肉だが、著者のトマス・ア・ケンピスがこういうことを書かざるを得ないほど当時のヨーロッパ人は自己主張が強かったのだろうか。しかし当時のいろいろな資料を漁ってもそういう情報は出てこない。中世ヨーロッパの人々は、やはり神・教会を中心に敬虔な宗教生活を送っていたようである。

学問に関してもかなり否定的な見方が示されている。何やら日本の封建時代に論語の「民は由らしむべし、知らしむべからず」が治世のために使われたこととも通じそうな考え方である。つまり、「とにかく神、イエス・キリストに帰依せよ、妄りに知ろうとするな、知ろうとする気持ちは抑えよ」ということで知的探求心も否定されている。これでは自然科学のような学問が発展するはずはないわけである。事実、ギリシャ・ローマ時代に花開いた科学や数学における知識はヨーロッパでは中世に相当程度失われてしまったとされる。幸い、これらの知識はイスラム圏において引き継がれ、それがルネサンス期以降にヨーロッパに還流して引き継がれた。

このように、中世ヨーロッパの人生観、社会観はすべてが神中心であり、世界観や宇宙観も教会で教えるものが正しいとされた。コロンブスが新大陸へ向け出帆する少し前の時代であることから、大地が丸くなっていて、地球という概念はあったであろう。しかしながら、神によって創造された天と大地、その大地の周りを太陽、月やその他の星々が巡っており、その中心に地球があるという天動説が広く信じられていた。そしてそれが神と世界・人間の姿を説明するのに都合が良かったことは想像に難くない。

当時は、後に宇宙に関するそれまでの見方、考え方を一変させる、コペルニクス、ガリレイ、ケプラー等の大天文学者は未だ生まれていない。それでも農業に欠かせない正確な暦へのニーズから、天文学者も活躍していた。トマス・ア・ケンピスは彼らに関して、「神に仕える卑しい田舎男は、自身（の霊）をかえりみず天体の運行を観測する高慢な哲学者に優っている」として天文学者を非難している。

暫くの時の経過の後、コペルニクス、ガリレイ、ケプラーなどの地道な天体観測の成果により、天動説は否定され、地球の方が太陽の周りを回っているという地動説が正しいとされる時代がやってくるわけである。旧約聖書の天地創造の記述の説明に都合がよい天動説ではなく、自分のいる大地、地球の方が回っているというのは、当時の人々にとってはそれこそ驚天動地の衝撃だったに違いない。まさにコペルニクス的転回である。ちなみにニコラウス・コペルニクスはトマス・ア・ケンピスの亡くなった二年後の一四七三年に生まれている。

イミタチオ・クリスティでは、人間が抱えるリスクを二通りに分けている。一つは死に至るリスクで、

ああ、愚かな者よ、一日とてわずらいのない日はもてないのに、なぜ長いこと生きてゆけると思うのか。どんなに多くの人が、長生きができると思っていながら、裏切られて、思いがけず肉体から引き離されたことだろうか。剣で斬り殺されたとか、溺れて死んだとか、高い所からおちて頸を折ったとか、食事をしながら冷たくなったとか、遊びながら往生したとか、何度あなたは人がいうのを聞いたことだろう、火に焼かれて、または刃物で、また悪疫のため、または盗賊のため殺されたなど。そして、このように万人

の行きつくところは死である、そして人の生命は幻影のように、たちまちにして過ぎ去るのだ（第一巻、二三章七）。

として死に至る主なリスクの例示として、剣による惨殺（戦争、闘争等）、溺死、転落死、心臓発作、事故死、焼死、伝染病死、盗賊による殺人などを挙げている。ここばかりではなく、全体を通じてこの本では、人間の存在も含めて、この世のすべてはやがて消え去るものであり空しい定めのものである。と、仏教の諸行無常に相通じるような考え方を示している。

そしてこれに続けて、死期ばかりでなく、死後にも大きなリスクがあることを示し、

考えてみなさい、その人には何も隠しておけず、贈物で宥めもできず、言いわけも受けつけずに、正しい裁きを与えよう。ああ、この上なくみじめで愚かな罪人よ。悪事もすべて知っておいでの神にたいして、どうあなたは答えるつもりか（ヨブ九の三）、時おりは人の怒った顔さえも恐れるのに。なぜ審判の日のために用意しないのか、その日には、誰も他人に言い開きをしてもらうのも、弁護してもらうのも許されず、めいめいが自分自身にとって十二分な重荷になろうというのに。（第一巻、二四章一）

と、最後の審判においてはすべてを承知している神の前では何も隠すことはできず、誰も弁護をしてくれない状況を前にして自ら答えるしかない状況を想像させ、この死後の審判に対して備えるように説いている。リスクマネジメントの立場からすると、現世のリスクについては特に対策は述べず、専ら死後のリスクに備えようとしている。つまり最後の審判や地獄に堕ちる、その前に煉獄で苦しむというリスクを回避するため、現世においては愉楽を求めるようなことはせず、神の求める行いをなすことを求めている。これが、キリスト教と教会に精神および生活の両面から支配された中世ヨーロッパの人々の心の姿であったのであろう。

◆中世を襲った恐怖

イミタチオ・クリスティが書かれた前の世紀、十四世紀の半ばには、ヨーロッパをペストのパンデミックが襲っている。中国を震源地とするこの疫病の流行は、ユーラシア大陸全体へ広がっていったとされる。詳細は次章1（リスクと文明の建設）でも述べるが、これによるヨーロッパの死者総数は全人口の三分の一に達したとされる。

一方、殺人の発生率も高い。政治学者ロバート・ガーが一九八一年に発表した研究によると、十三世紀のイギリス・オクスフォードの街では、平均して市民一〇万人当たり、年間一一〇件の殺人が起こっていた。これは二十世紀のロンドンでの殺人発生率（一〇万人当たり一件）の一一〇倍である。この当時の発生率は年間〇・一一％だから、単純に計算すれば、四〇年生きるとして、殺人に遭う率は四・四％、つまり二三人に一人は殺されて人生を終える。一家が子沢山だから七人とすると、四〇年の内に三軒に一軒の割合で誰かが殺されるということになる。つまり殺人の確率が高く、それなりの恐怖であったであろうことが想像される。

さらに十四世紀初頭は、一三一五年からヨーロッパ大飢饉と呼ばれた飢饉、さらに一三三七年から、英仏は百年戦争に突入した戦乱の時代でもあった。[67] 疫病や戦乱、飢饉、殺人などでこれほど死亡率が高ければ、死というものが周囲にありふれており、自分も死から逃れられない存在であることを常に意識せざるを得ないであろう。また、この世の地獄ともいうべき、ペストをはじめとする、疫病流行の社会的な記憶が未だ生々しく、さらにペストは十七世紀まで周期的にヨーロッパを襲っていることから、疫病の恐怖はいかばかりのものであったであろうか。さらに、特に下層の人々にとっては、貧しいだけでなく、領主からの搾取、引き起こされる戦争への恐怖など、不安と恐怖に包まれた生涯であったであろう。これらの人々は、もちろん現世で幸福な生活が送れればそれに越したことは無いが、現実には苦悩と不安に満ちた毎日を送らざるを得ず、守るべき幸福というものが見通せない以上は、現世への諦念というものも大きかった。つまり、現世にももちろんそれなりの幸不幸というものはあるし、幸福が訪れることを是非望みたい。しかしながら経験上、幸福というものは長続きせず、すぐに不幸が訪れ、苦悩に満ちた悲惨な生活を続けざるを得ない。そういう現世に対する認識だったから、現世に対する執着というものは、相対的には少なかったのかもしれない。

一方、「教会の神父様が仰ることには、人間は死んだら魂が残り、その魂はこの世の行いに応じて、天国か地獄に行く。もっとも天国に行く前には煉獄というものがあるらしいが、そこでの苦しみも生前の行いによって左右される。天国というところは、ズーっと幸福でいられるということだが、地獄に堕ちれば、とんでもない苦しみを永遠に味わわされるらしい。周りの皆も神父様の仰ることは正しいと信じているのだから、それは本当なのだろう。それなら自分は、地獄は嫌だから何とかして天国に行きたい。神様が求める善行の実践はなかなか難しいけれども、要は欲張らず、自己主張などせず、富も欲しがらず、謙虚で有れということらしい。ずいぶん厳しいけれども、それで天国に行けるのであれば仕方がないだろう。神父様の仰ることに従って毎日を送ろう。そうすれば毎日は少しつまらないものになってしまうが、神様はお喜びになる。そうしたら天国行きは間違いなしだ」というような気持ちであったであろうか。したがって、この世のリスクというものについては、無頓着というのは言い過ぎかも知れないが、それほどの重きは置かれず、天国に行けるかどうかということに関心が集中し、天国行きを確実にするためのリスクマネジメントが大きなウエイトを占めたのだ。

◆宗教改革と近世の始まり

このように、中世ヨーロッパはキリスト教会・教皇により、社会および人間の内面の双方とも神を通じて支配されていた時代であった。しかしこれも少しずつ変わっていくことになる。まず、教皇勢力も教皇がイタリアに戻れず、一三〇八年フランス・アヴィニョンに教皇庁も移さざるを得ないというアヴィニョン捕囚が七〇年も続いた。その後もローマとアヴィニョン双方に教皇が立つ教会分裂など、一四一七年まで混乱が続き、この間教皇の権威というものが大きく失墜した。また、十六世紀になると、イングランド、フランス、スペインなどの君主国の興隆と神聖ローマ帝国の相対的弱体化が起こった。

さらに、社会的な変化として、商工業者の繁栄とともに彼らが集まる都市が発展したことが挙げられよう。都市の商人たちは貿易の活性化により富を蓄え、その経済力により、文芸復興のスポンサーとしてルネサンス文化の開花に大きく貢献した。一方、「自分たち人間というものがどういうもので、どう生きるべきか」を問う、人文主義の動きも活発になった。その答えを求めて、ギリシャ・ローマの古典が復刻された。当時は活版印刷技術も開発されたことから、これにより多くの古典が出版され、それまでの手書きの写本により、限られた人々の読み物であった古典が多くの人々に読まれるようになった。

煉獄は十二世紀に確立された概念で、天国と地獄の間にあり、そこで魂は生前の罪の浄化のために火で焼かれるとされた。煉獄にある魂の赦しのために、生者である遺族が功徳を積めば良いという考えが生まれ、そのために教会で販売されていたのが、贖宥状である。この贖宥状はローマのサン・ピエトロ大聖堂の新築の資金を得るために販売されており、教会では「箱で金貨がチャリンとなると、魂が煉獄から飛び出す」というキャッチコピーで販売していたとされる。

これに対して、異議を唱えたのがドイツのマルティン・ルターである。ルターは「九五箇条の提題」として、罪の赦しは悔い改めを通じて与えられるもので、贖宥状を買うことにより得られるものではない、などと批判した。ルターは、中世ヨーロッパの基盤を構成し確立されていた「教会と聖職者を通じてのみ神の恵みを受け、さらに信仰もさまざまな律法により束縛される」という考え方から、「信仰は各信者と神との直接の関係であり、その方法は自由だ」という考え方への転換を行ったものである。ルターに対しローマ教会は一五二一年に破門を行ったが、ローマ教会のやり方に不満を持つ大勢の教会内外の支持者を得て、神聖ローマ帝国の多くの領邦でルターの改革は浸透していった。

ルターの考え方は、教会、聖職者ではなく、聖書のみに権威を置き、修道士になることも功徳とはせず、聖職者の独身も否定し自らも結婚した。ルターは全信徒祭司論により、信者はすべて信仰により同じ霊性を持つとし、教皇も含めたローマ教会の聖職者主義や教会内におけるヒエラルキーも否定した。

この新しい思想は、冊子やビラとして印刷され、都市住民の間で広がり、農村部においても改革に賛同する人々の輪を広げたとされる。やはり、当時の新しいコミュニケーション手段である印刷物の配布の威力はそれだけ大きいということであろう。口頭での伝道では限界があるが、印刷物を配布すれば、より多くの人々に考えを伝えることができる。活版印刷の始まりというコミュニケーション革命に支えられた宗教改革でもあったわけである。

スイスでは十六世紀になって、神聖ローマ帝国から事実上の独立を果たし、十三邦での国家意識が芽生えた頃であったが、その中で都市国家チューリッヒからツヴィングリ、またジュネーブではカルヴァンが改革を推進した。

カルヴァンは、北フランスの出身であるが、バーゼル、ジュネーブにおいて執筆活動を行っている。その神学は一五三六年に出版された「キリスト教綱要」や「聖書注解」「説教集」などが有名である。

カルヴァンは予定説を唱え、天国に行ける人は生まれる前から定まっており、これを生前の行為によって変えることはできないとした。つまりそれまで説かれていた、現世において善行を積めば最後の審判においてそれが認められ、天国に行くことができる、したがって善行を積むことが重要だ、との考え方を否定した。これはカトリック教会にとってはそれまでの教えの根本を否定され、善行に含まれていた布施や寄進などの効果も否定されるという破壊的な言説と言えよう。

それでは、「自分はどんなに努力しても天国には行けないのであれば善行を積んでも仕方がないから、努力するのはもう止めよう」とか、「自分はどうせ天国に行けるのだから、善行を積み上げる必要はない、悪を行っても大丈夫だ」という人々が出てくることが危惧されよう。つまり予定されているということで怠けたり、悪行に走ったりする者が相次いで治安が悪くなったり、経済が停滞するリスクが生じるのではないかとも思われる。しかしそのような事態は起こらずむしろ逆であった。

カルヴァンの信者では、自分が地獄に行く運命だと思う者は先ずおらず、自分は天国に行くべく運命づけられた、選ばれし者だと考えた。そして選ばれた者なのだから、神の期待に応えるためには、自分に与えられた役割、つまり職業を禁欲的に勤めるしかないと信じ込んだ。この考え方が商工業者に浸透していったとされる。そして精一杯働くことにより生じる財もこれにより神に認められるものであるとした。

従来は、貪欲は最も重大な罪とされ、特に商業・金融業者に対して、徴利の禁止とともに蓄財に励むことは神の前では悪徳の行為とされてきたものが、これにより逆転したのである。ここに資本主義発展の萌芽があったとされる。つまり、それまでの価値観の根本を支えてきた善行善果・悪行悪果の現世と来世をつなぐ因果応報システムがこの瞬間に否定されたことになる。神を巻き込み、従来から社会の秩序を支えてきた、個人、社会、王権のトライアングル体制もこの瞬間から崩壊を始めた。社会は秩序を失うリスクに直面して、社会のパラダイムそのものがひっくり返るような価値観の変換であった。ところが、人々はこれによって働くのを止めることもしなかったし、社会に不道徳と悪が蔓延ることもなかった。そして、人々の意識は着実に変化を重ね、これに応じて社会の体制は着実に変革を迫られた。近世の始まりである。

カルヴァンの神学は、現世における経済活動の評価につながった。また労働を、天から与えられた職業と考えるとともに、自分が救われることが予定されていることを確信するための唯一の手段とも考えられた。さらに一方で、資本家の営利活動も天から与えられた職業と考えた。それでその営利活動の結果として生み出される富も勤勉な労働と産業活動による結果として是認されることになる。[68] その結果、資本家は後ろめたさを感じることなしに利益の追求に奔ることができるようになり。このような利益追求の意図が集中する市場が形成され、これがアダム・スミスの「国富論」で説かれる「(神の) 見えない手に導かれて」[69] 機能し、経済が大きく成長することにつながっていったのだ。これが、英、蘭、独のようなプロテスタント諸国の経済発展に大きく寄与したということができるだろう。

そしてヨーロッパは社会と個人の双方が神によって縛られた時代を脱していく。ケプラーが惑星運動に関する第三法則を発表したのが一六一九年で、ガリレオが新科学論議を出版したのが一六三八年、アイザック・

ニュートンがこの世界を支配する力学について説明するプリンピキアを出版したのが一六八七年であり、デカルトは「われ思う、故にわれあり」とし、トマス・ホッブスは、全自然の営みを「技術的因果関係」つまり、機械の作動の一種として考えた。[70] この十七世紀に人々の世界を見る目が大きく変わったということができよう。つまり、それまで神という絶対的存在からの、論理では説明できない意思とされていたものが、次第に理性や論理に合致する「合理性」へと価値や判断の基準がシフトした。さらに次章2（リスク発現後への対処）でも説明するが、一六六六年に発生したロンドン大火の教訓から火災保険が誕生した。これはそれまで災害は神のご意思の通りとして、甘んじて受け容れて来たものが、保険によりリスクをヘッジするという積極的、科学的なリスクマネジメントの世界に移行する扉となったものである。また、後に保険引受業者が集まり現在のロイズ・オブ・ロンドンの淵源となる、ロイドのコーヒーショップが開店したのも十七世紀の後半である。この頃からリスクに対する科学的な分析やリスクテイクについての考え方が定まってきた時代の始まりともいえよう。つまり、リスクに怯えつつも、リスクを合理的に評価し、経済活動の中の要素として取り入れる時代が始まったわけである。まさしく近世というものが始まったころということができよう。

それに先立つ十六世紀、イタリアのジェロラモ・カルダーノは一五四五年にアルス・マグナを著し、この中で三次方程式の解法を示した数学者であった一方で、賭博師でもあったとされ、一五六〇年代に「偶然のゲームの書」をまとめたが、これが確率学の嚆矢とされる。つまり、リスクへの学問的なアプローチが始まったのだ。その後一六五〇年からの一二〇〇年の間に、フランスからはパスカル、フェルマ、ド・メレ、イギリスからはグラントが人口統計をまとめ、サンプリング法や確率の解法にも踏み込んだ。これらの人々の努力により、統計や確率の理論は飛躍的な発展を遂げた。[71] これにより神に支配された運命の時代から過去の統計や理論に基づいた確率によりリスクを算定し得る時代へと変遷した。つまり「合理的な」判断基準により、リスクを評価し、未来が確率的に予測できる時代になったのだ。

そして、当然のことながら個人・社会・王のトライアングルにも少しずつ変化が生じた。この時代のトライアングルの変化は図（図Ⅱ－2）のようになろうか。つまり古代・中世からトライアングルの構図そのものは大きくは変わっていないが、社会と個人の存在が大きくなり、王の存在は相対的に小さくなった。そして神は相変わらず健在だが、その後ろに合理精神による合理性や科学というものの存在が大きくなって、神の大きさを凌ごうともしている。注目すべきは、神と社会の関係の希薄化であろう。かつては、国や都市の加護を約束し、社会として祭祀を実施したり、神殿を建設したりしていたものが、それ以前の教会権力の横暴への反感もあるのか、社会としては神に対して古代・中世ほどには関心を示さなくなっていった。これはやがて政教分離の原則として確立されていく。そして社会の「規準」は神から合理性・科学へと替わっていったのだ。

8　イスラム教

◆ムハンマドと教え

七世紀初頭のアラビア半島では、アラブ人の伝統的な多神教とユダヤ教やキリスト教が信仰されており、ユダヤ教・キリスト教の唯一神はアッラーとして知られていた。

図Ⅱ-2　神と科学をめぐる近世のトライアングル

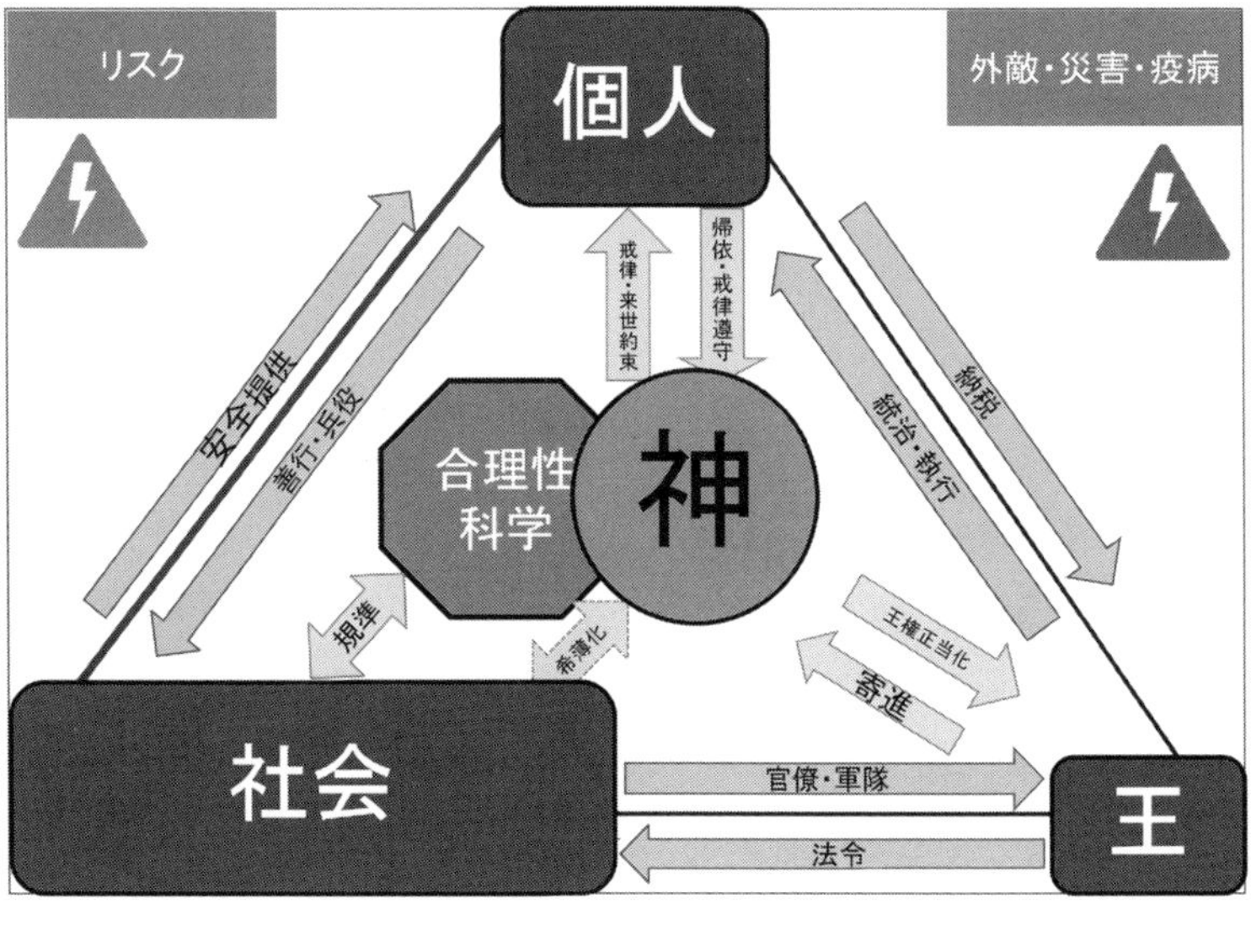

六一〇年にムハンマド・イブン・アブドゥッラーというマッカのアラブ商人は神、アッラーから啓示を受けた。啓示を受けた当初、ムハンマドはそのことをごく親密な者にしか打ち明けなかったが、六一二年には一念発起して、自らが啓示を受けた事柄を周囲に説き始めて徐々に信者を増やしていった。

ムハンマドの属するクライシュ族は、そもそもユダヤ教・キリスト教の神、アッラーを創造神として信仰していた。したがって、ムハンマドの教えは全く新たな神が登場しての教えというわけではなく、人々は、貧富の差が拡大し不平等がはびこる当時の社会に新たな、より公正な社会を目指す教えだと受け取ったとされる。当時のアラビアでは、マナート、アッラート、ウッザーなどの女神に対する信仰もさかんであったが、ムハンマドはこれを止めさせて、アッラーのみを崇拝せよとした。[72]

神からムハンマドが啓示された内容は、クルアーンと呼ばれ、一三年間に亘ってムハンマドに下された。このアラビア語の韻文は極めて美しいものとされ、多くの新たな信者の改宗に貢献した。この新たな宗教は、アッラーへの「服従」を意味する「イスラム」と呼ばれ、一日に三回（後には五回）のアッラーへの平伏を要求する礼拝「サラー」を求めた。さらに断食月「ラマダン」に日中の飲食を禁じる、収入の一定割合を貧者に与える義務を課すという喜捨「ザカート」を求めるなど、信者の日常にまで多くの影響をもたらすものであった。富の公平な分配はイスラムの重要な徳目とされ、そのために共同体「ウンマ」の建設が進められた。

イスラムの教えは、旧来の宗教を全て否定して新たな宗教を打ち立てようとするものではなく、当時も崇拝されていてユダヤ教・キリスト教と同じ神であるアッラーの信仰を引き続き求めるものであった。また、落下した隕石がはめ込まれたとされるマッカのカアバは、当時アラビアで最も重要な信仰の聖地であったが、この習慣を引き継ぎ、巡礼も引き継いだ。カアバ神殿の周りを回った後に黒石に接吻するというもので、これはイスラム教徒にとって生涯に一度の義務とされる大巡礼「ハッジ」につながって現在に至っている。

イスラム教ではアッラーが至高の存在であり、世界を生起させた、とする。アッラーは場所を占めず時間が流れることもないが、知識、権能、生命、力、聞、見、意図、意志、行為、創造、恵与、言葉という永遠なる属性を具える。クルアーンはアッラーの言葉である。預言者は複数いるが、その最初は、アーダム（アダム）であり最後は、最も優れた者でもあるムハンマドである。男女が区別されない天使はアッラーの下僕である。[73]
イスラム教の信仰の要諦は次の「六信」とされる。[74]

①アッラー……唯一神が存在すること
②天使……アッラーの遣わす諸天使が存在すること
③啓典……（ユダヤ教の）律法、（キリスト教の）福音書、そしてクルアーンなど神の下した啓示の書
④預言者……アダム（アーダム）、ノア（ヌーフ）、モーセ（ムーサー）、ダビデ（ダーウド）、イエス（イーサー）、ムハンマドなど、太古からムハンマドまでの預言者たち。なお、ムハンマドは最終的な預言者である
⑤来世……世界の終末においてアッラーの審判を受け、楽園（天国）か火獄（地獄）に行くこと
⑥定命……神の予定（アッラーが諸個人の運命を決定していること）

キリスト教とイスラム教は、同じ神を信仰し、自らアブラハムの子孫と位置付けている割には、あるいはそれだからこそ、反目し合って来た歴史がある。これは、スペインへのイスラム教徒の侵入やこれをキリスト教側に取り戻す運動（レコンキスタ）、キリスト教側からの七次にわたる十字軍遠征、地中海におけるイスラム海賊の襲撃・略奪・誘拐の歴史などに、その対立・反目の歴史を見ることができよう。

◆死生観

イスラム教は、ユダヤ教およびキリスト教という先行二宗教と同じ神を唯一神として戴き、信仰するという宗教である。基本構造をこれら二宗教と共有していることから、死生観に関してもそれほど決定的な相違点を

抱えているわけではない。これらに共通するのは、現世の生というものは儚いものだが、現世の行いで来世における行先が決定される。[75] だから、この世では倫理的な生き方をする必要があるという、善行善果・悪行悪果の現世・来世にわたる因果応報システムの採用である。したがってこの基本的な考え方からは外れないわけだが、その実際の適用面では、文化風土や歴史的経緯から、かなりの相違がみられる。

それは、まず人類が抱える原罪についての考え方から表れるとされる。つまり、旧約聖書の天地創造の話はほぼ同様であり、アダムとエバは禁断の果実を食べるという罪は犯したが、その罪は楽園追放により贖罪が済んでいると教えるのがイスラム教である。キリスト教が説く、イエス・キリストによる贖罪というような考え方は無い。

世界の終末と復活に関し、クルアーンでは、ラッパの音とともに世界は破壊され破滅が訪れる、そして全ての人類は死に絶える。そして、その後、全ての死人が神の力により蘇り、一カ所に召集され審判が行われる。イスラム教では、それぞれの人間には記録天使が付けられており、全ての行為を記録しているとする。各人の右側には善行を、左側には悪行を記録する天使がそれぞれ待機し、善行・悪行を各々記載する。ただし、悪行は直ちには記載されず、本人がアッラーの赦しを乞う、あるいは善行を行うまで「帳簿」への記載を猶予される。[76]

審判は、天使によって生前の行為の全てが記載されたこの帳簿に基づいて行われるため、「芥子一粒」程の不正の入る余地もなく、厳正に行われるとされる。そしてこの審判の判断材料はもちろん神が求める善を積んできたか否かということになるのであるが、その場では、天使やムハンマドをはじめとする預言者のとりなしも有効とされる。また、スンナ派では、死者のための遺族などによる祈願や喜捨も有効とされる。

審判の結果で決まる行先は、楽園か火獄のどちらかである。楽園は、アッラーの近くで、錦のカーペットの上で、美味な食事や泥酔することの無い酒、大勢の真珠のような瞳の乙女の妻に囲まれて送れるというものである。このようにイスラム教の天国は具体的で、感覚に訴えるように享楽的である。禁欲的なキリスト教の天国と比して対照的ともいえよう。このような具体的・享楽的な楽園の教えというものが若者を刺激することは容易に想像される。さらに、クルアーンでは「神の道のために殺された者に対して死んだといってはならない。いや、彼らは主の御許で扶養されて生きている」としており、聖戦など神の道のために死亡したものは、死後直ちに楽園に行くものとされる。これらが聖戦（ジハード）を叫び、自爆テロを仕掛ける過激主義者の大きな動機・誘因になっている点は否定できないであろう。

一方の火獄では、そこに投げ込まれれば皮膚が焼きあがるたびに新しい皮膚に付け替えられて、永遠の火傷の苦しみを味わわされるというものである。

◆高校教科書の教え

イランの高校生向けのイスラム学の教科書では、現世の快楽や財産に重きを置くことを否定し、来世のことを重視すべきことを説く。死については次の二つの見方があることを説明する。[77]

①死を人間の生涯の終わりだと見る見方、これは諸々の欲望におぼれているために現世を崇拝して愛着の対象とし、人間的な諸価値を踏みにじる見方である。この見方だと死は怖れの対象となる。

②神聖なる見方であり、死は一つの世界の日没ではあるが同時に来世における誕生である。

として、明らかに神聖なる見方を採っている。そして、「この第二の見方を受け容れてもたらされる、もう一つの重要な結果は、神の道における死が歓迎されること、殉教志向である」、とする。これは現世での生活自体がそれ自体価値はないから、神からの預かりものである命をできるだけ早く返却しようとするものであり、これがジハードの教えにつながっていく。第四代正統カリフ、シーア派初代イマームである、イマーム・アリーの「戦場とジハードへと急ぎ、死を喜び迎えて抱きしめよ」という言葉を紹介している。

一方で、この教科書にも、「殉教を受け容れるということは、自分の人生に価値を認めずこれを短縮させていいというものではなく、人生は神からの第一の恩寵であり、これをおろそかにすることは神から責任を問われることとなる」、「限りある人生のうちにのみ、人間が完全なる存在になる機会があり、人生の一瞬は極めて重要であり、無為に過ごすなかれ」、と説くことも忘れないが、全体としては、常に死を思い現世には拘るな、といった色彩が強い。

イスラム教においては、人は死ぬと現世と来世を分かつ境界の世界にいるとされ、これを狭間の世界（バルザフ界）と呼ぶ。イランの高校では、人間は死の瞬間から最後の審判の日である復活の日までをこのバルザフ界で過ごすと教えられる。バルザフ界は物質的側面がなく、現世である物質界とは全く異なるため現世の人間にとってそこの理解は不可能だが、現世とは比較にならないほど大きな世界だという。

バルザフ界における死者の運命は現世における生活によって基本的には定まる。記録天使が生前の善行や悪行について記した帳簿の内容が反映されることはもちろんだが、遺族が行う祈りも影響する。つまり遺族が個人のバルザフ界において罪の赦しを願うことや、遺族が行う善行などもバルザフ界における故人の境遇に影響を与える。いずれにせよ、イランの高校教科書では、現世を楽しむという人生観ではなく、「来世を信じ現世にこだわらず、来世に備えよ」、との教えであり、このような価値観を持つ成人が多くなっていることに留意すべきであろう。

◆祈りとジハード

クルアーンでも「われに祈れ。われはお前たちに応える」（クルアーン第四〇章六〇節）とされているように、アッラーへの祈願は、時間はかかるにしても聞き届けられるとされる。聞き届けられ方としては三つあるとされ、祈願の内容が聞き届けられるか、来るべき来世のための蓄えとなるか、自身の罪の贖いになるかである。従って、イスラム教においては、祈った結果は、現世利益となって叶うこともあれば、悪行の償いに充当されたり、来世利益となったりすることもあるということになる。[78] したがって、とにかく悪いようにはされないから、現世で善行を積み、祈願せよということである。いつの日にか、きっと良いことはあるよ、というわけである。ここでも、善行善果・悪行悪果の現世・来世を通じた因果応報システムというものが説かれているわけである。

イスラム教のジハードは「聖戦」とも訳され、自爆テロを正当化するもののように多くのマスコミには取り上げられる。ところが、本来の意味は「信仰のために奮闘努力すること」だとされ、自己の内部での葛藤なども含むとされる。しかしながら、イスラム教拡大や防衛上の多くの戦いを経て、異教徒との戦いを主にさすようになってきたとされる。

クルアーンには、「神の道において殺された者を決して死んだものと思ってはならない。いや、かれらは立派に主のおそばで生きている、なんでも十分にいただいて」（クルアーン第三章一六九節）として、ジハードでの殉教者の魂は天国に行き、アッラーの近くで十分に満たされて生きている、としている。[79] これは、他の死者が墓の中で、最後の審判を待ち続けるのとは相当異なる特別待遇であると言えよう。つまり、記録天使たちの詳細な記録に基づいた、最後の審判での厳正な審判を回避することができる。さらに、時期が不明な最後の審判を死後ずっと待つということを考えれば、ジハードで殉教者となって直ちに天国に行くことの方が望ましい、と考える者が多いことは容易に想像できよう。

さらに天国での生活が七二人の乙女の妻によってかしずかれるということになれば、特に若者を刺激し、ジハード戦士の希望者が多く集まることが想定されよう。特に、自分がスネに傷を持つ存在であることを自覚している青年、つまり最後の審判では火獄行きを免れないと自覚している不良青少年にとっては、渡りに船ではないか。つまり、そのまま生きていても火獄行きしかないと思っていたのに、自爆テロで異教徒を殺害すれば、一足飛びに天国に行けるとなれば、志願する者が多いのは当然のように思われる。もちろんその不良青少年が信心深いことが前提になるわけであろうが。イスラム教が教えるジハードについてのこういう仕組みによって

「ジハード戦士」が量産され、世界各地における自爆テロに結びついている構図が浮かび上がる。

　イスラム教内部社会における平和な日常生活においては、善行善果・悪行悪果の現世・来世につながる因果応報システムが機能する。ところが、イスラム教を護るというジハードという事態になれば、このシステムは機能を停止してしまう。どんな悪を積み重ねた者でもイスラム教のために一回のジハードで殉教すれば、天国行きの特別急行券をもらえるというわけである。

　これは、他の宗教からすれば、迷惑な教えとなってしまう可能性を生じよう。つまり、他宗教の民にとってはイスラム教という信仰自体が、自分たちの存在そのものを危うくする潜在的なリスクになっていると認識させてしまうのだ。そういうふうに他教徒から認識されることは共存を願うイスラム教徒にとっても不幸であり、世界制覇というもの、つまりイスラム教による世界の席捲、宗教上の独占が達成されるまで、他宗教からの警戒の目が緩むことは無いであろう。ここに世界では大きな宗教衝突のリスクを抱えることになる。

　他宗教の民から受け容れにくい教えは、ジハードだけではない。二〇一四年に、イスラミック・ステート（ＩＳ）は、「不信仰者（つまり他宗教の信者）を奴隷としその女たちを性奴隷にする」と宣言した。ナイジェリアでも同時期、ボコ・ハラムによって公立中高一貫女子校の三〇〇人近くの女子生徒が拉致され、多くが性奴隷とされたとしている。このような行為は国連の人権宣言に反する犯罪行為であるのは当然であるが、このような原理主義というのは、聖典の極端な解釈というのではなく、聖典の字義通りの解釈の結果なのであり、したがって、イスラム教では、このような行為もイスラム法的には正しいとされる。これらはクルアーンやハディースの記述をそのまま適用することによる事態だとされる。しかし一方では、これらの明文の記載に対して疑義を差し挟むことはイスラム教では許されないとされる。なぜならクルアーンの記載などは神が人間に示した完全無欠のものであるとされ、改訂できないものとされているからである。さらに、スンナ派では、九世紀に「イジュティハード（法的判断）の門の閉鎖」が定められ、解釈は古いままで固定化されるしかないともされている。[80][81] また、クルアーンには、「（聖月が過ぎたならば）多神教徒は見つけ次第殺し、またはこれを捕虜にし、拘禁し……」との記載もある。つまり、イスラム法が厳格に適用されるということは他宗教の民から見れば、殺されるか奴隷にされるという絶対に受け容れられない原則が適用されるということになってしまう。そうすればイスラムとの宗教衝突のリスクは極めて大きくて深刻なものと言わざるを得なくなる。イスラム教の世界でも開明的な人々は、世界平和や基本的人権の尊重という価値観を持っており、イスラム教の多数派の人が常に言っているように、世界の人々との平和的共存を求めているのは事実であろうし、そう祈りたい。しかしながら、イスラム教には、異教徒排除のこれらの論理が含まれているのも事実なのだろう。従ってこれら開明の人々や穏健な人々も、イスラム教に埋め込まれたこれらの教えには抗しがたい力があることを侮るわけにはいかないであろう。

◆現代

現代において、ヨーロッパや日本を含むアジアの中世のような宗教に支配された社会というのが見られるのは多くのイスラム諸国であろう。イスラム教は教会組織というのは持っていないが、宗教指導者が権威を有し、大きな権力を発揮するようになる。そして政教分離は進んでおらず、むしろ政教一致の方へ進んでいく例も見られる。

その代表格はイランであろう。宗教指導者が国家の最高権力者とされ、政治面においても大統領の権威を超え、聖俗ともに権力を独占している。そのイランとは対立関係にあるサウディアラビアでも、ワッハーブ主義によるイスラム教を根幹としており、根幹となる統治基本法でも「憲法はクルアーンおよびスンナとする」と規定し、また、「王国の統治理念はコーランとスンナの教えによるものとし、コーランとスンナが基本法ならびに全ての王国の規則を支配するものとする（同法七条）」とされ、宗教による支配体制を確立している。

かかる宗教独裁体制においては、国民は、その心を神に支配されるとともに生活のすべてを神の下僕で神の意思の解釈者とされる宗教指導者にコントロールされるようなことになる。もちろん、両国ともインフラは高度に現代化され、生活の利便性や快適性については先進諸国と遜色ない、というかサウディアラビアではむしろ高い面もある。そういう高度に文明化された中で神に支配された生活というものは些かアンバランスな感覚も受けるが、それがこれら諸国の国民の置かれた現状なのである。

筆者は、一九八〇年代にほぼ二年おき、四回に亘ってサウディアラビアに出張し、アルジュベールやヤンブー工業コンビナートの建設の様子や首都リヤド、紅海岸ジェッダ、アラビア湾岸アルコバールの変貌の様子を見る機会を得た。当時は二度に亘るオイルショックでますます巨額となったオイルマネーが流入し、巨大なプロジェクトの建設がラッシュを迎えていた。その中で、イスラム教に基づく旧来の制度を頑なに守ろうとする勢力と、欧米の近代化に接して人心の近代化も必要と考える勢力があり、この数十年でこの国はどう変わっていくのだろうかと感じた。しかし、最近の報道によると、社会制度上の変化は女性の車の運転が認められたくらいのもので、日常生活の極めて細かいところまで相変わらずイスラム教が統制しているようであり、総じて変化は緩やかなものであるようである。蓄積された変革のエネルギーというのもそれなりに大きなものがあろうから、今後の変貌には予断を許さないものがあるが、イランの変化と併せて注目したいと思う。

ただ、当時感じたのは、日常の会話における神（アッラー）の存在感だった、たとえばドライバー氏と明朝のホテルでのピックアップ時間を確認して、「よろしく」というと、「インシャラー……神の御心のままに」なのだ。どうも、「人のすることには限界があるのだから何が起こるか分からない。結局は神様がお決めになることだ」ということらしい。筆者としては翌朝を心配しながら眠りについたのであるが、毎朝そのドライバー氏はちゃんと待ち合わせた時間に現れ、心配は不要であった。

これは、四〇年以上も前にミュンヘンでの滞在時に親しくしていた敬虔なイスラム教徒のパキスタン人の友人との会話なのだが、当時は、東西冷戦の真っ盛りで、ソ連のＳＳ20という中距離核ミサイルの東欧配備が問題となっていた。何しろミュンヘンから約二〇〇㎞でワルシャワ条約機構（ＷＴＯ）加盟国であるチェコスロバキアの国境である。市内のレストランや居酒屋でのミュンヘン子たちの話題も、ＳＳ20に関するものが多く、配備に対して米国が大反発すればさらに緊張が高まることを憂慮するものが多かった。万一、開戦となれば、核戦争にはならなくても、WTO軍の戦車部隊が押し寄せ、ミュンヘンは二四時間以内に占領されてしまうだろう、という悲観的な見方もあった。これに対してそのパキスタンの友人の意見というのは、どうなろうとそれは神の思し召しだ。くよくよ思い悩んでも仕方がない。それより今日の安寧を感謝して楽しむべきだ、という意見で彼は悠然と食事を楽しんでいた（もちろんイスラム教徒の彼はお酒を一切口にしなかった）。彼によれば、第二次大戦の戦禍もホロコーストもイラン・イラク戦争も神の思し召しで、きっと神は人を減らした方がよいと思われたのではないか、という意見であった。

イスラム教徒の未来・将来に対する代表的な考え方はこれかもしれない。すなわち、すべてインシャラー、神の思し召しのままになのである。したがって人が死んだり事故が発生したりするのも神の思し召しなのだ。この考え方は、本章5（仏教）で説明した数式を使えば、

リスク事象×受け止め方（価値観）＝苦

なのであるが、リスク事象というものは全て神の壮大な構想に基づく思し召しによって変わるわけである。つまり、人間から見ればリスク事象であるが実はそうではなく、それは人智の及ぶ範囲ではなく、事象がどちらに転ぶかというのは全て神の意思なのである。つまり、人にはリスクだがそれは全て神の意思なのだ。もちろん人はそれらがどちらに転んで欲しいという価値観は持っているのであるが、結果としてその発現が神の意思ということであり、当然の如く結果としての苦・楽も甘んじて受けようということになる。つまりすべてを神の意思としてみれば結果としての苦（楽）も納得がいくわけだ。そうなれば、楽については神様から賜わったものだから有り難く楽しもうということになり、「苦は神様の思し召しだから、精一杯祈って善行を行えば、

神様は帳尻を合わせてくれるはずだ。いずれ良い思し召しもあるだろう」、と希望をもって耐えるということなのであろう。つまり、疑念を一切持たない神への絶対的な帰依は、物事の成り行きに納得感を与え、人の心を安らかにしてくれるという構図なのだろう。自分の勝手な目標に対して、その実現の不確実性を思い患うことは無いのだ。すべて神のご意思なのだから、被造物である人間は神の定めを甘んじて受け容れるとともに、善行を重ね、しっかり祈れば神はちゃんと帳尻を合わせて思し召しを賜わってくれるのだ。まさにインシャラーだ。

9　日本の神と信仰の歴史

⑴　原始からの信仰

◆縄文時代の信仰

日本列島にはおよそ四万年前頃に人々が住み始めたとされる。当時は氷河期であり、亜寒帯の気候の中で人々は、主にオオツノジカやナウマンゾウのような大型獣の狩猟を始めとする狩猟採集の移動生活をしていたものとされる。現代より一万五〇〇〇年以上前の最終氷河期には、海面は現在より一二〇～一四〇ｍも低いところにあった。本州、九州と四国は一つの島であり、瀬戸内海や東京湾など現在は海になっているところは陸であった。

その後、最終氷河期の終了に伴い気温が上昇し、海面は比較的急激に上昇して、紀元前四〇〇〇年頃には、海水面が現在より三ｍ程も高い縄文海進の時代を迎えた。現在の沖積平野となっているような場所は、その頃は軒並み海面下にあった。ということは、現在の関東平野の大部分も一面の浅瀬だったわけだ。この縄文海進に伴い、入江が多く生じたこともあって漁撈が発展した。

縄文時代は、狩猟採集の時代とされ、かつての歴史の教科書ではこの頃の人類は、獲物や採集する木の実などを追って小集団での移動を行い、定住はしていなかったとされていた。ところが先般、「北海道・北東北の縄文遺跡群」として世界遺産へ登録された遺跡中でも代表的な、青森県の三内丸山遺跡や長野県諏訪地方の尖石遺跡における近年の調査によると、そうでもなかったらしいことが分かってきた。生活は主に狩猟採集によって成り立っていたが、一方でトチの実やドングリを晒してアクを抜き、これらをパンやクッキーにして食べていた。ただ、トチの実やドングリのアク抜きには大量の流水を必要とするし、またパンやクッキーを焼くためにはそれなりの器具も必要だ。そうなれば、そう頻繁に引っ越しはできないことになる。したがって縄文人は少なくとも中期以降は、小規模ながら集落を構成して定住していたものとされる。そして狩猟とともに沿海部では漁も盛んに行っていた。三内丸山遺跡では、ノウサギとムササビの骨が多く出土し、クリの植林が行われていたことが判明している。さらに、この遺跡からは北陸の翡翠、長野、佐渡や北海道の黒曜石さらに太平洋岸（久慈）からの琥珀などが出土しており、当時すでに全国的な交易が行われていたことを示している。[82]

三内丸山では、紀元前三九〇〇年頃から一六〇〇～一七〇〇年間の長期に亘って定住されていたことが判明している。この期間を、他の都市の寿命との単純な比較というのは無理があるが、京都の一二〇〇年、奈良の一三〇〇年と比べてみても、いかに長い間集落として維持されていたかが分かる。また、その間に集落を放棄せざるを得ないような事態には遭わなかったということだ。つまり、大規模な火山噴火による被災、全てを押し流すような洪水とか全てを焼き尽くしてしまう森林火災とかであり、さらには他の集落との抗争による殺戮だ。もちろん水や食糧など、周囲の環境に依存している資源の枯渇という事態もあり得よう。日本列島のような自然災害が激甚な土地であれば一六〇〇年というのはそういうカタストロフィーに至るリスクが襲ってきてもおかしくはない期間であるが、そうはならなかったわけだ。結果から見れば持続可能な社会だったわけだ、凄いことなのであろう。

また、これらより古い佐賀県の東名（ひがしみょう）遺跡は、紀元前六〇〇〇年頃から集落が営まれ、縄文海進の頃まで続いたものとされる。ここでは日本最古の湿地性貝塚が発掘され、河川からの細土が一気に堆積して外気と遮断されたため植物性遺物等もよく残り、木製の網籠が七〇〇以上も発掘されている。これらは複雑でデザイン性の高い技法で作られており、さらに鹿角に手の込んだ装飾を施したアクセサリー等も見つかるなど、この頃日本でも豊かな文化的生活が営まれていたことがわかる。[83]

日本列島は春夏秋冬の四季がはっきりと分かれており、現代の都会生活をしていればあまり実感は湧かないものの、地方で山を眺めていればよく分かることがある。山や野の様子は季節によって全く異なり、当然ながら食糧になる資源の種類や可採量も大きく変動する。春にはまだ柔らかな山菜があり、夏には野イチゴ、木イチゴ、ヤマモモなどの柔らかな果実、秋は実りの時であり、クリ、トチノミ、クルミ、ドングリ等の果実やヤマイモ類等の食物に溢れる。さらにはエゴマ・ヒョウタン・豆類の栽培が行われていたものとされ、これらも収穫されたわけだ。これらは、まだ主食というべきものではなかったかもしれないが、すでに農耕活動は開始されていたということだ。[84] しかしその後にくる寒い冬になれば、山野は枯れ野となって食糧は乏しくなり、秋に収穫し蓄えたものを食いつないでいくしかなかっただろう。

獲物や食糧を追っていく移動生活でも天候不順等による獲物の減少などの影響は受けたであろうが、定住生活となればその影響は大きく、季節が毎年想定した通りに来てくれないと山海の幸が減少し、たちまち食糧難に陥ることになる。したがって、縄文人が怖れていたリスクのうち最も深刻とされたものの一つが季節の変調だったことは当然であろう。だから、人々は超自然の存在に対して、季節毎の実りや猟果、漁果をいつもの通りにもたらしてくれるよう熱心に祈ったのだろう。

縄文時代の死生観を物語る遺物はそれほど多くは見つかっていないが、縄文を代表する遺物として有名なものに土偶がある。これは例外なく女性をかたどり、それも妊婦で臀部や乳房などを強調し、出産の様子をかたどったものも多い。そこから、多産や新たな生命を生み増やす生命力というものに偉大な力を感じ、それを願ってのものであったとされる。[85] そして土偶はみな、人為的に割られていることから、多くの欠片にすることを通じて、益々の多産・繁栄や再生を念願されていたものともされる。さらに男性の生殖器をかたどった石棒などもある。[86]つまり、縄文人は子孫繁栄を希求した、裏を返せば縄文人は子孫断絶のリスクをひどく怖れたのだ。後述する祖霊崇拝の芽があるのだろうか。

さらに縄文時代の遺跡として重要視されているものに貝塚がある。従来、貝塚は単なるゴミ捨て場としか捉えられていなかった。しかしながら、人骨も見つかり、近年の研究では貝塚は単なるゴミ捨て場ではなく、すべてのものに宿る霊魂をあの世に送りまた再生を願う、「魂送り」の場ではなかったかとの説が有力になっている。たとえば日本最大級といわれる千葉市の加曽利貝塚でも発掘された人骨に関しての調査研究も行われている。つまり、すべての生き物に霊魂の存在を認め、たとえば、イノシシやシカなどの獣であれば再生し、またその山に戻って来ること、魚でもまた再生して海に戻って来ることを祈った。もちろん亡くなった人も将来、生まれ変わって子孫として登場して欲しいと祈った。つまり当時、魂の輪廻転生の死生観があったのではないかとされているのである。

縄文前期の大型集落遺跡である長野県原村阿久遺跡では、墓だとされる配石遺構があり、複数の巨大な立石が立てられ、これらは蓼科山を指している。この配石遺構が祖先祭祀の象徴的な遺跡であるとの指摘がなされている。縄文中期の遺跡である岩手県紫波町西田遺跡では、環状集落を構成しており、その集落の中心には二重の環状になった墓が並んでいる。墓が集落の中心、つまり人々を結びつける中心が先祖の墓という集落構成であり、集落を興した功労者である祖先を崇拝しつつ集落生活を営んでいたものと考えられている。[87]

縄文後期（四〇〇〇年前）の遺跡として秋田県鹿角市の大湯環状列石は有名である。この遺跡は直径四四mと五二mの二つの二重の環状に配石された環状列石の遺構が発見されている。これまでの調査によりこれらの配石は「配石墓」であり、これらが環状に並べられた環状列石は集団墓であったとみられている。これらの環状列石を取り囲むように、掘立柱建物、土坑なども見つかっており、それらとともに多量の縄文土器、石器、石製品などが出土している。これらの中には土偶と男性の象徴の石棒等多産、豊穣の生命力を祈る祭器も見つかっており、ここは墓と住居と祭祀が複合した遺跡であるとされている。二つの環状列石の各々の中心と環状列石内の「日時計状組石」が一直線に並んでおり、その直線は夏至の日没方向を指している。これらにより、四季を区分する夏至、冬至と春分、秋分の「二至二分」など、太陽の運行を計測していたことが判明している。したがって、そこでは、葬送儀礼や祖霊崇拝、自然の驚異に対する畏敬の念の表明などの祭祀が行われていたものと考えられている。また、環状列石を有する縄文遺構は北東北では他でも発掘されており、北海道で発見された遺跡とともに、「北海道・北東北の縄文遺跡群」として世界文化遺産に登録された。

◆日本の自然環境とリスク

最新のプレートテクトニクスによれば、ユーラシア大陸の東端に位置し、四つの巨大なプレートがぶつかり合う場所に形成された日本列島は、密度が低く軽い大陸性プレートの下に密度の高い海洋性プレートが潜り込む場所にある。そのため、この沈み込み運動に起因した地震や火山などの地殻変動が繰り返されることになる。したがって、太古から大地震が頻発する宿命にあり、三七万㎢と狭い国土でありながら、世界の一〇％の地震が発生している。この宿命は日本人に、地震・雷・火事・親父という諺を引くまでもなく、地震を極めて恐ろしいものとするイメージを与え続けてきた。特に近年は阪神大震災、東日本大震災、熊本地震と地震による大きな被害が相次いでおり、専門家によって日本列島は地震の活動期に入ったとの指摘もなされている。これにより地震に対する認識は極めて高いというか、日本全体が地震に対してかなり敏感になっている感もあるが、当然であろう。

プレートの動きに付随して起こる火山の噴火についても、東日本大震災後、日本中の火山の活発化が予想され、現に御嶽山の水蒸気爆発による惨事のほかにも、桜島、阿蘇山、箱根山の噴火や、西之島の噴火による拡大のニュース、さらには富士山の噴火があった場合の溶岩流の想定や首都圏への降灰の影響についての発表なども あり大きな関心を集めている。

さらに日本列島は北西太平洋の台風常襲地帯に位置しているため、毎年多くの台風が来襲し、大きな被害が発生してきた。六〇～七〇年前の伊勢湾台風、室戸台風、枕崎台風などでは数千名の死者・行方不明者が報告されており、これらは阪神大震災の犠牲者とも比肩すべき水準である。堤防などが十分整備されていなかったこの頃より前は、台風が如何に大きな恐怖をもたらすリスクであったかが分かる。また、台風のほかにも梅雨期末期の集中豪雨による洪水や崖崩れなどの災害、春先の爆弾低気圧による被害や、雷、竜巻など日本列島は災害列島と呼ばざるを得ないほど、太古からどこでも災害に晒されている土地であった。先祖はそういうリスクを抱える国土の中で暮らしながら生命を繋ぎ、歴史を紡いできている。

一方、日本の自然は多彩で、狭い国土ながら変化に富み、溶岩、火山灰等火山によって作られた土壌はミネラル分に富んでいる。そのため、植生は豊富で、短い距離を急流によって流れる清冽な河川は稲作をはじめとする農業に豊かな恵みをもたらしてきた。さらに、それらの川が流入し、列島の四方を囲む海は外敵からの侵入を防ぐとともに、世界四大漁場といわれる程に豊穣な海で、太古より日本人に素晴らしい海の幸をもたらして来た。つまり、総じて言えば、日本の国土は昔からハイリスク・ハイリターンであったのだ。

このように、極めてリスクが大きい一方で、大きな恵みをもたらす自然というものの特性は日本人が抱く超自然的存在というものの性格を形成してきた。つまり、超自然的存在、神の性格をなべて言えば、豊かな恵みをもたらす一方で、怒った場合には極めて厳しい災厄を招くという色彩が強いものにならざるを得なかった。そして神のご機嫌を損ねたり、その意思に背いたりするようなことが少しでもあれば、そのような自然災害を中心とした厄災、つまり祟りがもたらされるものと信じられたのはごく自然な流れであったのであろう。それくらいに神のもたらす厄災というのは、時に激しいものがあったのだ。神の前に畏れ慄く人々にとっては、災害の度に首を傾げざるを得なかった。神のご機嫌を損ねた記憶というものが簡単には思い当たらなかったからである。

最近の地震、火山、台風などによる大きな災害を目の当たりにすれば、この災害の多い国で必死に生きていた先祖が、災害と神との関係をそのように理解しつつ、厄災という祟りを恐れながら神の怒りが鎮まることを願っていた姿が思い浮かぶ。そしてそういう先祖の思いが、日本人の文化、意識の基層に厚く堆積していることが想起される。

⑵ 神道の流れと仏教

◆神道の源流

日本列島に住む祖先は自ら感じ、そして信じた超自然的存在を神とした。その神に、その怒りを鎮め豊かな恵みをもたらしてくれるよう祈願して祭祀が行われてきたわけだが、その流れ、神道への流れは、正に日本の自然環境や日本人の心情、風土に合致しつつ現在まで存続してきている。

神道は日本に固有の信仰で、日本という国の成り立ちに大きく関係している。神道の源流は縄文以前からその萌芽はあったものともされるが、大陸から稲作が伝わった弥生時代以降に始まったとされる。近藤義郎は「水田そのものの直接的な維持・管理つまり洪水埋没との闘いから見ても、弥生農耕は、その当初から集団が多大の力を投入して、その保護と管理に当たる経営であったことは明らかである」としている。[88] 水田耕作は紀元前九世紀頃北部九州に伝わってから広まったが、稲作ではこのように集落に定住しての共同作業が基本となる。その集団・集落として、収穫を脅かす台風・洪水・旱天などの厄災に襲われないようにという願いから超自然的存在に対して祈った。祈りが叶えられ、豊かな実りがもたらされた時には感謝し、そうでない年には次の年の豊作を祈ることが行われた。そしてその集団を率いる者やその集団の願いを超自然的な存在に対して伝える者が現れたわけである。この二者は同一の人物であった場合もあろうし、二者が別の人物であった場合もあったようである。たとえば、邪馬台国において、卑弥呼は神に仕え神の声を聴いて呪術を行うが、その弟が補佐して政治を行ったとされる。また大和政権成立の頃にも、祭祀を行う巫女と軍事を担う将が協力して統治したこともあったとされている。同一の場合というのは、つまり政と祭事が一致する場合であり、王などが祭司も兼ねることになり、王は自ら神の意思を尋ね、その結果に基づいて方向を決めるという「神権政治」ということになる。

そして、こういうアニミズム的な神道の原点のような流れが、ムラ（邑）の成立によるその単位での信仰や、クニ（小国）の成立による地方単位での信仰の時代を経て大和朝廷の成立となり、大王（天皇）を中心とする古代神道の時代へと発展していったのである。

稲作伝播以降の日本の信仰は、稲作との関連が深い信仰が多いが、その中で「田の神」について、東大農学部教授であった農政家の安藤広太郎は「稲の日本史」の中で、

田の神をたねを播く前に山に迎えに行って、収穫のあと十月山に送るという習慣がある

民俗学者の早川孝太郎は、

必ず山から迎えて、山にお帰りを願うことになっているようです。どうも田の神というものは、正月のいわゆるトシトコサマと言いますか、正月の神様のことのようですね。

と言っている。さらに、

田の神は正月の神様に関係が深いわけですが、正月の神様の起源は古く、奈良朝あたりで常世神と言ってたものです。……常世といったような海の向うの世界から、神様が年々渡って来る。それによって正月の行事も行なわれました。正月の行事の一番中心になっているのは稲作りですから、年の神が田の神に

なっているように思うのです。それでは、それがなぜ山へ帰るかというと、山という考え方が、古い時代においては、別の世界、この世ではなかったのです。山は別の世界というふうに、観念的に考えておりますから、……送るには山へ送る。

としている。[89] つまり、歳神である正月の神様は山から迎えられて、生活や稲作の地である里に降りてきて田の神になる。そして秋の収穫が済んだら山の神となって山へ再びお帰りいただく。つまり、この世ではない山に住んでいる山の神が田の神になって稲作を守り、秋には再び山の神として山に帰る、という毎年の繰り返しをしていた。そして人々の暮らし、集落の生産、またさらには国の稲作を守護してくれる存在として信仰されていたということである。

日本書紀や古事記によれば、古代人は海のかなたに常世国と呼ばれる異世界があり、そこは不老長寿の理想国と考えていた。そこから神がこの世に現れて富や幸をもたらすものとしていた。たとえば、浦島太郎が行った竜宮城も常世国とされ、そこでは現世とは時の流れが違うとされた。

一方、常世は常夜とも書かれ、この場合は死者の国とされ、黄泉の国もそちらにあるとされた。四方を海に囲まれた日本において、海は他の世界へと続いている憧れの対象であった。人々はできれば、海を越えてまだ見ぬ憧れの世界へ行ってみたい、外の世界を見てみたいという強い憧れを持っていたであろう。しかしながら、確かに祖先は海を越えてやってきたかもしれないが、海を渡ることは極めてリスクの高い冒険であり、死を覚悟しなければ渡れない。だから、常世にたどり着くのは死を覚悟する必要があり、そこを目指した人が生きて帰ってくることがほとんどなかったことから死の国としても観念されていた。[90]

仏教が伝えられると、観音信仰とも結びついて常世は補陀落となり、死を覚悟した人が補陀落渡海を行う先とされ、いずれにしても日本においては、古くから海のかなたにも別世界や来世というものを想定していたということができよう。

◆古代の国家信仰

弥生時代の代表的遺跡とされる、佐賀県の吉野ケ里遺跡からは、二重の環濠に囲まれた北内郭と呼ばれる場所で、集落内で最大規模とされ、三層二層建ての高床建物とされる主祭殿跡が発掘されている。この建物は古代中国の記録などから祭祀の中核としての役割を果たしていたとされ、中層と上層の階はそれぞれ別の機能を担っていたものと考えられている。さらに三階は最も祭祀性の強い空間であったと考えられ、神祇官とも呼ぶべき職の者が祖霊と交流し、稲作の豊穣やクニの安寧を祖霊に祈り、さらに祖霊の意思を伺う場として機能したと考えられている。中層の二階においてはクニの王や他の支配層が集まって重要な決定が行われていた。そしてその神託は直ちに二階の支配層たちに伝えられたのであろう[91]。

弥生時代になると、集落と墓地は分離され、吉野ケ里においても環濠の内側ではあるものの墳丘墓が造られた。甕棺墓という土器でつくられた棺に遺体を収めた墓が一四基見つかっており、これらは支配者の一族の墓とみられる。そしてこの墳丘墓と連なるように二列の一般人のための甕棺墓が並んでいる。そしてこの配置は中国から伝わった祖先祭祀の形を示しているとの説もある。

古代における国家祭祀として何がなされていたかというものを見ていけば古代の日本人、日本という国がどのようなことについて関心がありどういう祈りを捧げていたかが分かる。これは天皇を中心とした神祇祭祀ということになるが、神祇とは天神（あまつかみ）と地祇（くにつかみ）を合わせた概念の略称であり、神祇祭祀とは天神地祇に対する祭祀を指していることになる。では、具体的にどのような祭祀が行われていたのであろうか。西宮秀紀「（神祇祭祀）列島の古代史・信仰と世界観[92]」によれば、

仲春（陰暦二月）には祈年（としこし）祭
季春（陰暦三月）には鎮花祭
孟夏（陰暦四月）には神衣祭・大忌祭・三枝祭・風神祭

季夏（陰暦六月）には月次祭・鎮火祭（ひしずめ）・道饗祭
孟秋（陰暦七月）には大忌祭・風神祭
季秋（陰暦九月）には神衣祭・神嘗祭
仲冬（陰暦一一月）の上卯には相嘗祭、寅日には鎮魂祭、下卯には大嘗祭（新嘗祭）
季冬（陰暦一二月）には月次祭・鎮火祭・道饗祭

とある。したがって、合計で年間一九回これらの祭りが行われたわけである。そして神衣祭・大忌祭・風神祭・月次祭・鎮火祭・道饗祭は、年二回行われたことになる。これらの祭りの性格として、祈年祭は春の予祝の祭りであり、神嘗祭・相嘗祭・新嘗祭は新穀を祝う秋の収穫祭である。そして神嘗祭は天皇が天照大神に新穀を供薦する祭りであり、相嘗祭は天皇が畿内の特定の神々と新穀を祝う祭りである。新嘗祭は新穀を「至尊」に供する祭りである。大忌祭は水の調整による豊穣祈願と風雨順調を祈る祭りで、風神祭は悪風荒水を鎮める祭りである。これらの神祇祭祀は、基本的に稲作農耕に関わる祭りと言っても過言ではない。一方、鎮花祭と三枝祭は疫神を鎮め退治する祭りである。神衣祭は皇祖神である天照大神に御衣を奉る祭りである。この三祭りはいずれも大神神社と伊勢神宮という王権にとって重要な神〈宮・社〉に関する神祇祭祀である。鎮魂祭は天皇の御魂強化をはかる祭りであり、直接天皇の身体に関わる神祇祭祀である。鎮火祭は火を褒め称え火事を防ぎ、道饗祭は鬼魅の侵入を防ぐ祭りである。鎮火祭と道饗祭は、〈都城〉の現実的・精神的な災害防除のための神祇祭祀であった。

これら一九回行われた祭りをリスクの観点から分類すれば、リスクの発現である厄災の発生を避けるための祈りが、大忌祭、風神祭、鎮花祭、三枝祭、鎮火祭、道饗祭の六の祭りということになろう。このうち大忌祭、風神祭、鎮火祭、道饗祭は年二回であるため、リスク発現防止のための祈りが一〇回行われたということになる。さらに収穫祭である神嘗祭、相嘗祭、新嘗祭もその性格からすればリスク発現がなかったことを神祇に感謝する祭りであることからこれらもリスク関連ということになる。まとめれば、リスクの発現防止のための祭りが一九回中一〇回（五三％）、リスク関連の祭りが一三回（六八％）ということになる。古代の国家は、神への祈願の大きな部分を厄災の防止と厄災が防止できたことに対する感謝に捧げていたのである。古代国家日本でも、国家としてリスクに怯え、神の恩寵を得て厄災ではなく、安康がもたらされるように祭祀を実施して、神に願いを届け、望まないリスクが発現しないことを祈ったのだ。

また、古代国家日本は、稲作技術や鉄をはじめとする先進技術や製品を海外に頼り、海外との往来は極めて重要であった。反面、当時の航海技術では大きな危険に晒され、悪天候や高波などにより難破するリスクも高く、渡海は命がけの行為であった。そのため、大和政権でも、福岡県で世界文化遺産に指定された沖ノ島などを含む宗像大社や大阪の住吉大社などで盛んに航海の安全を祈願した。

後には仏教の影響というものは有るが、神道は原始の時代からの人と宗教との関係を引き継いできているものとされる。そういう意味で、世界的にも極めて稀な純粋培養された最も古典的な宗教の形を残しているものだといえよう。それは次の理由によるのであろう。

◆日本列島というハイリスク・ハイリターンな自然環境を背景として成立した自然信仰にその源を発していること
◆天皇が政治、祭祀両方の主催者となり、大和朝廷の成立に伴い、日本全体の政治・祭祀双方の主催者であったこと
◆稲作の豊穣を祈る祭礼が天皇自身によって脈々と受け継がれその基本的な姿は変わらずに行われ続けてきていること

◆仏教の受容

その後、六世紀に仏教が伝来すると、当初は日本書紀にも記載の通り、仏教を海外諸国と同様に、積極的に受容しようとする蘇我氏と、蕃神（トナリノクニノカミ）を崇拝するのは国神（クニツカミ）の怒りを招くとして排斥を主張する物部氏・中臣氏との争いがみられた。[93] 仏教の受容を巡る論議はこの蘇我氏対物部氏の権力争いの投影で片付けられることも多いが、考えてみれば大変なことである。つまり、天皇という立場を考えてみれば、祭政一致であるから最高権力者と最高神祇官とを兼ねた立場なのである。そして、その権威の裏付けというのは、天照大御神の子孫として、天照大御神を始めとするこの国の神々を祀っているから、その霊威によってこの国を統べるというものである。そういう立場である天皇として、あるいはその天皇を補佐する立場の人々が、異国の神（仏）の教えに帰依しようかというのである。想定されうる事態つまりリスクは、貴賤の多くの者が仏教に帰依して、日本の神々への信仰を捨ててしまった場合には、天皇を中心とする祭政一致の体制そのものの正当性が揺らいでしまうことであろう。蘇我氏がいかに仏教受容を唱えようとも、天皇の立場からすれば自らが依って立つ基盤が危うくなるわけだから、頑として拒むのがむしろ当然ではないかとも思われる。ところが、欽明天皇の立場はむしろ崇仏派であった。

次の敏達天皇の時代には、前期には当時の疫病の流行が異国の教えを祀ったためであるとして、物部と中臣により仏教が弾圧され、排仏派が有利となったが、後期は崇仏派と変わる。敏達天皇の崩御により、後継の用明天皇は、蘇我稲目の娘（堅塩媛）を母とすることもあったからか、崇仏派であった。その崩御後、物部・蘇我両氏は軍事衝突し、これには聖徳太子も崇仏派として参陣したとされる。苦戦の後、蘇我軍が勝利を収め、仏教を国家として受容し国家仏教として発展していく礎が築かれた。

こういう蘇我氏と物部氏の勢力争いという裏の動きが反映されて、仏教は受容されていったのであるが、本来は天皇中心の政権の根本を揺るがしかねないリスクを孕む論議であったはずである。しかし、日本人が持つ宗教に対する姿勢の特殊性ともいうべき柔軟性によるのであろうか、結局はそうはならず、仏教と神道は習合していったのである。仮に、先に民衆に仏教が広まり、そういう新たな事態と自らの存在基盤との折り合いをつけるために、新たな解釈を編み出して伝統的な価値観との折衷的な妥協点を図るというのであればよく分かる話である。しかしそういう動きではなく、自らの存立基盤さえ破壊しかねない新たな教えの方に率先して飛び乗って、その中でも似たような基盤を模索して存続を果たすというのは、極めて「日本的な」解決だといえよう。もちろん両者とも多神教であるから可能であったのであろう。

そして、時代を下るに従ってやがて仏教と神道はお互いに排斥するのではなく、共存し「神仏習合」が浸透した。朝廷においても、神事を優先させはするものの仏事も行うという神仏の双方の祭祀が行われていた。つまり国家レベルでの神仏の共存が行われたのである。

これにより、日本中の家で一体とは言わないまでも、仏壇と神棚が両方設置され、そこでは毎朝、神棚と仏壇双方にお参りする。そして先祖やその他の神仏に感謝するとともに一家の今日一日の安寧を祈る、というような日常が全国津々浦々に根付き、今日まで存続している。

律令体制の時代に「神社」ができ、集落にはその地の神が鎮守社に常駐し「鎮守神」や「産土神」（生まれた土地の神）と呼ばれ、また各々の家にも「氏神」がいて一門一族を守るとされ崇拝された。

奈良時代となって、七二一年の藤原四兄弟との権力闘争とされる長屋王の変という、皇室を揺るがす大きな事件の勃発や、これに続く日食などの天体異変が続いた。さらに、続日本紀によれば七一九年は「六道の諸国（つまりほぼ全国）が干ばつになり飢饉」、七二二年には「五月から七月まで雨が降らず稲が実らない」等の記述がある通り、旱天による飢饉が続いた。さらに、七三四年には、畿内を中心に被害を出した地震や、七四五年には、マグニチュード七・九で、一八九一年の濃尾地震にも匹敵するとされる、美濃地方での天平地震の発生が続いた。さらに凶事は続き、七三五年に太宰府で始まった天然痘の流行は、皇族や朝廷の要人をも巻き込み、藤原四兄弟もこれにより没した。

このような事態は古くから「為政者の不徳のいたすところ」との考え方があり、聖武天皇は国家安寧を祈願して宮中に数百人の僧侶を呼び入れて、大般若経と金光明経を転読させた。さらに聖武天皇は、七四一年には国分寺建立の詔を、さらにその集大成とすべく、総国分寺として東大寺を建立し、その本堂に盧舎那仏を造立することを七四三年に発願した。ここに仏教による鎮護国家は最高潮に達したともいえよう。さらに病気平癒という現世利益を求めて、薬師如来が崇拝された。金光明経は四世紀頃インドで成立したもので、四天王が全ての恐怖・災難・不運から解放し、敵軍を撃退すると説き、ヒンドゥー教の影響を受けて護国や疫病退散等の現世利益を強調した経典である。

このときの仏教というのは南都六宗と呼ばれる、三論宗、成実宗、法相宗、倶舎宗、華厳宗、律宗である。これらは学究的要素が強く、仏教の教理の研究が主で、いずれも大乗仏教ではあるものの、民衆の信仰を得てその内面から救済を図るという性格は弱く、実践行為としては天下泰平や国家安寧など国家や民全体に救済を行う、鎮護国家を目指す呪術的な色彩が強かったとされる。ということは、あくまで現世において現世の国家や民の安寧を図るものであって、専ら現世利益を目指すものであったということになる。したがってここの教えの中には、広く民衆を対象としての、現世と来世を通じた善行善果・悪行悪果の因果応報システムというものは機能していない。神道においても、伊勢神宮では、社会的な祈願を専ら対象とし、古より現代においても私幣禁断として民衆の私的な願いは受け付けないとされている。

一方、後に聖武天皇から「大僧正」に任じられ、東大寺の建立にも尽力した行基は、大乗仏教の教えを実践し、各地に寺院を建立し、橋を架け、堤を築き、温泉も発見したとされる。行基は没後、「行基菩薩」と呼ばれたくらい人々の崇拝を集め、説法を行えば千人単位で民衆が集まったとされる。その際に行基は、悪行を行った者は地獄に堕ちると説き、地獄の具体的な説明を行い、悪行悪果を説いたとされる。[94]

平安時代には、たとえば疫病の流行なども鬼や怨霊、妖怪、魔物の仕業であると考えられており、これらを封じるため、神道、仏教とも現世における物事の望ましい方向へ傾くことを願う祈禱を盛んに行ったとの記録は随所に見られ、祈雨、疫病退散、叛乱鎮定、天災地変の防除、安産祈願などが盛んに行われている。たとえば、中期以降は内裏で金光明最勝王経を講説・論議する法会が天皇や国家の平安を祈願するため、毎年行われたとされる。[95] そして天台、真言の僧侶が貴族などに要請されて、このような祈禱を行い、その霊験を競った。[96] そしてそのような中には呪詛とされるものもあったとされる。

⑶ 日本人の死生観

◆古くからの氏神信仰

戦前から活躍した民俗学者の柳田國男の研究によれば、日本人の宗教意識の根底には氏神信仰がある。これを背景として日本人の生活、生き甲斐などを含めた人生そのものや倫理意識の基底がなされているものとしている。

この信仰は、人は死んだ後、その霊は子孫の供養を受けられれば、一定期間（三〇年位）の後には、個性を失いその先祖の霊と融合し氏神となる。そして元々は、その氏神はあの世に行くのではなく、集落の近くの山の頂にとどまり、子孫を見守るとする。[97]

それではどうしてすぐに氏神にならないのかと言えば、柳田は、

> 我邦では、死ということは穢れであり忌はしいことである故に、これを至って清きものと一つに置くことはできませぬ。それである期間を中に立てて、神として仕うるに適する条件の成就を待ったようであります。

としている。[98] つまり死には穢れがあり、これからの浄化の年月が必要であるとしている。

先祖の霊の集合体である祖霊すなわち氏神は、常時は山の頂にいるが、祭礼の際には子孫の家に戻る存在と

された。そして春には田の神として豊穣を祈願されて、収穫まで稲の生育を見守り、秋になり収穫が過ぎれば、秋祭りにより豊穣を感謝されて送られ、山へ帰って、山の神となる存在であった。したがって一年のサイクルとしては、田の神として迎えられ、収穫まで見守ってから山の神として送られるという存在とされてきた永い歴史がある。しかし、近世になると村の鎮守の杜の社に常駐しているものと考えられてきていた。

そして、子孫が一生懸命に死者の霊を大切にしてくれれば、先祖も晴れて氏神様となり、それで子孫の繁栄を援助できる。つまり、氏神信仰を熱心にすればするほどその子孫、すなわち家が繁栄するとされる。このように信仰と家の繁栄との間に正のフィードバックが作用することにより、日本人は家を大切にし、氏神を大切に扱うという文化が全国津々浦々にまで普及したというわけである。

日本人の意識の中にはムラの論理が占める部分が大きく、日本人は集団主義で没個性ということがよく言われる。日本人にはそういう傾向が強いことは確かであろう。しかしその集団主義は現代でいえば、会社など現在の構成員からなる集団についてのもの、いわば、水平的あるいは横の集団主義とでもいうべきものである。しかし、この氏神信仰でも分かる通り、日本人は、連綿と続く先祖から末代までの子孫に至る集団主義なのである。この典型的な姿が家である。いわばこちらの方は垂直的あるいは縦の集団主義とでもいうべきものであろう。つまり、日本人の集団主義は縦横双方から成り立っており、これが日本の文化のいわば基層を形成しており、しかも極めて強固なものであるというべきであろう。こういう縦横からの集団主義に縛られた日本人に個人主義がなかなか根付かないのは当然であろう。

中国から伝わった儒教では人倫のあり方、人としての孝行や先祖崇拝を説く。一方、氏神信仰においては自分が今その時点で、先祖の霊に尽くすことが、現世の将来における安寧をもたらす、つまり祖霊に厄災から守ってもらえる。また将来、自分の死後も子孫が同様のことをしてくれることによって、自分もいずれ祖霊の仲間入りを果たし、子孫の繁栄のために役に立つことができるとする。いわば現在のご利益と死後のご利益を先祖、子孫との互助システムにより同時に約束されるということである。これにより家というものに対する帰属意識、つまり縦の集団主義は儒教に比してもさらに強力な役割を演じたものであろう。これも、善行善果・悪行悪果の現世・来世を通じた因果応報システムと言えないこともないであろう。ただ、その単位は個人というのではなく、連綿たる家系の流れであり、またその運用も超自然の存在を要請することなく、家系の流れだけでやってしまうというものであり、またどこまでも没個性的である。このシステムにおいて個人は、家の過去と未来を繋ぐ一つのピースでしかない。そして自分の寿命プラス三〇年を過ぎれば祖霊の中に吸収されてしまうわけである。このような考え方をベースとして明治民法の家制度をまつまでもなく、家中心主義が形作られたのであろう。そして個人は犠牲にしてでも家の繁栄、家名の誇りを重視したわけだ。この家の考え方を別の言葉でいえばＤＮＡだ、もちろんご先祖はそんなことは知らないでそのご先祖を崇拝したのであろうが、生命誕生の神秘からＤＮＡのような概念を持っていたのかもしれない。それで家＝ＤＮＡのようなイメージで家中心主義だったのかもしれない。

つまり、何か悪いことをすると、縦でいえば、「ご先祖様に申し訳ない」、「子々孫々まで祟る」となり、横では、「世間に顔向けができない」という具合になるというわけである。こういうふうに縦横に個人を縛ることによって、行動に制限をかけ、結果として社会集団内における犯罪を抑止し、防火、防災に努め、非常時には社会集団のために働くことにつながったのである。そしてある時はその身を犠牲にしても家のため、社会集団のために尽くすという心情を醸成した。つまり、日本社会のリスクマネジメントの仕組みを形成したのである。そしてその場合のリスクマネジメントの単位は家なのだ。先祖を同じくする家の集合体である氏族の単位で考えれば、神様が祖霊なのだから、リスクマネジメントは氏族で完結してしまう。つまり、氏族で集落を構成し、そこで共同で稲作という生産活動を行い、灌漑や害虫防御や他の集落からの防衛を行うわけだ。自分たちのご先祖様である氏神様を春に山からお呼びし、五穀豊穣をお願いし、稲作を加護してもらって秋にはお礼の祭りを行い山にお帰り願う。そしてその村人は死んだらやがて氏神様の仲間入りをし、子孫に大事にされるとともに子孫を守る、というわけだ。子孫が繁栄する限り持続可能な時を紡ぐ「エコシステム」なのだ。この縦のエコシステムがあるからこそ日本人は一神教の厳格な神による統制に頼ることなく、日本人としての心性、価値観を共有し、社会を発展させて来られたのであろう。没個性的ではあるかも知れないが、優れたシステムというべきである。

その後は、仏教が伝来し、葬儀から始まって、埋葬、法要、供養まで死後のことは、基本的には仏教がすべて取り仕切るようになった。死者の霊は、三途の川を渡ってこの世とは異なる冥土に旅立って行き、そこで輪廻に入って生まれかわったり、成仏したりということになった。そういう中にあっても、人々の心の中にご先祖様が氏神様になっているという意識があったかどうかは別として、その土地に安寧をもたらす氏神様として大切に守られてきたのは事実であろう。

◆葬送の担い手

平安時代まで、いずれかの宗教が葬儀や死後の世界のことを担っていたかと言えば、かなり貧弱なものであった。まず神道は死を穢れだとすることで葬儀には関わらない。仏教の方でも奈良の南都六宗は鎮護国家の理念の下で学術的色彩が濃い仏教であり、個別の葬儀などには関わりを持っていなかった。現代でも南都仏教など奈良時代までに伝えられた仏教は、葬儀との関わりは薄いとされる。

そもそも平安時代の中葉までは、貴族や高僧などを除いては墓が築かれることは無かった。それでも平安京には西の化野、東の鳥辺野、北の蓮台野に遺族によって亡骸が運ばれ、弔われていたという。ただし、そこは墓地というより死体捨て場といった方が近いような状況であったとされる。ただし、これは遺棄ではなく「風葬」・「曝葬」であったとの解釈も行われている。[99] そこから野犬が遺骸の一部を持ち出したりして、貴族などの屋敷に持ち込まれたりすれば、死穢の一つである五体不具穢とされ、その貴族は御所への出仕も慎まざるを得なくなった。そういう記録が残るくらい、平安京では特に貴族の間でこの状況が問題になってもいたらしい。

そこで平安初期に弘法大師が、化野で放置された遺骸の散乱状況を見かねて寺院を建立し、これを鎌倉時代初期に法然上人が復興し、念仏寺になったとされる。鳥辺野は平安時代から火葬による葬送の地として知られていたらしい。蓮台野も平安後期には火葬場として知られた。

平安時代の葬送の多くは、寺には所属しないいわばフリーランスの僧である聖《ひじり》にゆだねられていた。彼らは山岳における修行で験力を獲得し、民間で治療、厄除や葬祭、鎮魂を行う修験聖や念仏聖と呼ばれた。当時、正式の僧である官僧は、天皇許可の下に戒壇で受戒し、朝廷に奉仕する者であり、神仏習合以降は神事にも関わったので、葬式などの死穢は避けるものとされ、葬送への関与はできなかった。しかし、これらの官僧の中にも官僧の立場から離れ再度出家して、仏道修行を行う「遁世僧」と呼ばれる僧がおり、彼らが葬儀に携わったことも多かったとされる。

平安後期からは、火葬された遺骨を遺族が高野山や比叡山など特定の霊場に納めるという習慣が、全国的に広がっていった。それでも、遺骨に関する関心はそこまでであった。というのは、当時の人々の理解では人間は、魂とそれが入っている肉体との二つから成り立っている、つまり二元論だ。亡くなって葬儀さえ済めば、言わば魂の容れ物としての肉体は魂が去ったただの容れ物、抜け殻に過ぎないとされた。そして、霊魂の方はその後供養しなければならない存在であるが、抜け殻である肉体はどう取り扱ってもよいものとの理解であったからである。[100] そのため遺体や遺骨の取り扱いについての関心というのはもとより低かった。従って葬儀の後に遺体を埋めた墓というか塚にも参ったりすることは稀であった。

◆死後の世界……地獄

「日本霊異記」は薬師寺の僧侶・景戒が八〇〇年頃に書いたものとされ、仏教が一般にも浸透したこの時代に書かれた最初の仏教説話とされる。その目的は、善行善果・悪行悪果の現世・来世を通じた因果応報について伝え、衆生を善行に導くことにあったとされる。つまり、現世における行いが、業として輪廻転生の中でその因果の報いを受ける、[101] ということを具体的なエピソードを挙げながら、分かりやすく説くというものであった。ただ、先には現世・来世と書いたが、正確に言えばその中身は、前世・現世・来世・その後の世まで続く因果応報を説いていることであろう。つまり、現世の不幸・不運・苦痛の原因を前世の行いやその前からの「宿業」のせいにすることである。それまでの日本人は、皆等しく黄泉の国に行くとされていたものが、そうではなく、現世での個人それぞれの行いによって死後の行先が異なり、地獄に行けば想像を絶する苦痛を味わうことになる。しかも、その行いというのは現世での行いだけではなく、前世やその前の行いによる業までが反映され、現世での苦しみや不幸は前世やその前から引きずっている業によるものであるとしている。この観念は当時の人々には価値観の根本的な転換を求める、極めてショッキングなものであったことは、容易に想像できるところである。

桓武天皇による長岡京遷都事業の中途における早良親王憤死、その他の事件が相次いだことにより、平安京に遷都された経緯には怨霊の祟りがある、藤原氏の陰謀によって左遷された菅原道真の祟りがある、など平安京では疫神や怨霊の祟りが信じられた。これを鎮めるため御霊会が盛んに行われたり、北野天満宮が設けられたりするなど、死者の霊を慰める行事が盛んに行われた。

平安時代では、地獄は仏教の教えを説くためには必須のものとされ、数多く登場することになる。たとえば枕草子七七段では、一条天皇より藤原定子に地獄絵の屏風が届けられ、

ご仏名のまたの日、地獄絵の御屏風とりわたして、宮にご覧ぜさせたてまつらせたまふ。ゆゆしう、いみじきこと、かぎりなし。「これ、見よ、見よ」と、おおせらるれど、さらに見はべらで、ゆゆしさに、小部屋に隠れ臥しぬ。

とされ、清少納言は地獄絵があまりに恐ろしかったので、とうとう小部屋に逃げ込んだ挙句、寝込んでしまった、と記されており、当時の人々が相当に地獄のことを怖れていたらしいことが分かる。

地獄の様子については浄土教の祖とされる比叡山の源信が九八五年に著した「往生要集」に詳しく、等活、黒縄、衆合、叫喚、大叫喚、焦熱、大焦熱、阿鼻の八大地獄が描かれている。一方、平安期以降には地獄変、地獄変目、地獄絵あるいは地獄図と呼ばれ、地獄のありさまを絵にして生々しく描き、地獄に堕ちた衆生が恒常的に苦しみを受ける様子を伝える図が大量に描かれている。中村元はこれら日本の地獄変の場面が、「写実的で残酷」で、サディスティックな嗜好さえ感じさせるとしている。日本の絵画が残虐な光景を扱ったものは本来少ないのに対してこれは例外的である、としている。[102] つまり、地獄に堕ちるリスクを最悪のものにしたのだ。

これらの地獄の具体的な分類とそこで行われる責め苦の具体的な記述は、それ以前は地獄といっても「怖い所」くらいの認識しかなかった人々を震え上がらせたことは容易に想像できる。人々は「何があっても地獄にだけは行きたくない」との思いを強くしたはずである。

◆浄土信仰

この時期以降の日本人の死生観に大きな影響を与えたものに浄土信仰がある。それまでは、死後の霊は近くにとどまり、子孫の供養を受ける中で祖霊と一体化するという、死んでも近くの現世や現世と近い地下の世界に留まると信じられていた。それが十世紀以降には、死後は阿弥陀仏の導きにより西方浄土に行くことができる、あるいは修行によって行くことができるかもしれない、という概念に変わってきたのである。つまり、生きている現世と死後の来世という二つの世界を信じるようになったのである。そして、八六四年富士山の貞観大噴火、八六九年貞観地震（東日本大震災と同様の規模で巨大津波ももたらした）、八八七年仁和地震（南海トラフ地震）などの地震・噴火災害が相次いだ。またこの頃、平安京近辺では天然痘、赤痢、麻疹など疫病の流行等も相次ぎ、人々の現世における明るい展望というものが開けなくなっていった。そういう中で、暗黒の時代となるという末法思想も信じられるようになってきた。すなわち、むしろ「現世には絶望しかない」、「娑婆では救済されない」、だから、「来世で浄土に行くという途があるのであれば、むしろそちらの方を望みたい」との思想が拡大し、多数の人々の心を占めていくのはむしろ自然な流れだったのだろう。源信は前述の往生要集を著したが、この教えは後に徳川家康の馬印で有名になった「厭離穢土・欣求浄土」の教えである。往生要集の内容は、天台宗寺院の僧侶の説法を通じて、全国の民衆に伝えられ、それまであまり知られていなかった極楽の有り難さと、地獄の身の毛もよだつ恐ろしい姿が具体的に説明された。これにより全国津々浦々に至るまで、善行善果・悪行悪果の現世・来世を通じた因果応報システムが広く認識されることになった。

このあたりから、日本の子供たちは、母親や祖母から、「悪いことをしたら地獄に堕ちますよ」とか、「地獄は鬼がたくさんいて、針山があったり、熱い火が燃えていたりして恐ろしいところですよ」、さらに「嘘をついたら、閻魔様に舌を抜かれますよ」という話を聞かされたのであろう。これによって「いい子」でいなければ、大変なことになってしまう、ということを知ったのだ。そして夜中に一人で便所に行くのが怖くなったりしていたのであろう。この頃の親は本気でそういうことを信じていたから、その説得には真実味と迫力があり、子供としても本当に真剣に受け止めたのだ。

したがって当時の人々にとっては、現世というものの重要性は下がり、来世の重要性が増した。こういう流れの中で仏教が葬送に関わることになっていった。つまりそれまで遺族だけで行っていた葬送の一連の行事に、特に鎌倉時代からは、僧が関与するようになり、中でも禅宗は比較的早くから関与していたものとされる。その作法としては、修行の途上で亡くなった僧の死に際して従来から行っていた内容を踏まえたものとした。つまり、俗世に居て出家していない故人に対しても、出家させて戒名を与えて修行を終了させる、というものである。

葬送については宗派によって対応は異なり、たとえば浄土真宗では阿弥陀如来のみの信仰を行えば基本的に他力本願で浄土に往くので、死者に対する供養への関心は低かった。さらに日蓮宗では、この娑婆世界を仏国土にすることを目的とするため、そもそも来世信仰は少なかった、などとされる。

日本に密教を伝え、真言宗を開いた空海の思想の核心に「即身成仏」つまり、生きたまま成仏するという思想があったとされる。しかし、この即身成仏の思想が広く一般大衆にまで浸透したという記録はない[103]。それでも、民衆など大多数の人々の関心は、現世利益もさることながら、死後の浄土への往生であり、宗派の違いは気にしておらず、また僧侶の方でも八宗兼学という言葉に代表されるように複数の宗派の教えを修していた。そして葬送に積極的に対応するようになって、日本において葬送は仏教で行うものという常識が定着していった。さらに各寺院での埋葬というものも一般化した。

その後時代が下って、江戸幕府がキリシタン禁令のために導入した寺檀制度により、すべての日本人はいずれかの寺の檀家とされ、葬式もその寺で行い、その寺の墓地に埋葬されることが当然となった。その頃から現世のことは神社に、死後のことはお寺にという日本人の信仰の姿が固定化されていくのである。

◆浄土思想と社会システム

最澄の著作とされる「末法灯明記」の中では、一〇五二年から末法の世の中に突入すると記されていた。この時期は平安末期にあたり、後述の十二世紀の飢饉、天災や前九年・後三年の役から源平争乱に至る戦乱が相次いだため人心が荒廃し、なかなか明るい展望が開けない現世に失望し、来世への希望に望みを託すようになってくる。

一方でこの浄土思想の普及により、日本人の精神構造が大きく変わったことは間違いない。それまでの心配は現世でのこと、および茫洋とした来世のことがあったわけである。もちろん当時は病を治すのには加持祈禱などの呪術も盛んに行われていたし、病気治療のために授戒を依頼することも多かった[104]。そして七難を免れるという観音信仰や密教における大日如来の化身とされる不動明王への信仰も、現世利益を求めるものとして盛んであった。しかし、この浄土思想により現世での願いというものの位置付けは低下した。というよりも、相次ぐ天災、疫病、飢饉や戦乱という現実つまり、絶望的なリスク環境があるわけである。たとえば鴨長明は方丈記で、五つの不思議を回想し、一一七七年に平安京の三分の一を焼いた安元の大火、一一八〇年の竜巻の被害、同じ年の平清盛による突然の福原遷都と還都、一一八一～二年の養和の飢饉と疫病による多数の死者、さらに一一八五年に平安京を襲った元暦大地震の様子を生々しく描写している。[105]

さらに末法思想もあり、特に一般民衆にとっては現世での望みなどというものについては、叶うわけはないとする絶望感が広がったのであろう。もちろん現世でも苦しむよりは楽な思いをしたい、うまいものを満足するまで食べ、富を得たい、天災、疫病、戦乱などの厄災はできれば避けたい、などという思いはそれなりに強かったはずである。しかしながら現世の天災、疫病、戦乱などのリスクの現実はそれらの願いを打ち砕く絶望的なものであり、明日の命も知れないようなリスクに満ち溢れた現世であった。だから、たとえ死という苦痛や死に対する恐怖がその前に横たわっていたにしても、来世の極楽浄土が如何に素晴らしいかという話ばかりが伝えられるのであれば、現世よりもむしろ死後の世界に憧れたとしても無理はないであろう。

仏説阿弥陀経では、「彼土何故　名為極楽　其国衆生　無有衆苦　但受諸楽　故名極楽」とし、「彼の地の人々には、あらゆる『苦』というものがなく、ただ、いろいろな楽しみを享受できるので、極楽と名付けたのだ」、としている通り、リスクがないので憂えることもない素晴らしい所だとしている。

本章5（仏教）でも述べたが、阿弥陀如来は如来になる前の法蔵菩薩の時代に四十八の誓願つまり本願を立てた。その中の十八番に、「法蔵法師である自分が、一所懸命に修行して仏になる時には、衆生が少なくとも十回念仏すれば、自分が築いた極楽浄土に往生することができますように」、というものがある。「これが実現できなければ自分は如来にはならない」という固い本願である。法蔵菩薩は修行の結果、阿弥陀如来になられたわけであるから、誰でも十回以上念仏すれば往生できるはずである、というのが浄土教の教えである。この教えにより、極楽往生への敷居が格段に低くなったわけである。また、中国の善導の「観無量寿経」の註釈には、長短にかかわらず、念仏すれば、それはこの本願に適っているから、救われると書かれている。その上、浄土真宗の説く「善人なおもて往生す、いわんや悪人をや」というように極楽浄土が誰にでも往けるとされるのであれば、それにすがりたいというのが多くの人々の素直な気持ちであったに違いない。鎌倉時代に登場した浄土教は、瞬く間に全国を席捲し、現在でも、日本の仏教信徒では、浄土系（浄土宗、浄土真宗等）が二二三〇万人と圧倒的トップを占め、二位の日蓮系一一三四万人や三位の真言系（真言宗等）の五二九万人を大きく引き離しており、圧倒的な存在となっている。（二〇一九年度　政府宗教統計調査より）

◆欣求浄土

極楽浄土というものは、古くから東・南・西・北の四方、および東南・西南・東北・西北を加えて八方、さらに上・下を加えて十方、つまり合計で一〇の方向にあるものとされていた。源信が往生要集において説いたのは、そのうち西方の極楽浄土であり、阿弥陀如来が築き、住まうものとされた。西の方向に十万億土の彼方というから極めて遠い所にあり、この浄土へ行けば、聖衆来迎の楽から始まる十種の楽があるとして、極楽浄土の素晴らしいことを具体的に取り上げている。[106] 人々が西方極楽浄土へ行った時の様子を想像して自らと重ね合わせ、往生ができたならばどれほど幸福な暮らしができることになるかを具体的に想像することを可能にさせた。これにより、この西方浄土を目指した信仰生活を送ることを誘っている。

さらに、源信は十方極楽の中からなぜ、阿弥陀如来の西方浄土が良いのか、西域で信仰された弥勒菩薩の兜率天ではないのかについて、それぞれ、多くの経論に説かれていること、また我々がインド等の流行に従う必要がないことを挙げている。

浄土教の教えというものは、価値観の大きな転換である。すなわち、一所懸命に修行して、ようやっと成仏できるものと考えて修行していたものが、そうではなく阿弥陀如来（法蔵菩薩）の本願によって救われるというのであるからである。

倉田百三著「法然と親鸞の信仰」では法然の思いについて、

これまで自分の力で救われようと自分の力から出発していたものが、全然これとあべこべに、仏の願力で救われるということにふと、咄嗟に思い当ったのである。……そうだ。ほかにただ一つ道が残っている。それは仏の願力によって救われる道だ。他力の救済だ。

としている。[107] 仏の智慧と力に感嘆し、根本的な価値観の大転換を感じたということであろう。

とにかく、救われるためにはこれまで修行者が行ってきた厳しい修行などは必要なく、唯々、阿弥陀仏の称名を唱えれば良いというように、いわば極楽へのハードルが一気に下がり、誰でも浄土へ行けるという教えなのであるから、大衆が飛びついたのも無理はない。

浄土教を推進したのは、浄土宗の法然、浄土真宗の親鸞の他、踊りながら念仏を唱える一遍や一向俊聖がおり、これらの人々の活躍により浄土教は民衆の間にも大きな浸透を見せた。

これにより、展望の開けない現世の重要性は減少し、来世の重要性が格段に上昇したのである。その前の時代と比しても戦乱に明け暮れたこの時代の現世は厄災や苦悩に満ちており、現世のリスクレベルが極めて高かった。たとえそれらを神仏に祈って免れることができたとしても、また次の厄災が控えていることは必定だろう。そうであれば来世に望みを託し、西方浄土に往生できるように願うしかない。そう考えれば願いは、「まずは、死に際してあまり苦しまないで済みますように、それから西方浄土に極楽往生できますように」、となるわけである。人々の気持ちとしては、何とかして無事に西方浄土へ往くことができますように、つまり、地獄行きのリスクを最小にして阿弥陀仏のご意向に適いますようにと、善行を重ねようと思うのである。

ところが浄土真宗では、誰でも南無阿弥陀仏の念仏さえ唱えれば極楽往生ができるという。つまりこれまで信じられてきた善行善果・悪行悪果の現世・来世をつなぐ因果応報というのが大原則であったものが、誰でも往生できるということであれば、現世の行いと来世での結果のリンクの大原則は否定されたも同然となってしまったのである。つまり来世で極楽に往けることは保証されて来世リスクは0（ゼロ）となったのである。もちろん、現世の行いにより、極楽の中での待遇等が異なるというのであれば話は別だが、特段そういう話でもなさそうである。日本における浄土真宗のこうした教えは、カルヴァンが唱えた予定説とも通じるところがあり、ヨーロッパ神学者の中には「日本的プロテスタント主義」と呼ばれることもあるとされる。[108]

残るリスクとしては、この新しい教えが本当に正しいのか、つまり教えの通り本当に極楽往生できるのかというリスクである。あるいはこの教えは些か大袈裟で善行が足りなかった場合には地獄に堕ちることがあり得るかというリスク、つまり教えが本当か否か、本当だとしても一部は正しくないのかのリスクである。誰も極楽に往って還ってきた人はいないのだから確証はないわけである。しかしそういう疑いを持つこと自体、阿弥陀如来に帰依していないのだから、信心が足りないということになる。法然も深く本願を信じたのであれば、自身の極楽往生を疑ってはいけないとしている。[109] つまり信じれば必ず救われる、信じない者、教えに少しでも疑問を持つ者は救われないということになってしまう。信じればそのご利益が増すということであり、信者は増加するのである。そして熱心な信者となったわけである。このあたりは、宗教の持つ一つの側面、つまり信じる者の心だけがリスクフリーになってこれにより救済される。一方、信じることができない者は、自分自身で都度判断せざるを得ず、リスクに怯え、苦悩せざるを得ず、救済されない。まさしく、「信じる者は救われる」という循環論理にはまってしまうわけである。

◆為政者の立場から

この教えはこれを心から信じることができた信者にとっては、本当に福音であり現世での生活に光明を与えたに違いない。しかしこの教えを社会で見てみると、善行善果、悪行悪果の因果応報を否定して、社会の、つまり現世の秩序維持、経済繁栄に重要な役割を果たすべき宗教がその役割を果たさなくなってしまうリスクを意味した。これを為政者側から見ると大変な問題で、社会の秩序と国力や防衛力の維持に重要な役割を担ってきた、社会的善への寄与が期待できなくなってしまうのであった。これを為政者が危険視したのは当然であろう。戦国時代以降、各地で一向一揆が発生し各戦国大名も大いに悩まされているが、この背景には、それまでの警察力だけに頼らない、因果応報の宗教の教えによって維持されてきた社会秩序を危うくしかねない性格を浄土真宗が持つことを忘れてはならないであろう。

実際に、加賀では一向一揆勢により、守護に代わり加賀を約百年に亘って支配することとなった。つまり、浄土真宗の教えはそれまで、個人、社会、為政者の因果応報のトライアングルによって維持されてきたシステムを破壊してしまう危険な要素があったのである。室町時代から戦国時代にかけては、それまでの宗教も利用したリスクマネジメントシステムによるパラダイムの危機であったともいえるのであろう。ほぼ同時期のキリスト教宗教改革における、プロテスタント、カルヴァン派の予定説の本来抱えてもおかしくなかった問題と同じような問題があったわけである。

そこで、社会を安定化させるためには、為政者の強力な軍事力を背景にした力が必要になった。その大きな分水嶺としての戦いが大坂石山本願寺と織田信長の戦いであるといえるのではないか。もっとも、信長の場合は、比叡山延暦寺や日蓮宗など他の仏教勢力に対しても弾圧を行っている。そして、その後、力で天下を平定した豊臣政権と徳川政権という強力な政権に引き継がれていくわけである。その支配体制は、もはや必ずしも先の宗教の死生観に依存したトライアングル体制ではなく、封建制度の中での法治主義というべきものであった。そして人々は寺檀制度の下に組み込まれていったのである。つまりこれが日本において中世が終焉して近世が始まったということである。形の上では寺檀制度の中で宗教に厳しく縛られたわけであるが、人々はすでに心の中の全てを仏や極楽浄土に占領されている状態ではなくなっていったのだ。

◆死者との関係

死者と残された生者との関連であるが、かつて死者というのは敬しつつも遠ざけたい、怖い存在であった、つまり現世に祟りや何か良くないことをもたらすのではないかと怖れられたのである。しかし仏教が葬送など一連の行事に深く関わり、輪廻転生、追善廻向、極楽往生などの供養を行うことによって、死者は慰められ、祟るようなことは無いとされた。つまり供養や調伏を行えば死者はそれまでほどには怖い存在ではなくなるわけである。これにより、死者に抱く恐怖心は以前程には大きなものではなくなっていった。

一方、葬儀や供養を行うお寺の側としても、これら儀式を行うことによる収入である布施は重要なものとなり、寺院の維持には不可欠の収入となっていった。つまり、葬式仏教とも言われる現代の姿に経済的にも近づいていったわけである。そこでは死者は先ず、出家し仏弟子となることとされ、戒名が与えられる。そして葬儀で僧侶から引導を渡された霊魂は来世に旅立つ、ということなのである。

このあたりは、諸法無我ということで、生まれ変わる主体としてのアートマンを否定した釈尊の教えには沿ったものではないという見方もあったろう。当時の高僧もそのあたりはしっかり認識していたのかもしれない。しかしながら、在家信者の救済を掲げた大乗仏教への流れがあり、日本という国で戦乱、天災地変、飢饉など死のリスクに溢れた現世への希望を失い、さらに死後への不安を抱えた大衆の強いニーズというものが現に存在したわけである。これに応え、葬式や供養を始めとする死後のことを任せられるのは、仏教以外にはなかったことは十分理解できる。これにより、死後のリスクは仏教へという流れは固まったと言えよう。そして、日本の仏教はそろって死者の成仏の途ということを説くようになっている。

◆寺檀制度と人々への影響

江戸時代になると、キリシタン禁令策の一環として、幕府による寺檀制度が強力に実施され、人々は檀那寺の宗門人別改帳への記載によってキリシタンではないことが証明されることになった。旅行や転居に際してもその証明書である寺請証文が必要とされた。そして、各檀家は自宅に仏壇を置くことを求められ、葬送や法事も所属する檀那寺で行うことが義務付けられた。一方、各宗派の総本山の末寺に対する権限が強化され、系列として従属させた。この本末制度を利用して幕府による総本山を通じた、全国の末寺のコントロールも可能になった。そしてこの寺檀制度は、結局は幕府に、檀那寺の僧侶という民衆管理の出先機関を提供する機能も果たした。つまり、幕府による民衆監視の一翼を担うことにもつながったのである。これらにより、各人は檀家となっている檀那寺との縁は切り離せないものとなった。もしも檀徒が檀家としての役割を果たせないとみなされると、檀徒除名ということになり、宗門人別改帳からも削除され、寺請証文も発行されなくなるので、無宿等となってしまう。檀那寺の力はそれほど強かったのである。したがって人々に信教の自由などはなく、先祖代々信者とされてきた宗派で信者として生きていくしかなかった。

葬儀や法事を檀那寺で行うことが義務付けられ、それが定着した結果、葬儀と仏教との結びつきが決定的なものとなり、その伝統・慣習が現在も連綿と続き、所謂「葬式仏教」となっている。そして各仏教は、たとえば浄土宗や浄土真宗などの浄土教が教えるがごとく、南無阿弥陀仏の称名を唱えれば臨終に際し阿弥陀仏が迎えに来て下さり、西方浄土まで導いて下さるという浄土信仰により、信者の極楽往生を請け合っている。つまり、信仰により死後の極楽往生を約束し、各信者の死後に対する不安や恐怖を和らげるという役割を果たしている。要は死後のリスクマネジメントにコミットし、不安をなくすわけである。その一方で、自ら三十三身に姿をとって、この世の人々の七難を除き、願いを叶えるという観音信仰や成田不動講に代表される現世利益を求める祈りも盛んであった。

日本で広く信仰されている各宗派は、大衆部に連なる大乗仏教の流れにあるものであるが、現在の日本において仏教は人間の生から死への転換、現世から来世への橋渡しを行う役割を果たしているのである。たとえば禅宗の曹洞宗では宗祖・道元は、在家信者の受戒は認めず、また読経、礼拝、焼香などもしなかったとされるが、現在では葬儀では読経を行うなど、他の禅宗教団などとも同じく葬式仏教の一翼を担う存在となっている。そしてそれらは霊魂を現世から来世に引率する安心の旅行産業とも呼べる存在なのかも知れない。つまり、仏教は死後のリスクに関するリスクマネジメントを担っているということができよう。これが葬式仏教とも呼ばれる日本の仏教の現在の姿なのだろう。

これが、二千数百年前にインドで釈尊によって創始された仏教の日本における現状の姿なのである。釈尊が説いたのは、現世は、縁起によってもたらされる各種リスクに晒されており、これによって生じる四苦八苦に代表される苦に満ちている。その苦の原因は煩悩に代表される執着心なのであるから、修行によってこの執着心を滅却せよ、そうすれば心安らかに「現世で」生きることができる、というものだったはずだ。これが現世での幸福というのではなく死後の世界つまり冥土での幸福、すなわち冥福を約束するものに変化したのである。

これらの変化は、時代の衆生のニーズに応えたいという、「融通無碍」な仏教側の努力の結果のものであり、それぞれの仏教人が衆生の抱えるリスクと向き合い、相当な苦心と工夫を重ねて積み重ねられてきたものである。しかしながらこれらを総じてみれば変化という表現で十分なものであろうか。もし釈尊が生き返って日本の現状の仏教の姿を見たら、自分が創始した教えの末裔であるということを、到底にわかには信じてもらえないのではとも思ってしまうのは筆者だけであろうか。

ともかくこれにより、〇〇家之墓というように、特に明治期以降主流となり、現在でも多くの墓に見られる家の墓の概念が定着した。このことは、戦前まで日本の社会の根本ともいうべき家制度の概念ときれいに一致したわけである。子孫は檀那寺にある祖先の墓に定期的に墓参し、自分もいずれはその檀那寺のその墓か、あるいは同じ境内に建てる新たな墓に入り、子孫からの定期的な墓参を期待することができるようになったのである。つまり、もう一つ言えば、日本古来の祖霊信仰の形にもきれいにはまったのである。だから、しっかりと根付いたのは当然であった。そして、火葬して墓のカロートに先祖の遺骨を納めた現代主流の家の墓が定着するようになる。

戦国時代には、別に信仰の自由が保障されていたというわけでは全くなかったが、それでも人々は仏教の中では必ずしも親と同じ宗派を信じる義務はなかった。そのためいろいろな宗派間で信徒の移動が行われていたし、キリスト教に改宗することさえ可能であった。それが江戸時代になると寺檀制度により宗派の移動さえままならなくなったわけである。つまり、家の信仰をそのまま引き継ぐしかないわけで、宗派間の移動がない。

このため、宗派側としても新規の信徒の獲得つまり、布教活動というすべての宗教が一貫して行ってきた活動を行う必要が消失した。

宗教の本能ともいうべき布教活動への意欲を消失した宗教というのは、教学を磨いて新たな信徒を獲得する必要や逆に他の宗教・宗派の攻勢から自派の防御をする必要がなくなる。新たな宗教・宗派の勃興や衰亡という観点からすれば、江戸時代というのは形の上では寺檀制度という宗教を活用した治世が続き仏教全盛にも見えるが、実のところは停滞期あるいは衰亡期だったのではないか。寺檀制度が求めたものは、個人の内面の信仰ではなく、葬儀や供養の実践であり、たとえそれらが本来の信仰告白等の要素を持っていたとしても外形的なものに留まったからである。それまで、明日をも知れぬ戦乱の時代において、宗教に救いを求め、また縛られてきた日本人の心が、平和と安定の時代にあって、宗教というものを少し離れたところから見ることができるようになった。そして、「合理性」という自ら考え判断する基盤を徐々に身に付けていった日本人の精神の近世の始まりだったのではないか。つまり、幕府から押し付けられた寺檀制度という硬直的な体制が却って日本人の心の深い所での宗教離れを起こさせ、精神的な近世を招いたのであろう。

その中で、人々と宗教との関係も大きく変化した。人々にとって仏教とは代々家で信徒ということになっているから自分も信徒ということになっているだけで、「坊さんの講話はよく聞くけれども、他の宗派に移れるわけでもないし、しっかり勉強しようとか、宗派による教義の違いなどを勉強しようとは思わない。まあ、せいぜい常識として、近所の宗派の異なる人々とも話は合わせられるように、仏教の共通点くらいは学んでおくか」くらいの所が本音だったのではないか。これによって、日本人の考え方も神仏を絶対のものとするわけではなく、合理性つまり理性・論理によって判断する近世が始まったものと言えよう。つまり宗教としての仏教ではなく、習俗や教養としての仏教に変わっていったのである。正確に言えば、家の習俗としての神道および仏教のコンビネーションに変わっていったのである。これによって現代の「日本的宗教システム、神道と仏教の習俗システム」というのが形作られたというべきなのであろう。

その、支配システムとしての寺檀制度がなくなった時、つまり明治政府が成立して神仏分離令が出された時に、人々の檀那寺に対する鬱積した思いが暴発したのが廃仏毀釈運動なのであろう。

⑷ 現代日本人の信仰

新年になれば、多くの日本人は初詣に訪れる、越年の列島風景を報じ、除夜の鐘や善男善女の寺社への参拝を伝えるＮＨＫ「ゆく年くる年」では、真夜中であるにもかかわらず、新年真っ先に参拝を競う信者たちの様子を伝え、テレビ画面でもその熱気が伝わってくるようである。まるで大晦日の二四時を以って、その年に祈願したご利益の期限がすべて切れ、越年した瞬間にその効力が及ばないと考えるのであろう。その空白期間をできるだけ短縮するため、あるいはご利益を切らさないためというように、なぜか多くの人が元旦の朝が来るのも待たずに、初詣に出かけ新年が良い年でありますようにと祈願する。

この祈願の中にリスクと神との典型的な姿を見つけることができる。人々の祈りは、

- 家内安全：家、家族に事故など起こりませんように
- 厄除け：災害、火災、病気その他の厄災に遭いませんように、厄年に災難が降りかかりませんように
- 病気平癒：罹ってしまった病気が治癒し、重篤・死に至ったりしませんように
- 五穀豊穣：農作物が豊作となりますように
- 学業成就：よく勉強し、成績が下がったりしませんように
- 合格祈願：試験に合格しますように
- 安産祈願：無事の出産および母子ともに健康でありますように
- 商売繁盛：商売がうまくいき、倒産したりしませんように

等々であるが、参拝する人が抱えているさまざまなリスクが良い方へ向かい、望まない結果を招かないようにと、神様にお願いするわけである。どちらに転ぶか分からない、確実な見通しができない事柄について、自分にとって好ましい方向へ事態が運んでくれることを祈るわけである。

こういうリスクについての祈願を初詣という形で、できるだけ早く元日に、あるいは三ケ日の間に済ませようということで、おそらく過半の人がそういう一年のご利益を求めて近隣や有名な寺社を訪れる。調査によると、三ケ日の参拝客の多い寺社は、いずれも関東で、明治神宮、成田山新勝寺および川崎大師の順でいずれも三〇〇万人を超えているとのことである。ということはこの三カ所だけで少なくとも九〇〇万人が参拝したことになる。一都三県からなる南関東の人口は、三七〇〇万人とされているのでこれらの人々のうち四人に一人がこれらの三つの寺社で初詣を行ったということになる。そういう善男善女が正月の三日間でお参りするわけである。

そして、お参りの甲斐あって念願がかなった場合には、奇特な人はお礼参りに参拝する。「お蔭様でお願いしましたことは念願いたしました通りになりました。お礼申し上げます」というわけである、そして賽銭なども弾むであろう。

現代の日本人は、正月の初詣に始まり、数々のお祝いや祈願は神社で行うものの、神社で死後、来世での幸福や死者の冥福を祈ったりすることは少ない。もちろん神道式の葬儀などの例外はあるが、葬儀やお墓も含めて死後の世界は仏教つまりお寺さんの方の守備範囲という意識が強い。そして、亡くなった瞬間に枕経、お通夜、葬儀・告別式、初七日、各七日、七七日、一周忌、三回忌……と死後は延々と仏教である。

つまり、日本人は基本的には現世のご利益は神道に、来世に関しては仏教へと担当分野を分け、役割を分担させてこの二つの宗教の信者となっている。その役割分担が極めて自然な形で定まっており、それが日本人全体とは言わないけれども多くの人にとっては、親戚縁者の共通認識になっている。そこから、いろいろな行事もスムーズに執り行われ、当然ながら日常の宗教生活もスムーズに運営されているわけである。

しかしながら、これは宗教への信仰の在り方としてはおかしいと言わざるを得ないのであろう。あるいは、日本人の多くは正しい意味では仏教、神道いずれについても「信者」ではないのかも知れない。神や仏を本当に信じているわけではなくても、両親、祖父母がかつて当然のようにしていたことを習俗として初詣を行い、幸運を祈願し、また仏教で死者を悼み、冥福あるいは自身の来世での幸福を祈っているだけなのかもしれない。冥福、来世での幸福については、本来で言えば仏教の来世観を信じることが前提となるはずではある。しかしながら多くの日本人はそのようなことは意識せず、あるいは来世というものを本当は信じてはいないものの、もし本当にあったとした場合には、故人となった家族や親しい人あるいは本人の来世での幸福を祈るという程度ではないであろうか。ひょっとしたら、古くからの祖先崇拝の方が近いのかもしれない。

先祖から伝えられた習俗だからそれに従うというのはどういう事だろう、幼少のころから親に連れられて参詣する、幼い子供はその意味は分からない。ただ親から手を打って「いい子になりますように」とお祈りしなさいと教えられる。あるいは、この仏壇に入っているのは、ひいおばあちゃんなのだから「見守ってください」と手を合わせて「のんのさん」と「チーン」をしなさいと教えられる。子供は親の言う通りにするが、やがて親にその訳を尋ねる。親は神様、仏様について、あるいはひいおばあちゃんがどんなに優しい人だったかをやさしく教える。子供は親の説明で目に見えないもの、声が聞こえない不思議なものがどこかにいて自分を見ているという、よく分からない話を聞くことになる。隣の〇〇君とか、保育園の先生とか、テレビで見るキャラクターとか、おもちゃのように、目に見えたりする具体的なものではないため、子供にはなかなか理解できない。よく分からないままの宗教体験は成長の過程でも時々経験するが、他の自然、社会、芸術の世界などは学校で教えてくれ、あるいは自分で調べたりして幼少期から抱えていた疑問は一つ一つ解消されていく。しかしながら宗教に関する疑問については、見えないもの、聞こえないものあるいは感じられないもの（人によっては感覚で捉えられることがあるのかも知れないが）については解消されないまま大人になって、多くの人にとっては一生解消されないのかも知れない。

10 中国の宗教

中国においては、共に紀元前七〜五世紀の「枢軸時代」に始められたとされる道教、儒教、仏教の三教が混在しており、多くの中国人にとってはその教義も補完的とされ、現代においてもこの三教が習合的に混淆している。

◆殷代・周代の宗教

紀元前一三〇〇〜一〇四五年頃の殷の時代、漢字の原型とされる甲骨文字を使って卜占が行われた。牛骨か亀の甲に文字を彫って、これを火で炙りそれによるヒビの入り具合によって王が神の意思を伺った。この神というのは上帝とか天帝とかと呼ばれる天であった。幸い、文字の刻まれた甲骨自体が一〇万点以上も発掘されたので、王がどんなことについて天に伺っていたのかが判明している。[110] 頻繁に占われた事項は、軍事行動の吉凶、天候、農作の豊凶、病気、出産の見通し、旅行や狩行の吉凶、生贄の良否、夢の吉凶等とされる。

つまり、卜占で問われたのは、国の政治・軍事や経済に関することおよび王ならびに王家の重大事であった。吉凶など将来どちらに転ぶか分からない重大なリスクについて天の意思を伺ったのである。重大なリスクに対する対処方針については甲骨の割れ方で決めたのである。この時代もさまざまなリスクが人々の頭を悩ませていたことが分かる。したがってこの宗教は、国家的な宗教であり、私的なものではなかったし、いずれにせよ現世についての願いを叶えてくれる助力を神に願ったということである。

殷を滅ぼしてうち立てられた周は封建制を敷き、名目的には約八〇〇年続いたとされる。周王朝では、殷の上帝と類似した存在の「天」を崇拝し、王は「天子」と呼ばれるようになった。この周王朝の成立により中国の古典文明は成立したとされる。この時代に儒家、道家、法家など諸子百家と呼ばれる多様な思想が出現した。

初期周王朝の王である、文王、武王、周公などは徳の高い人物で理想の治世を行ったとされ、その後も中国の統治者のモデルとされた。天は徳を重視する神格であり、徳の高い周の王により殷を討たせたとされ、これは天の命令、「天命」とされた。これが、統治する王朝の徳が衰えたときには、新たな家系のものが王朝を興して統治するという、後代の「易姓革命」の思想にも結び付いていったものとされる。

　春秋期にまとめられた「春秋左氏伝」には「国之大事、在祀与戎」とあり、周王朝においては祀と戎が重要であるとしていたことが分かる。戎は軍隊や武器であるが、祀は祭祀であり、祖霊や天神地祇に対する祭祀である。もちろん祀《まつり》は政《まつりごと》にも通じる言葉であるが、それくらいに祭祀が重要視されていたということである。[111]ただし、一般の人々にとっては、天もさることながら、多様で身近な神々や亡霊、悪魔、神霊が信じられていたようである。そして個人・家族の幸福を願って、供物、供犠、卜占などを含む儀礼が行われたものとされる。そして、現世における幸福が祈られた。

◆儒教

　儒教の創始者である孔子は、紀元前五五一年に魯で生まれた。孔子は、仁、義、礼、智、信の五常（五徳）などの徳目を備え、実践することを説き、それらの中でも「仁」すなわち、他人を思いやることを最高の道徳としている。この仁は、「人を愛すること」や「克己復礼」つまり、「自己に打ち克ち他人に対する礼を重んじること」とされる。[112]『中庸』のうちに「仁、人也」（仁は人なり）というのがあり、すなわち仁をもって人の人たる所以と解するのであろう。ジョセフ・A・アドラーはその著「中国の宗教」で「仁」を、「ヒューマニティー」（人間らしさ）と英訳すべきものだとしている。[113]

　ただし、論語に「孝悌なるものは、それ仁の本なるか」とされている通り、家庭道徳を根本としており、仁の内容をなす「愛」は普遍的な愛というのではなく、まず近く、つまり自分の父母兄弟を愛し、しかる後に他人の父母兄弟に及ぼすというもので、必ずしも平等愛ではない。儒家に反対の立場をとった墨家からすれば、これは平等愛でなく、「差別愛」だとされた。そして、孔子はやむを得ない場合には、法を破ったり、国家統制に背いたりしても家庭道徳を全うすべしとも説いている。[114] 現在でも、中国人は社会正義とか社会福利とかいうのではなく、父母兄弟など身内への利益を第一に考える傾向があるとの指摘もあるが、この儒教の教えに端を発していると考えることもできよう。

「義」は、私欲を捨て道理をわきまえた正義である。「礼」は、儀式上の正しい所作や社会秩序に従って尊敬を示すこと、「智」は知識を備え物事の道理をわきまえること、「信」は約束を守り、言を違えないことである。そして王や諸侯などの支配者はこれらの徳目を重視して天下を治めるべきであるとした。

孔子没後もこの教えは発展を遂げ、孟子では、支配者に求められるものとして、覇道ではなく王道を説き、「民貴しとなす、社稷これに次ぎ、君軽しと為す」と説いたように、民のことを第一に考える政治を理想のものとした。荀子は、人間はそれほどの能力もない一方で、際限のない欲望を有しており、そのため争乱を起こしがちだが、社会を構成しているから何とか秩序を維持し自然界を制している。したがって、社会機能維持のための「礼」を重視すべきである、と説いている。

秦の始皇帝の時代には法家以外の思想が否定され、儒教は焚書坑儒と呼ばれるような弾圧を受けたこともあった。次の漢の時代には、当初は道家の流れが優勢な時代もあったとされるが、武帝の時代以降は儒教が重視され、やがて国教となった。以降は紆余曲折を繰り返しながらも各時代の王朝の統治に際しての精神を律する教えの主流として重要な役割を果たした。特に、中国のエリート階級である、士大夫階級やそれを目指し科挙を受験する場合には、論語、孟子、孝経などをはじめとする儒教の十三経については、全てをそらんじ、かつ自由にこれを応用する能力が必須とされた。したがって、実際に世の中を動かす上級役人などの間では、儒教は常識であり、不可欠の教養だったのである。したがって儒教の考え方は、このようなエリート層のみならず、一般庶民の道徳観や価値観にも極めて大きな影響を及ぼしてきた。

◆道家と道教

現代の中華圏で盛んに信仰されている宗教としての道教は老子、荘子といった道家の哲学と古くからの民俗宗教が後に結びついて宗教として成立したものである。道家の祖とされる老子は諸説あるものの、孔子とほぼ同時代の人ともされ、[115]「道徳経」で「道」について説き、無為自然の道を説いている。また、「禍《わざわい》は足るを知らざるより大なるはなく、咎《とが》は得んことを欲するより大なるはなし」とか、「足るを知れば辱しめられず、止まるを知れば殆うからず」など、貪欲、欲望の追求を諫めた。さらに欲望は知識を持つことによって生じるものであるから学問を否定して、「学を絶てば、憂いなし」とか「聖を絶ち、智を棄つれば、民の利百倍す」などと無欲とともに無智も説いている。

一方、荘子は紀元前四世紀頃に実在した人物であると見られている。無為自然を求め人為を嫌う所に特徴があり、俗世間を離れ自然に従って無為に生きることを説いた。また社会的に有用の人材となるよりは、無用の人間となって無為自然の人生を送ることを説いた。荘子は「生とは仮宅であった、暫くこの地に留まるのみで、やがて真宅に帰らねばならない」とし、死をもって初めて真の安息を得ることができるものとしている。

時代は下るが晋の時代に、世間を離れ竹林に住み、儒教的な思想に反感を抱いて、清談を行ったとされ、阮籍に代表される「竹林の七賢」はこの荘子の思想の影響を受けているともされる。

この道家の思想というのはリスクマネジメントの見地からすればいかように評価されるのであろうか。まずは無為に生きよと説くということは、そもそも何らかの目標を立てたりするのではなく、無欲に争わずに生きよということである。そもそもリスクというのは目標の達成に影響を与える可能性のある不確実性と定義するのであるから、そもそも生き方の中にリスクが発生しないということが言えるのであろう。何かが起こっても、影響を受けるべき目標というのがないのだから、「ああ、そうか」というくらいで済んでしまう。もっとも命に危険が生じた場合にはそれなりに本能的な恐怖や不安を感じたりするのかもしれないが、それは修行が足りないということなのだろう。そして、「有為な人材にはなるな、社会的に無用の人材でいい」と言っているわけだから、他人にその命を狙われたりすることもなく、また財への執着もないことであるから、財産を盗まれる可能性も低いわけである。したがって治安が悪く、荒廃した世の中にあっては危害を加えられるリスクも少なくなるわけである。その上、「この世界は全て苦痛に満ち、死のみが唯一の安息所なり」というくらいだから、死そのものも喜んで受け容れるというわけである。通常のリスクマネジメント概念とは異なるけれども、そもそもリスクというものを滅却させてしまう究極のリスクマネジメントということもできよう。目標というものを掲げず志も持たないわけだから、リスクは消滅し、それを怖れたり怯えたり心配することは無い。つまり釈尊が説いた「苦」からの解放にもつながるわけである。

しかしながら、このような思想が一般庶民に浸透するというのには大きな問題が発生することは容易に理解できる。一般庶民の日々の生活というものは、労働を行って家族を養い、子供を育て、そのうえで租税の負担を求められており、社会から求められるこれらの義務から逃れることはできないからである。

二世紀に華北で張角が、南華老仙という仙人から伝えられたとする「太平道」の教えに基づき、後漢王朝に対し叛旗を翻すが、これが「黄巾の乱」である。さらにこれより少し早く、張陵が創始し、信者に五斗の米を奉納させたことからその名がある五斗米道は、農民を中心とする民衆に浸透して大規模な乱を起こすまでになった。これらの新興宗教の流れは、老子や荘子が興したとされる道家思想と合流し、道教として知識階級の間に浸透していった。張陵は病気を治すことでも有名であったとされ、本人や祖先の罪と病気を結び付けて、その罪を清めて病気を治療するとした[116]。

また、古くから神仙養生の術というものが信仰されており、不老不死を希求する秦の始皇帝や漢の武帝もその信者であったとされる。神仙養生で長寿をめざす、この神仙思想もこれらの流れに合流し、そして遂には、道家の元祖とされる老子を超自然の神格とする宗教として成立したのが道教である。つまり、道教は、多神教であり、神仙思想と結びついており、信仰し実践すれば不老不死に至るとされる、呪術的要素の強い宗教である。この教えは、道家思想の流れである人為的なものを排し、無為を追求し、無為の中に生きる哲学的な老荘思想という面をまず大きな柱としている。これと、陰陽思想など、中国古来の民間信仰と結びついた民衆の宗教としての道教が成立した。

道教は、精神生活だけでなく生活全般にかかわるが、特に不老不死を希求することから肉体を健康に維持し長寿を得る方策を提供する。このため道教は中国で独自に発展した鍼灸、気功など東洋医学に結びついた医術や現在の漢方薬につながる薬学など、現在の東アジアでの伝統的な健康法の多くにも結び付いており、まさしく中国の民衆に深く浸透した宗教であるといえる。

◆仏教

後漢の第二代明帝の夢に仏陀が現れて、それにより仏教が求められ、伝来したとの伝説がある。そして都である洛陽に白馬寺が建立されたといわれる。

仏教は伝来した後漢の時代には既に教理や経典を確立しており、知識階級などに新思想として受容されたとされるが、宮廷での信仰が中心で一般社会にはほとんど浸透していなかった。

後漢代の末から三国時代を経て、五胡十六国時代へと戦乱が続く時代へとなっていく。五胡は、鮮卑・匈奴・羯・氐・羌であり、中原は漢民族ではない北方系の異民族によって支配されていたわけである。それらの異民族は既に仏教の影響を受けているものも多かった。王朝も短命なものが続き、仏教が教える諸行無常の方が、儒教の建前論や道教の無為自然というより訴えるものは多かったのであろう。仏教はこの頃から中国にしっかりと根を下ろしたとされる。特に北魏では孝明帝の保護を受け、インドから仏典を取り寄せたほか、首都の洛陽には五百を超える寺院が建立されたとされる。この頃は、鳩摩羅什・安世高・仏図澄など、インド・西域から著名な僧が中国に渡った。さらに中国からも、法顕をはじめ多くの僧がインドに旅し、多くの仏典を中国にもたらした。その結果、インド仏教が中国でも盛んになった。

その後、隋により中国が再統一される時代になって、仏教が盛んとなり、智顗が天台宗を創始するに至り、中国において創造された仏教が開始された。これを嚆矢として、唐代には相次いで中国仏教が創始されることとなった。吉蔵による三輪宗、慈恩による唯識宗、法蔵による華厳宗、善導による浄土宗、道宣による律宗、神秀・慧能による禅宗と、多くの宗派が興され隆盛して、中国の仏教史上において最も仏教が隆盛した時代であったとされる。そしてこの時期に遣唐使として、多くの留学僧が日本から派遣され、日本においても仏教の隆盛に結びついている。そして玄奘三蔵がインドから帰朝して多くのサンスクリット経典を漢訳して普及に努めた。これにより唐帝室の信頼も大いに高まったとされるが、その信頼をもってしても道教の優先性を覆すことはできなかったとされる。

◆中国の民間信仰と死生観

相田洋は、「中世史講座第9巻」中に「中国中世の民間信仰」として、南宋の洪邁が、民間の奇聞等を集めて編集した、「夷堅志」の記述を紹介している。この書は話の伝来の経路を明示するなど、当時の民間伝承等を知るには信憑性の高い編集方針を採用したとされている。それによれば、

旧中国では、この人間世界は、それだけが単独で孤立しているとは考えられてはいなかった。光があれば、陰があるように、この人間世界（今、仮りに陽間世界と呼んでおく）の背後に、神々の世界（陰間世界と呼んでおく）が存在すると考えられていた。そして、この陽間世界では、家には家長が、村には村長が、県には県知事が、都には大臣や皇帝がいるように、陰間世界にも、陽間の家長・村長や県知事等に対応した神々が存在し、これら陰陽の世界が一体となって、この世（此岸世界と呼んでおく）の秩序が維持されている、と考えられていた。

としている。[117]

つまり、現世と来世は陽と陰や表裏の関係と同じく、いわば現世の社会と同じような成り立ちの社会が来世にも存在し、そこでは現世と同じような官僚による統治社会が存在しているとの来世観である。

一番身近な神が灶（かまど）神で、この神はその家の保護と監視とされ、年末には昇天して一家の行動を上司である天の司命の神に報告するものとされた。

次に土地神があり土地の守護神とされ屋敷から役所、寺院なども守護していたようである。

集落、村の守護神となると社神と呼ばれ、その源流は原始の時代まで遡るとされる。古代において、社は村落の共同祭祀の場であり、そこで祭りも行われた。神様の間でも仁義というのはあったようで、疫病神が村に着いたら、まずはそこの社神の所へ挨拶に行くとされている。また社神が疫病神の化身の牛鬼と戦って村を救う話など村の守護神としての役割を果たす話もある。

規模が大きい都市となると守護神も城隍神となる。城隍神は比較的遅い登場とされ、唐代後半に各地に広まったものとされる。城隍神は現世の地方官僚、つまり生きている現役地方官僚と協力して管区内の住民を監視するものとされていたらしい。

そして、これらのヒエラルキーの上に君臨する神が東嶽神と呼ばれ、泰山に鎮座して、灶神、土地神、社神、城隍神などを統括する役割を担う存在とされる。それと共に、それぞれの神から年次の報告で受け取った、各々の人間が行った善行や悪行を記録した帳簿である善簿と悪簿がある。人は死ぬとその魂は泰山に連行され、その両帳簿の記録に基づいて審問され、善行と悪行を比較衡量されて審判が下るというわけだ。この審問により寿命が延長されたり再生したりすることもあり得ると考えられていたようである。

一方、別の話では、人が死ぬと魂は連行され、現世と地獄の境の河にかかる橋のたもとに着いて、善行が多かったものはこの橋の上を渡って地獄へ入れるが、悪行が多かった者は川の中を行かねばならないとされる。この橋の話は、ゾロアスター教で説くチンワト橋の話とよく似ており、おそらくその影響であろう。河を渡った先の地獄には現世と同様の街並みや市場もあり、魂は閻羅王の待つ宮殿に連行され、そこで裁きを受けるとされる。そこにも善簿と悪簿が備えられており、これに基づいて決定される。罪の軽重に応じて各種の地獄行きが決まり、責め苦が行われる。善人は地上に再生したり、天上に昇ったりするものとされる。

天界には最高神がおり、万物の支配者であるとされる。夷堅志では、この最高神を上帝とか玉皇と呼んでいる。この最高神の下に地上と同じ、天の役人機構があり、天界、地上界と地獄が統治されているとする。

このように中国の民間信仰においては、他の世界宗教の影響も受けた結果、善行善果・悪行悪果の現世・来世に亘る因果応報システムというものが構築されており、これにより社会が機能していたということができるのであろう。しかしながら、死後の世界までが見事に現世との裏返しの官僚による統治社会として構成されており、これは中国人が古くから持っている、世界を構成する体制はこのような官僚機構により廻っている、という観念の裏返しなのであろう。灶神から城隍神に至るまでの住民の監視と中央への報告というのは、現代中国の監視カメラに代表される監視社会を彷彿とさせる。中国の人はこのように古代から監視と中央統制に慣れているということだろうか。そして、裁きで善人の場合には地上への再生もあり得るとされ、死後の社会まで官僚化されていることは、現世肯定の強い価値観の反映ともみられよう。また、さらに道教の究極の目標は不老長寿であるとされる。これらを総合して考えると、中国人の価値観の根底は現世肯定であり、現世が第一で、現世でのご利益を願うというのがまず優先で、これが願いの大宗を占め、これに付随して来世における幸福を願ったものと考えるべきではないだろうか。

注

1 ユヴァル・ノア・ハラリ著「サピエンス全史　文明の構造と人類の幸福」河出書房新社　２０１６年　24－25頁
2 関雄二編「古代文明アンデスと西アジア　神殿と権力の生成」朝日新聞出版　２０１５年　42－43頁
3 小林登志子著「古代メソポタミア全史」中公新書　２０２０年　４－６頁
4 Ｈ・Ｊ・ベッカー著「古代オリエントの法と社会」ヨルダン社　１９８９年　24－27頁
5 ジャン・ボテロ著「最古の宗教　古代メソポタミア」法政大学出版局　２０１３年　70－71頁
6 Anton Daimel, "Pantheon babylonicum Nomina deorum e textibus cuneiformibus excerpta et ordine alphabetico distributa adiuvantibus Romeo Panara, Ios. Patsch, C.SS.R." 1914, pp. 41-264
7 ジャン・ボテロ著「最古の宗教　古代メソポタミア」法政大学出版局　２０１３年　４－10頁
8 ジャン・ボテロ著「最古の宗教　古代メソポタミア」法政大学出版局　２０１３年　４－10頁
9 ジャン・ボテロ著「最古の宗教　古代メソポタミア」法政大学出版局　２０１３年　３４２－３４３頁
10 ヘロドトス著「歴史」新潮社　１９６８年　１００－１０１頁
11 和田浩一郎著「古代エジプトの埋葬習慣」ポプラ社　２０１４年　20－21頁
12 大城道則著「ツタンカーメン王墓にみる古代エジプトの死生観」（大城道則編「死者はどこへいくのか――死をめぐる人類五〇〇〇年の歴史」）河出書房新社　２０１７年　66－97頁
13 石上玄一郎著「エジプトの死者の書」第三文明社　１９８９年　94－２３１頁
14 大城道則著「古代エジプト死者からの声」河出書房新社　２０１５年　94－１０４頁
15 メアリー・ボイス著「ゾロアスター教　三五〇〇年の歴史」講談社　２０１０年　46－52頁
16 Ｅ・バンヴェニスト、ゲラルド・ニョリ著「ゾロアスター教論考」平凡社　１９９６年　16－21頁
17 Ｐ・Ｒ・ハーツ著「ゾロアスター教」（シリーズ世界の宗教）青土社　２００４年　20－29頁

18 青木健著「新ゾロアスター教史」刀水書房　２０１９年　41−44頁、１９８−２０１頁
19 メアリー・ボイス著「ゾロアスター教　三五〇〇年の歴史」講談社　２０１０年　70−76頁
20 青木健著「新ゾロアスター教史」刀水書房　２０１９年　41−44頁、１９８−２０１頁
21 カール・ヤスパース著「歴史の起原と目標」（「ヤスパース――ワイド版世界の大思想」）河出書房新社　２００５年（１９５０年刊）10−65頁
22 伊藤邦武等著「世界哲学史１――古代Ⅰ　知恵から愛知へ」筑摩書房　２０２０年　27−29頁
23 ジョン・ヒック著「宗教の哲学」筑摩書房　２０１９年　19−47頁、２７５−２８１頁
24 加藤隆著「旧約聖書の誕生」筑摩書房　２００８年　２０３−２３１頁
25 G・シュテンベルガー著「ユダヤ教――歴史・信仰・文化」教文館　２０１５年　33−39頁
26 市川裕著「宗教の世界史７　ユダヤ教の歴史」山川出版社　２００９年　11−25頁
27 ジョン・ロック著「キリスト教の合理性」岩波書店　２０１９年（原書は１６９５年刊）16−17頁
28 小原克博著「一神教とは何か――キリスト教、ユダヤ教、イスラームを知るために」平凡社　２０１８年　64−89頁
29 ミルチア・エリアーデ著「世界宗教史［Ⅰ］」(Histoire des croyances et dés idées religieuses, 1976) 筑摩書房　１９９１年（１９７６年刊）３９２−３９３頁
30 市川裕著「ユダヤ人をユダヤ人にしたもの」（宮本久雄、大貫隆編「一神教文明からの問いかけ――東大駒場連続講義」）講談社　２００３年　１１５−１２３頁
31 月本昭男著「旧約聖書にみる埋葬と他界観」（大城道則編「死者はどこへいくのか――死をめぐる人類五〇〇〇年の歴史」）河出書房新社　２０１７年　27−30頁
32 小原克博著「一神教とは何か――キリスト教、ユダヤ教、イスラームを知るために」平凡社　２０１８年　77−91頁
33 大澤武男著「ユダヤ人とローマ帝国」講談社　２００１年　84−86頁
34 臼杵陽著『「ユダヤ」の世界史』作品社　２０２０年　１２８−１２９頁
35 ハンナ・アーレント著「全体主義の起原　反ユダヤ主義」みすず書房　２０１７年　44−61頁
36 松村一男著「ギリシア・ローマの死生観と死後世界」（大城道則編「死者はどこへいくのか――死をめぐる人類五〇〇〇

年の歴史」）河出書房新社　２０１７年　38－57頁
37　小川英雄著「ローマ帝国の神々」中央公論新社　２００３年　21－１３２頁
38　スチュアート・ペローン著「ローマ神話」青土社　１９９３年　12－52頁
39　ミルチア・エリアーデ著「世界宗教史［Ｉ］」（Histoire des croyances et dés idées religieuses, 1976）筑摩書房　１９９１年（１９７６年刊）２１０－２７７頁
40　辻直四郎訳「リグ・ヴェーダ讃歌」岩波書店　１９７０年
41　元駒澤大学学長池田練太郎の講義資料による解釈
42　水野弘元著「パーリ語辞典」春秋社　２００５年
43　ダライ・ラマ十四世・テンジン・ギャッォ著「菩提心の解説」大蔵出版　２０１５年　33－34頁
44　中島巖編「基本梵英和辞典」東方出版　２０１１年
45　加藤茂孝著「人類と感染症との闘い」モダンメディア掲載　二〇〇九〜二〇一九年掲載
46　中村元編著「仏教経典散策」KADOKAWA　２０１８年（東京書籍　１９９８年）48－61頁
47　アダム・スミス著「国富論　上」講談社　２０２０年（１７７６年刊）６４９－６７８頁
48　池田練太郎　講義資料
49　マックス・ヴェーバー著「ヒンドゥー教と仏教」大月書店　２００９年　３２８－３２９頁
50　桂紹隆・五島清隆著「龍樹『根本中頌』を読む」春秋社　２０１６年　１７４－２１６頁
51　中村元編著「仏教経典散策」KADOKAWA　２０１８年（東京書籍　１９９８年）１１４－１３６頁
52　植木雅俊著「法華経とは何か」中央公論新社　２０２０年　２４７－２４９頁
53　ひろさちや著「〈法華経〉の世界」佼成出版社　２０１４年　３７７－３９４頁
54　末木文美士著「浄土思想論」春秋社　２０１３年　35－１２２頁
55　中村元著「『リグ・ヴェーダ』における人間観」（前田専学編「東洋における人間観　インド思想と仏教を中心として」）東京大学出版会　１９８７年　５－25頁
56　森本達雄著「ヒンドゥー教――インドの聖と俗」中央公論新社　２００３年　３２６－３３３頁

57 森本達雄著「ヒンドゥー教――インドの聖と俗」中央公論新社　２００３年　３３４－３５５頁
58 中村元著「ヒンドゥー教史」山川出版社　１９７９年　84－87頁
59 赤松明彦著「古代インドにおける世界と魂」（伊藤邦武等編「世界哲学史１」）筑摩書房　２０２０年　１４０－１５８頁
60 森本達雄著「ヒンドゥー教――インドの聖と俗」中央公論新社　２００３年　90－１１５頁
61 森本達雄著「ヒンドゥー教――インドの聖と俗」中央公論新社　２００３年　90－１１５頁
62 クシティ・モーハン・セーン著「ヒンドゥー教――インド三〇〇〇年の生き方・考え方」講談社　１９９９年　10－１４３頁
63 大澤武男著「ユダヤ人とローマ帝国」講談社　２００１年　10－１５３頁
64 鯖田豊之著「中世ヨーロッパの死生観」（木村尚三郎等編「中世史講座第９巻――中世の生活と技術」）學生社　１９９１年　２２５－２３８頁
65 ミシェル・ヴォヴェル著「死とは何か　上」藤原書店　２０１９年　66－１５１頁
66 トマス・ア・ケンピス著「イミタチオ・クリスティ」講談社　２０１９年（原書は１４１８年頃刊）
67 ウォルター・シャイデル著「暴力と不平等の人類史」東洋経済新報社　２０１９年　４０６－４８３頁
68 マックス・ウェーバー著「プロテスタンティズムの倫理と資本主義の精神」日経ＢＰ　２０１０年　４８５－４９３頁
69 アダム・スミス著「国富論　上」講談社　２０２０年（１７７６年刊）６４９－６７８頁
70 ヘルマン・テュヒレ他著「キリスト教史６――バロック時代のキリスト教」平凡社　１９９７年　２４９頁
71 ピーター・バーンスタイン著「リスク」日本経済新聞社　１９９８年　61－１３５頁
72 カレン・アームストロング著「イスラームの歴史」中央公論新社　２０１７年　１－41頁
73 松山洋平著「イスラーム神学」作品社　２０１６年　１３６－１３９頁
74 中村圭志著「聖書、コーラン、仏典」中央公論新社　２０１７年　１４３－１４５頁
75 菊地達也著「イスラム教における死生観と死後の世界」（大城道則編「死者はどこへいくのか――死をめぐる人類五〇〇〇年の歴史」）河出書房新社　２０１７年　１０４－１３１頁

76　松山洋平著「イスラーム神学」作品社　２０１６年　３５８－３６１頁

77　富田健次訳「イランのシーア派イスラーム学教科書」明石書店　２０１２年　60－91頁

78　松山洋平著「イスラーム神学」作品社　２０１６年　４０２－４０４頁

79　飯山陽著「イスラーム教の論理」新潮社　２０１８年　１２６－１７７頁

80　正木晃著「宗教由来の倫理は科学の倫理に応用できるか？」（公益財団法人日本科学協会編「科学と倫理」）中央公論新社　２０２１年

81　ワーイル・ハッラーク著「イジュティハードの門は閉じたのか」慶應義塾大学出版会　２００３年　３－10頁

82　岡田康博著「三内丸山遺跡」同成社　２０２１年　35－88頁

83　佐賀市教育委員会発行「縄文の奇跡！　東名遺跡――歴史をぬりかえた縄文のタイムカプセル」２０２０年

84　山田康弘著「つくられた縄文時代」新潮社　２０１５年　66－１１９頁

85　渡辺誠著「よみがえる縄文の女神」学研パブリッシング　２０１３年　１１２－１８１頁

86　設楽博己著「日本先史時代の人々は、死者をどのように扱ったのか」（大城道則編「死者はどこへいくのか――死をめぐる人類五〇〇〇年の歴史」）河出書房新社　２０１７年　１５５－１８６頁

87　設楽博己著「日本先史時代の人々は、死者をどのように扱ったのか」（大城道則編「死者はどこへいくのか――死をめぐる人類五〇〇〇年の歴史」）河出書房新社　２０１７年　１５５－１８６頁

88　近藤義郎著「前方後円墳の時代」岩波書店　２０２０年　29－31頁

89　柳田国男、安藤広太郎、盛永俊太郎他著「稲の日本史（下）」筑摩叢書　１９６９年　46－１８７頁

90　山折哲雄著「悪と往生――親鸞を裏切る『歎異抄』」中央公論新社　２０１７年（２０００年刊）２５２－２５６頁

91　佐賀県立博物館発行「弥生時代の吉野ケ里――ムラからクニへ」２０１８年　１－44頁

92　西宮秀紀著「神祇祭祀」（列島の古代史ひと・もの・こと　７――信仰と世界観）岩波書店　２００６年　13－17頁

93　蓑輪顕量著「日本仏教史」春秋社　２０１５年　23－46頁

94　長谷部日出雄著「神と仏の再発見――カミノミクスが地方を救う」津軽書房　２０１４年　56－71頁

95　上島亨著「日本中世宗教文化の特質」（上島亨・吉田一彦編「日本宗教史２……世界のなかの日本宗教」）吉川弘文館

２０２１年　12－20頁
96 木内堯央著「最澄と天台教団」講談社　２０２０年（教育社　１９７８年）10－１４１頁
97 川田稔著「柳田国男――知と社会構想の全貌」筑摩書房　２０１６年　３０５－３１８頁
98 柳田國男著「神道と民俗学」明世堂　１９４３年
99 土生田純之編「事典　墓の考古学」吉川弘文館　２０１３年　２７６－３６９頁
100 佐藤弘夫著「死者のゆくえ」岩田書院　２００８年　１００－１６２頁
101 伊藤由希子著「古代日本人の死生観　『古事記』から『日本霊異記』へ」（大城道則編「死者はどこへいくのか――死をめぐる人類五〇〇〇年の歴史」）河出書房新社　２０１７年　１８７－２１７頁
102 中村元著「往生要集を読む」講談社　２０１３年（岩波書店　１９８３年刊）18－99頁
103 竹村牧男著「空海の哲学」講談社　２０２０年　３－１７９頁
104 小山聡子著「浄土真宗とは何か」中央公論新社　２０１７年　10－90頁
105 鴨長明著「［新訳］方丈記」（左方郁子・編訳）ＰＨＰ研究所　２０１２年
106 中村元著「往生要集を読む」講談社　２０１３年（岩波書店　１９８３年刊）１００－１３７頁
107 倉田百三著「法然と親鸞の信仰」講談社　２０１８年（１９７７年刊）40－63頁
108 佐々木閑、小原克博著「宗教は現代人を救えるか」平凡社　２０２０年　２００－２０１頁
109 小山聡子著「浄土真宗とは何か」中央公論新社　２０１７年　26－27頁
110 ジョセフ・Ａ・アドラー著「中国の宗教：〈21世紀をひらく世界の宗教〉シリーズ」春秋社　２００５年　20－28頁
111 佐藤信弥著「周――理想化された古代王朝」中央公論新社　２０１６年　i－ii頁
112 小島祐馬著「中国思想史」ＫＫベストセラーズ　２０１７年　52－83頁
113 ジョセフ・Ａ・アドラー著「中国の宗教：〈21世紀をひらく世界の宗教〉シリーズ」春秋社　２００５年　42－44頁
114 小島祐馬著「中国思想史」ＫＫベストセラーズ　２０１７年　56－60頁
115 神塚淑子著「道教思想10講」岩波書店　２０２０年　28－32頁
116 Ｐ・Ｒ・ハーツ著「道教」（シリーズ世界の宗教）青土社　１９９４年　16－95頁

117　相田洋著「中国中世の民間信仰」（木村尚三郎等編「中世史講座第9巻――中世の生活と技術」）學生社　1991年　162－179頁

第Ⅲ章　リスクへの対処と文明

1　リスクと文明の建設

◆文明とリスク

これまで見てきたように、未来のことを予想できる能力を身に付けた人類は、自らの死をはじめとする多くのリスクを認識し、これらに怖れ怯える中で、超自然的存在、神に集団として祈願し、やがて個人として帰依するようになった。宗教は集団の結束や集団内の秩序維持のためには極めて有用なものであったので、特に善行善果・悪行悪果による現世・来世を通じた因果応報システムを説く宗教を信仰する王国は発展した。そして前章で見たように、広範な信者を持つ世界宗教は全てこのシステムを説いている。

一方、これら王国の発展は、神の御業によって直接もたらされたものではない。もちろん人々の弛まざる努力の成果なのだ。ではその努力はどういう源からもたらされたものだったのであろうか、つまり人々は何故そういう膨大なエネルギーを注ぎ込んで文明の建設を行ったのであろうか、結論を言えば、それもまたリスクだったのだ。リスクに対する怖れから人々は神に祈った、しかし祈るだけではなく自らその怖れ、怯えをバネにしてリスクに対して立ち向かったのだ。そしてさまざまなリスクに備えた仕組みや社会の機構・組織・法などの制度、建造物、器具、機械、装置や製品を開発・構築・製造したのだ、つまり文明を築いたのだ。このようにリスクは、人々をして神に帰依させ、また文明を築かせたのだ。文明とはリスクを源として神との共同作用によって築かれたものともいえるのだ。

人間が利用を始めたり、発明、構築、製造、開発したりしたものの多くはそもそもリスクに備えたものであった。たとえば次のものもその例に含まれるだろう。リスクマネジメント行動の一環として行ったものだ。

◆火の使用：猛獣等からの襲撃回避、蛇、昆虫の接近防止、危険な暗闇にしない、調理による食中毒の防止
◆道具の発明・使用：武器・狩猟具は安全・防御・食料調達、調理具は飢餓・食中毒の防止
◆衣服の発明・着用：凍死・凍傷・発病の防止
◆住居の建設：雨、風、雪、日射等気象の影響を避け、さらに外部者への防御をなして安全を保つ
◆集落の建設：集団防衛、相互援助・協力
◆農耕の開始：飢餓の防止
◆舟の発明：溺死の防止
◆文字の発明：忘却への備え、正しい情報伝達、誤解・齟齬の防止

こうしてみると人類の偉大なる文明はリスクマネジメントの産物とも言えそうである。必要は発明の母だが、その「必要」というのはリスクへの対応なのだ。もちろん例外もあるだろう。たとえば、純粋な憧れというのもあるだろう。たとえば飛行機も当初は空を飛ぶことへの憧れであったろう。あるいはトランプや花札や現代のデジタルゲームのような純粋な娯楽のためのものや玩具などもリスクマネジメントとの関連は少ないだろう。

リスクメネジメントと社会の発展を考えてみると、集団として存続するためには、人々の力を結集する必要があり、そのための統率する役割としてリーダーが登場した。強力なリーダーはその集団の力を結集できるので、その集団はさらに強力な食糧の確保、備蓄、防衛などリスク対策を講じることができる。そしてその集団は存続するとともに栄え、さらに強大な集団となり、やがて複数の集落を束ねた「クニ」というところまで成長した。そしてその最初の集団の神は、その集団の守護神としてその集団を守りつつ新たな集団を獲得して、

さらに霊験あらたかな神となり、多くの人々の崇拝を受けるようになった。このように神とリスク対策の両面から集団は守られ、周囲の集団を併呑しながら成長し、やがては国を形成するまでとなったのである。すなわち人類はリスクへの怖れから宗教とリスクマネジメントに励み、社会を拡大しこれらを通じて文明を構築してきたということができるのであろう。

ここで、いろいろな文明の産物がリスクマネジメントの産物というと、そんな面もあろうが、開発・利用されたのはそれ以外の目的もあったはずだという反論が聞こえそうである。たとえば、利便性、快適性、嗜好への合致等などである。たとえば火についていえば、美味しい料理を可能にする、団欒を提供するなどだ。次に掲げた道具であれば、日本の戦後の復興期や高度成長期にもてはやされた、三種の神器（白黒テレビ、洗濯機、冷蔵庫）やその次の３Ｃ（カラーテレビ、クーラー、マイカー）について考えてみる。

テレビについては、情報機器として知識を得るという機能と番組を楽しむという趣向的機能がある、そして災害時や事件発生時などのように差し迫るリスクに対して次の行動に結びつける情報を得る側面と純粋に教養を高めたり、純粋に楽しんだりという文化的側面がある。冷蔵庫では、食品の長期保存を可能にする。これは、食品の腐敗防止という人類が長年苦労を重ねてきたリスク対策の柱ともいうべき願望の実現であった。さらに氷菓、冷蔵・冷凍の食品の摂取を可能にするとの両面があるのだろう。つまり長期保存の方は腐敗・変質リスクへの対策で後者は利便であったり、新たな嗜好・趣向に合致したりしたものだろう。洗濯機は病気を防ぐ衛生的な生活の実現であり、また洗濯という重労働からの解放であった。

自動車については、①遠隔地に安全に移動・運搬する、②任意の時間に好きな経路で迅速に移動・運搬する、③ドライブを純粋に楽しむ、ということであろうか。①は移動や旅というものに付きまとっていたリスクの大幅な軽減、②は利便性・効率性と自由裁量性であろうか。そして③は、嗜好性の合致ということであろうか。ただし、利便性・効率性というのは、人間が持っている時間・エネルギー・金銭・物質などの資源を節約するというものであり、これらの資源を費消するというのはリスクを招く大きな原因であり、そういうリスクを防いでいるという観点からはリスク対策なのである。

　つまりここで見てきたように、それぞれの「道具」というか文明の利器とされるモノはリスクマネジメント目的とされる役割と嗜好に合致するなどすぐれて文化的な目的に合致する役割を負わされているということができよう。つまり。文明の利器とされているものも、文明的な面と文化的な面を持つわけだ。そして文明的な側面は多くの場合リスクマネジメントと結びついているということができるということだろうか。前述の例だとその次の衣服の着用が、まさしくそれにあたるだろう、目的の第一は凍死・凍傷・発病の防止だったのだろう。ところが衣服にはその他の機能性（農作業に着やすい、戦闘時に傷を防止する等）つまり、リスクマネジメントを含めた文明的側面が付加され、さらには古代から重視されるのが他人からどう見えるのかという文化的観点なのだろう。

　リスクマネジメントの仕組みとして国や社会が組成され、さまざまなリスクに対応していく人類の行為そのものが人類の文明を前に進める原動力であったのである。ではどういう観点からそんなことが言えるのかをリスクの種類毎に見ていくことにしよう。これまで、事物毎にその目的を分析してみたが、逆のアプローチとして、主なリスクに対する神と人間の営為による共同作業を見ていくことにしよう。

◆防衛

　人類の歴史は戦争による殺戮の歴史である、と言えるくらいに人類は戦争を繰り返してきた。戦争の勃発自体が当事者にとってはリスクであることは論を俟たないが、同時にそれはリスクマネジメントに基づく行為ともいえる。つまり、過去の経験を将来に投影する能力を身に付けた人類は、他の人類集団から襲撃されるという経験をした。そして同様のことが将来にもあり得るものとして、それに備える態勢を整える。ここまでは集団のほぼすべての構成員のコンセンサスが得られるところであろう。そしてせっかく整えた体制なのだから、相手が動く前に使おうという誘惑がリーダーに芽生える。あるいは、相手が動く差し迫った状況にあるとリーダーが思い込み、それなら先手必勝とばかりに相手を攻撃するという形で、防衛という大義を掲げて戦争を仕掛けたのだ。あるいは神が大義であり、「神がそれを望んでいる」という大義を掲げた戦争も多かった。第一回十字軍も、「神がそれを望んでおられる（Deus le volt）」という大義の下に行われた。いずれにせよ相手の集団に対する恐怖は、軍隊を整備し防御態勢をとるという盾を固めさせるだけでなく、攻撃という矛を使うことに駆り立ててきたのだ。この状況は悲しいかな、現代でも変わらない。つまり、相手の意図や行動の不確実性であるリスクへ備えること自体が、リスクの発現つまり開戦を誘発してしまうのである。

防衛において宗教が果たしてきた役割は極めて大きなものであった。最初の都市国家が現れたとされるメソポタミアでも、前章2（古代オリエント世界の宗教）で述べた通り、各都市国家に守護神がおり、その都市国家を守ってくれるものとされていた。その他の地域においても守護神があり、したがって宗教が防衛面で果たした役割は極めて大きかった、というのは容易に推し測れるものであろうが、それを分析してみよう。

まずは、「怨敵調伏」などという言葉に代表されるように、神の霊力で敵を呪い殺すあるいは弱体化させるもの。「戦勝祈願」というように戦に際して神が自軍を勝利に導いてくれる、つまり神の法力により、味方の勝利や国・民の無事を導くように祈願するものである。たとえば福岡市の筥崎宮には、醍醐天皇の宸筆とされる「敵国降伏」の神宝があり、楼門にも掲げられている。まさにこの目標の実現のために国は神を奉り、崇拝したのであるから、この願いが叶えられることは極めて重要であったのである。

王、貴族はじめすべての民の熱心な祈りの甲斐あって、無事防衛が成し遂げられれば、その神はより絶大な信頼を得ることになる。そしてより深い信仰の対象となり、また新たな領土の拡張による新たな信者を得てその勢力を拡大することになった。一方、霊力を発揮できなかったとされた神は信頼を失って棄教されることとなり信者を減らすか、あるいは国そのものが滅亡したり、信者である国民が殺戮されたり奴隷とされたりして、その宗教も影響を失い、滅んでいったのだ。まさに戦の帰趨は神々の興亡にも直結したのである。

もう一つ、宗教が個人の内面に働きかけ、集団構成員を結束するために極めて大きな力を発揮したことを忘れてはならない。つまり、第Ⅰ章3（古代王国のリスクと神）でも述べたように、敵の命を奪うことを奨励し、自分の集団は何としても守るべきものであるとし、自分の命を危険に晒してでも集団への貢献を求めるという、宗教の集団に対する特性をいかんなく発揮して、各兵士の集団への自己犠牲を求めたわけである。

そしてもちろん神に頼るばかりでなく、人々は「我らが集団、家族を守るため」とされる戦争に勝利するために、自ら莫大な犠牲を払い、厖大な努力を積み重ねてきた。何しろ、兵士やその家族の命や国の存亡、民の運命などすべてが、その戦争に懸かっているのだ。

まず、軍隊の整備・編成という防衛に対する人的資源の投入、つまり、徴兵に応じることは極めて大きな負担ではあった。しかしながら侵略に遭えば住民全員の命が、危機にさらされることはよく周知されているので、防衛組織である軍隊への徴兵というのは、まず負担せざるを得ない義務として古来認識されてきた。小規模な集落では、平常時には軍隊は組織されておらず、敵の来襲が予想される非常時になると、集落の男子の大部分が戦士として召集され闘うこととされていた。一方、大規模な集団や国のレベルになると、非常時の総動員は当然のことながら、平時においても徴集された兵士による軍隊が組織され、他国に対する監視活動や演習などに従事するようになった。つまり、常備軍を組織・指揮する軍事専門家、軍人の誕生である。そして非常時にはその軍事専門家が召集兵の指揮を執るようになり、為政者はその頂点を占めて、軍事面でも権力を掌握した。

そしてその軍隊は、外部に対する備えという位置付けのみではなく、その為政者の体制をも維持するためのものにも性格を変えていった。国民のための軍隊から王のための軍隊への変貌である。それまでは住民の安全のために存在するとされていた軍隊が、常備軍として専門化するとともに敵国に対してだけではなく、体制を守るために住民・国民に対しても刃を向ける存在へと変貌を遂げたのだ。自国民に銃を発射しての殺戮は一九八九年の中国・天安門事件、二〇二一年のミャンマーの軍事クーデター反対派への銃撃事件など近年の例を挙げるまでもなく、多数歴史に繰り返されている。

しかし、もちろん建前としては相変わらず外敵の侵入から国民を守るための軍隊であるのだから、民はそれに対して相応の負担を求められた。そして軍は、国と権力のためのリスクマネジメントの大きな柱であり続け、現在に至っている。

軍の装備面では、味方の損失を軽くしつつも、敵により大きなダメージを与えられるよう、より優秀な武器を競って開発・採用した。狩猟に使っていた石槍・石斧や弓は青銅や鉄という最先端技術が導入されて改良され、殺傷能力の高い槍、薙刀、刀、弓矢へ進化した。

大和朝廷が最初の統一王朝を築いたのも、当時国内では産出されなかった、朝鮮半島からの鉄を押さえたのが大きな要因とされる。また時代は相当下るが、十五世紀に欧州で鉄砲・大砲が発明されると極めて速いスピードで世界中に伝播し、競って採用された。長篠の戦いにおいて、織田信長が当時最強とされた武田騎馬軍団を破ったのも、最新兵器である鉄砲の本格採用が要因とされる。さらに日露戦争当時の機関砲や第一次大戦における毒ガス、戦車、飛行機、第二次大戦以降の核戦力、長距離ミサイル、ロボット兵器、ドローン兵器、宇宙兵器など、軍事大国は最新兵器の開発に血眼になっている。科学技術の進歩も軍事用の兵器開発に依存するところが大きいとされてきた分野である。人類の歴史は戦争のための殺人兵器開発の歴史とさえ言えるくらいの、相手への不信から起こる死への恐怖によって、突き進められた兵器開発の歴史でもある。もちろんそれらの技術が民生用にも転用され、それが人類の生活をより便利にまた安全にしていることも、またもう一方の事実であろう。

また、「専守防衛」のための営々たる努力も忘れてはならない。ユーラシア大陸では、古代から都市は城壁に囲まれているのが一般的であった。包囲軍の大合唱により崩壊したとされる古代都市イェリコの城壁や、ギリシャ軍が城壁の内部へ兵士を忍ばせて送ったとされるトロイの木馬の例を引くまでもなく、都市は城壁で囲まれているのが普通であった。中国でも同様で洛陽、長安をはじめ古代からの都市は、みな城壁に囲まれている。さらに環濠を巡らすことも多く行われた。多くの歴史ある都市では、古くからの城壁が現在でも残され、その城壁は新市街と旧市街を分ける境界になっている。そして四方に門が設けられ、かつてその門では、不審な侵入者を防ぐため、厳しい検問がなされていたであろうと、往時を偲ばせる。また一方で、城壁が取り払われそのあとに環状道路が建設されたウィーンの例のように、近代の都市機能維持のために城壁が別の活用をなされたものもある。もちろん、ローマ帝国の領域防護のために築かれたハドリアヌスの長城や中国の万里の長城も帝国領土への侵入を阻む、さらに大掛かりなものとして忘れるわけにはいかない。

都市は宗教儀式の中心として聖なる場所であり、住民の安寧を提供し、商取引の場を提供するのが通常であったが、都市を取り囲んだ立派な城壁は、外の世界や外部者に対する、住民の不信感と恐怖の凄まじさを十分に伝えてくれる。それはユーラシア大陸で数多く繰り返されてきた、侵略や戦争の凄惨な歴史を振り返れば十分納得ができよう。戦争となった場合、敗れた方は殺されるか、奴隷として売り飛ばされるのは当たり前であったし、酷い場合には敗れた都市の住民が婦女子を含めて全員殺戮されることも稀ではなかった。そのようなおぞましい出来事を知っている都市住民からすれば、可能な限りの強固な城壁は自分たち自身が築造や改修に駆り出されるなど、多くのコストを払ったとしてもどうしても欲しいものであったことは容易に想像できる。

通信もそうだ、敵が来襲してくる時できるだけ迅速にそれを首都の本部に伝えるために狼煙のシステムが構築された。迅速に次から次へと情報が伝えられたモンゴル帝国の大規模な狼煙台のネットワークや日本でも武田信玄が築いた狼煙システムは有名である。伝書バトもシュメル時代から利用されたとされるが、ローマ帝国でも軍事通信用に利用された。また、現代の生活に欠かせないインフラであるインターネットもその元祖は、米国国防省の防衛高等研究計画局（ＤＡＲＰＡ）のプロジェクトであるＡＲＰＡＮＥＴに起源を持つ軍事的目的を有するプロジェクトだったのだ。

道路だってそうだ、「全ての道はローマに通ず」とも言われる通り、ローマ帝国は道路をはじめとするインフラストラクチャーを整備したことで有名だが、この道路も帝国に対する攻撃が想定される場合に迅速に軍団を移動させるために整備されたものだ。近代では鉄道も軍隊や軍事物資の迅速な輸送のために整備された面は否めない。

日本では、大陸のような異民族の侵入のリスクは北九州を除いては少ないとされたことから岩石や煉瓦造りの強固な城壁は少なかったとされる。戦国時代であっても武田節で謳われたように「人は石垣、人は城」とされ、強固な城壁は巡らさないで防衛する甲府のような例もあった。しかしながら平地における城郭建設では、総構えとか総曲輪とか呼ばれる、城下町までを含めた全域を堀や石垣、土塁などで囲む方式が採用されている。大きく遡って弥生時代でも、吉野ケ里など環濠集落の遺構は多数発見されており、堀と土塁などを築いて他の集落からの攻撃に備えていたのである。

太古から、人類集団にとって防衛は最重要のリスクマネジメント課題である。そこでは神の守護という宗教の力と防衛に対する人々の努力・自己犠牲との双方が合わさり、その相乗効果を十分に発揮した集団が生き残り、文明を発展させた。その結果それを導いた宗教とそれを奉じた集団のみが生き残ったという構図が描けるのであろう。

◆戦略とリスクマネジメント

戦争というのは、古くから人類が繰り返して来た、リスクとの戦い、つまり不確実性との格闘の典型であろう。つまり、予測を許さない敵の動きを想定して、その意図の裏をかくような作戦を練り、自軍の損害を最小限に抑えつつ、敵に最大限の損害を与えることを目的とするものだからだ。要はリスクマネジメントの精華みたいなものだ。プロイセンの著名な戦略家クラウゼヴィッツは「戦争論」で、戦略を「戦争目的のための戦闘の使用」と定義し、戦略家は「個々の戦役にたいする目論見を作成し、その内部における個々の戦闘の位置をきめる」者とした。[1] これについて、ローレンス・フリードマンは「戦略の世界史」で、どのような計画であっても実行可能とする要素はクラウゼヴィッツを踏まえ次のものとしている。[2]

①何もかもが予測できないわけではない。両軍の経験、士気、気風を考慮して、客観的な相対評価を行う

ことは可能。
②情報の多くは矛盾しているので、指揮官は「確率の法則」と「人間や物事に関する知識と良識」から導き出した自らの判断を信じること。
③両軍とも作戦実行の障害の影響を受ける。問題はどちらの陣営が障害によりうまく対処できるかだ。

つまり、戦争は不確定要素ばかりで、全ての面でリスクが渦巻いている世界だが、まずはリスクの中でも、①敵と自軍との客観的評価を行い、冷静にリスクを評価するということ。②矛盾し錯綜する情報に振り回されるのではなくて、事態の発生確率と心理と常識からリスクを評価した上で判断すること。③実際にはどのような障害がリスクとして発生するか予断は許されないが、冷静な目で判断すべしということである。つまり、時々刻々とリスクは変化していくが、そもそもの彼我の実力を基盤に置きつつも、リスクの変化具合というものを冷静に評価して判断を行っていくべきということである。次々に変化するリスク状況に対し的確な決断を行っていくというのは、その結果に対して自軍の生命や母国の運命もかかっており、極めて困難な判断が求められるが、その要諦はやはりリスクマネジメントであるということだ。これは競争環境における企業経営においても基本的には同様だろう。

◆自然災害等

他の集団や他民族との闘争や戦争以外で、集団全員の命の危険を伴うリスクの代表的なものは地震、津波、暴風、竜巻、洪水、氾濫、高潮、崖崩れ、噴火、落雷などの自然災害であろう。これらは、今日でも多くの犠牲者を伴うリスクであり大きな脅威ではあるものの、現代においてはそれらの発生メカニズムはほぼ解明され、自然現象として頭では理解できるようになっている。しかしながら、そういう知識のない古代・中世の人々にとって、これらの自然災害というのは、それまで自分たちを優しく包んでいた自然環境が一変し、たちまち恐ろしい牙をむいて人間に襲い掛かるというものであった。そのため、その恐怖がいかに凄まじいものであったかが想像できる。

たとえば地震では、それまで何十年もの間、微動だにしなかった大地が、突然立っては居られない程に大きく揺れだし、建物が崩壊して自分たちを襲ってきたり、地割れが起こったり、崖崩れが起こったりするわけである。あるいは、地震の後にそれまで何十年もの間、静かであった海面に突然巨大な津波が押し寄せ、海面が高くなりすべてを破壊したかと思うと、今度は凄い勢いで引いて行って全てを海へさらってしまう。嵐ではそれまで穏やかだった空が突然真っ暗になり、凄まじい風が吹きはじめ木々を倒し家屋を壊してしまう。洪水はそれまで静かに流れ、食料となる魚などを育んでくれていた川が突然どす黒い獰猛な流れに変わり、溢れだして全てを呑み込み押し流そうとする。噴火ではそれまで静かに高く聳えていた山が突然、鳴動・爆発し、噴煙や噴石を噴き上げ、溶岩や火砕流が猛烈な速さで流れ下り、人・家屋・耕作地を呑み込んでいく。雷では空からの明るく輝く線のようなものが大音響とともに一瞬で木や建物だけでなく人を襲い、撃たれた人の命も奪う。

これらのリスク、厄災はすべてそれまで穏やかで全く無害で、むしろ人間に糧を与えてくれていた自然環境が激変してもたらされるものである。それこそ、それまでの平穏な日常が続いてくれるものとの期待を裏切り、突然、人間には全く及ばないとてつもない暴力が振るわれる。だから、背後に何か得体のしれないものの急激な意思変化、つまり怒りの表明がなされたものだと捉えたのも至極当然のことであろう。

自然災害は、日本では天災、英語でActs of Godという呼び方もされるように、東西を問わず神のなせる業、神の怒りの意思表示と解釈されてきた。したがって荒ぶる神の怒りを鎮め、神の歓心を引くため、人々は供物、神が喜ぶ舞踏、音楽や時として人間そのもの、つまり人身御供を捧げた。そして神が機嫌を直し、自然が再び元のように、穏やかで人間を優しく包んでくれるものに戻るように熱心に願ったのだ。どうかご機嫌を直して怒りを抑えてください、また、静かな生活に戻してください、と。

富士山を始めとする日本における火山への山岳信仰は、恐ろしい噴火の経験を踏まえて、こうしたことが再び起こりませんように、との願いを込めて始まったものだ。また、水神信仰についても灌漑水の確保という面と洪水の防止という両面を持った信仰といえるであろう。日本の中世では、災害から国を護るため、百人の講師を集め、仁王経を講説させる仁王会が盛んに行われたとされる。[3] 有名な俵屋宗達の「風神雷神図」を持ち出すまでもなく、さまざまな自然災害に対して神の仕業であるとし、これを防いでくれるよう神に祈るというのは、日本だけではなく世界各地にみられた人間の営みであったのだ。氾濫原に築かれたメソポタミア、シュメルの人々の洪水防止への祈りや、逆に、災害ではなく恵みを願ったのだが、例年通りのナイルの洪水を祈ったエジプトの人々の祈りもそうであろう。

人類が、狩猟採集で移動生活を行っていた頃にも、自然災害に遭って怖い思いをしただろうし、亡くなった人も数多いだろう。たとえば、豪雨による崖崩れに巻き込まれる、河川の急な増水により流される、津波に巻き込まれる、噴火で火砕流に遭う、火山弾に当たるなど、直接身体に傷害を被ってしまうことだ。しかし、そこからうまく避難できれば、その後は何とか生きていくことはできた、つまり逃げればよかった。

日本では旧石器時代から縄文時代にかけては洪水で被害を受けた遺跡はほとんど無い。[4] ところが、それが弥生時代から頻繁に出てくる。農耕を開始して以降、人間には田畑や家屋、農具、家財、貯蔵食糧というような財産が備わった。当然ながら、これらの財産をすべて背負って逃げることはできない。そしてこれらの財産は単なる富ではなく、食糧を得るために不可欠な生産手段であり、また生活する施設であり、明日の命をつなぐ食糧の貯えであった。人々は自然災害によってこうした財産を全て失うリスクを背負い始めたのである。たとえば洪水である、弥生時代に水田を開くのであれば、どうしても水利の良い平野に田んぼは築造される。水利が良いということは、その近くの川の流量が増えれば溢れるので洪水となる、したがって、どうしても洪水のリスクは高まる。当たり前である、たとえば高い場所、水利に恵まれないところではそもそも稲は育たないし、無理をして水を引いても少しばかり旱天になれば水不足で稲は最初に枯れる。稲作好適地は洪水リスクとトレードオフの関係にある。これは河川洪水だけではない、海に近い平野だと津波や高潮に呑まれてしまう可能性があり、低い土地は軟弱地盤が多いので、地震の際には液状化する可能性もあるのだ。

したがって農耕の開始というのは、自然災害を自分の生活の根本を覆すかもしれないリスクとして背負い込み始めた時なのだ。そしてそれを人々は明確に意識した。昨日までは逃げればよかった災害を、今日からは逃げるだけではなくて防がなくてはいけないのだ。そしてその思いは集落の皆で共有できた。集落の皆が同じように考えていたし、同じように災害から逃れたいと真剣に願っていたのだ。

それで人々は、二つのことを始めた。一つは、皆の願いを神様に伝え、祈ったのだ。そうして集団の神だった神がクニの神となって、宗教が発展していったのだ。前述の山岳信仰とか洪水防止の祈願などだ。もう一つは、できるだけ災害に遭わないように自分達で対策を講じたのだ。人々は、巨大な力による度々の災害に遭って打ちひしがれながらも、神に祈るのみで、他に手段を講じようとはしなかったわけではない。たとえば洪水に備えて人々は集団の力を集めて堤防を築いてきたし、川の流れを整え、流路を変える改修工事というものも行ってきた。また、大雨が降ったら、交替で土嚢を積んで見張った。崖崩れを防ぐために、土留め工事や石垣の築造工事を行ったり、崩れることが予想される崖の下での住宅建設はできるだけ避けたりするなどを実践した。高潮の被害を防ぐためには堤防の築造や水門を設置した。旱天による水不足を防ぐためには、ダムや堰を築き、ため池を整備した。風による被害を防ぐためには、防風林や重量のある石も利用した頑丈な住宅の建設を行った。また石や土による住宅の建設は火災の被害を最小限に抑えるのにも役に立った。それらは集団が大きなリスクに気づき、そのリスクに怖れ慄きながら始めたリスクマネジメントだ。このリスクマネジメントの仕組みが社会を造り、文明を建設した。そのためには、リーダーが大きな役割を果たしたことは間違いない。中国では、黄河の治水に功績のあった禹は舜から禅譲を受けて夏王朝を開いたとされるように、治水、つまり水害に対するリスクマネジメントは国のリーダーシップに必須のものとされたのだ。

ただ、地震や津波、噴火などについてはそれらが発生しないようにするには、神に祈るしかないわけである。これらは数十年や数百年おきに発生するが、個人の経験の中でそれを教訓とするのは難しい。そこで集団の中に伝承という形で何世代も伝えてその教訓を残し、発生したとしても被害が最小限にとどまるようにした。津波などは、過去の津波の最高到達地点に碑を建て、「これから下には家は建てるな」等の教訓を残した。あるいは東北地方に伝わる「津波テンデコ」のように短い言葉に教訓を込め、後世に伝えた。

もちろん、こうした自然災害を防いだり、被害を最小限にする人々の営々とした努力は時には報われたり、残念ながら、努力の割には報われないものもあった。それでも、神への祈りとは別に自分たちの力で災害に抗して行こうという集団としての堅い意志の下に行われ、その結果として堤防などの土木工事や治水、灌漑技術の開発、強固な住宅の建設、災害記憶の伝承など、人間の文明の構成要素の大きな部分を構築し、推進していくことに目覚ましい寄与を行った。

◆病気

定住するということは、一カ所に留まって住むことであり、トイレも恒常的なものとなる。そうなれば水洗トイレがあるわけではないので、どうしても糞便に近い環境に住むことになる。さらに牧畜の始まりは、それまでは獲物としてしか接してこなかった動物と、生きた状態で常時接することを意味した。これにより人々はそれらの動物が有していたウイルスや細菌と接することとなり、家畜の病気にも晒されることとなった、動物性感染症である。種類はウイルス、リケッチア・クラミジア、細菌（ペスト菌、サルモレラ菌等）などがあるが、たとえば、コロナウイルスだけでも犬、猫、牛、鶏、馬など多くの動物が宿主のものが知られている。もちろんこの頃、人々は何が原因で疫病が流行しているかは分かりようがなかったであろうが、この頃から動物から病原体をもらう感染症の脅威にさらされていたということができる。さらに、農耕を始めると、給肥のために耕地に人間と家畜の糞便を播く。さらに作物の実る耕地や住居、収穫物が貯蔵される建物にはネズミや昆虫などが群がることになる。そうなると、他人や家畜、ネズミ等が持つ細菌やウイルスに晒される機会はどうしても増加する。この結果、人類はそれ以前とは比較にならない程の感染症のリスクに晒されることになった。

天然痘、麻疹、インフルエンザなどの感染症は、動物に感染した病原体の突然変異種であるとされている。

重篤な病気にかかった場合、往々にして死に至ることは太古からよく知られていたから、病気が大きな恐怖であったことは間違いない。現代では病気の原因として、細菌性、ウイルスなどによる感染症の他に老化による機能不全、癌など極めて多様なものが知られている。そのような知識もなかった時代においては、それまで元気だった人が突然、または徐々に病になり弱っていくという姿を観察して、自分自身も病気になり苦しむことや、死ぬことのリスクを認識し恐怖を感じたのであろう。あるいは感染症により、周りの人が次々と倒れ、亡くなっていくのを目のあたりにして、「次は自分か」と絶望的な気持ちになったのだ。原因も分からない中で病を得ること、特に疫病で周りの人が次々に倒れていくときの恐怖というものは、想像するに余りある。神の怒りによって流行したものと解釈されたことは容易に想像できる。しかも、疫病においては必ずしも全員が罹患するわけではない。中には病人の中で看護するなど、接触の多い者でも罹患するとは限らず、逆に接触の少ない者でも往々にして罹患する。つまり、これは優れてリスクなのだ。免疫という仕組みも知られていない時代にあっては、神による選別が行われていると考えざるを得ない事態も多数発生し、そういう受け止め方もよく行われた。神を離れた時に、確率的な事象、つまりリスクに直面したときに人々がいつも使っていた言いまわしである、「運が良いとか悪いとか」ということでもある。しかしながら、その結果が生死という非常に深刻なものである以上は、やはり神の関与は当然のこととして受け止められた。

病気は個人に襲いかかる厄災であり、今般の新型コロナでもそうだがパンデミックであったとしても、やはり罹患するのは選択的であり、重症化も選択的である。つまり、ある確率で罹患したり、重症化したり、死亡するのだ。人々は理不尽ということや人の命の儚さを感じた。特に乳幼児が病気で亡くなったりした場合には、現世における行いの咎であるという説明は説得力を持たない。したがって、どうしてもこのような理不尽は死後、来世において埋め合わせがなされるはずだ、そうでなければあまりに可哀そうだと考えたのは無理からぬところである。残された親の心情からすれば当然だ。またこのような運命の不条理さが来世の存在を説く宗教への信仰を深めたのだ。

壊滅的なパンデミックの例は多く伝わっているが、ジャレド・ダイアモンドによれば、ユーラシア大陸の圧倒的な東西方向の長さが、古代からこの大陸での交流、つまり東洋と西洋の交流を促し、他の大陸と比べて文明や科学、産業などの発展につながったとする。[6] いわば、ユーラシア大陸内での「グローバリゼーション」の歴史がこの大陸全体を押し上げたとする。しかし、当然のことながら交流は人同士や知識、文化ばかりではなかった。それはこの大陸における細菌・ウイルスの広域伝播つまり惨憺たる疫病、パンデミックの歴史でもある。そもそも人間のＡＢＯ式の血液型についても、遠い昔のある種のウイルスに対する耐性と関係しているらしいことが発表されており、太古から感染症と人類との長い闘いは続いてきているのである。

記録に残るところでは、紀元前四三〇年にアテネの人口の三分の二が死滅したとされる「アテネの疫病」や、西暦一六八年頃にローマ帝国で一〇〇〇万人を超える死者を出した「アントニウスの疫病」などが有名である。[7]

ユーラシア大陸を席捲するような傷跡を残したものは、黒死病として恐れられたペストであろう。古いものでは、五四二年頃に東ローマ帝国の全人口の四割が死亡したとも伝えられる、「ユスティアヌスのペスト」がある。これはエジプトから広まったとされる。最も大規模であったのが一三四二年からのもので、当時のヨーロッパの大都市、ヴェネツィア、フィレンツェ、パリ、ハンブルグでは人口の半分以上が死亡したとされ、さらにヨーロッパ全体では人口の三分の一が死亡したとされる。ボッカッチョは、デカメロンの冒頭に一三四八年のイタリアの惨状を描き、「フィレンツェでは、人知を尽くして予防対策を講じましたが、空しゅうございました。」、「この病気の治療に役立つ医者の処置はなにもなく、効く薬もありません。」と述べている。[8] この時のイタリア・シエナの悲惨な状況について、アグノロ・ディ・トゥラは、次のように述べている。

死者が出た家の者は、遺体を溝まで運ぶだけで精一杯だった。司祭もいないし日々捧げられる祈りもない。弔いの鐘が鳴ることもない。シエナの各地で深い穴が掘られ、多数の死者がそのなかに積み重ねられた。昼夜を問わず数百人もの人びとが死んでいった。遺体はすべてこれらの穴に放り込まれ、土をかぶせられた。穴が満杯になると別の穴が掘られた。そしてこの私、アグノロ・ディ・トゥラといえば……わが子5人をこの手で埋葬した……あまりに多くの人が死んだので、誰もが世界の終わりだと思った。[9]

この災禍は中国で一三三三年の干ばつを契機として謎の疫病が流行し、これが最初の流行となり、伝播していったものとされる。当時はモンゴル帝国がユーラシアの大部分を支配し、パクス・モンゴリカともいうべき時代であり、ユーラシアの東西がシルクロード等で結ばれ、交易も盛んに行われていた。この交流を通してペストが徐々に西に伝播され、当時地中海貿易で栄えていたメッシーナ、ヴェネツィア等を経由して、ヨーロッパに広くもたらされたものとされている。つまり、モンゴル帝国によるグローバリゼーションの副産物だったわけだ。

しかし、感染症で犠牲になった人口の割合からすると、十六世紀にスペイン人によってアメリカ大陸に持ち込まれた感染症に起因してアメリカ先住民が被った被害が最大とされる。十六世紀初頭のメキシコの人口は二〇〇〇万人とされたが、持ち込まれた天然痘の大流行により、一六一八年には一六〇万人にまで激減した。インカなど他のアメリカ文明の住民たちも、欧州からの天然痘、麻疹、チフス、ジフテリア、マラリア、インフルエンザ等により次々と死亡していき、その結果九五％程度の人口が失われたとされる。その逆、つまりアメリカ大陸原住民の感染症がヨーロッパ人に感染し、ユーラシアで大量感染が発生することは無かった（梅毒は例外かもしれないが）。これは、アメリカ大陸では、あまり家畜由来の伝染病が人間に感染する環境ではなかったから、とされている。ヨーロッパ人によって持ち込まれたユーラシア由来の感染症による先住民の大規模な感染死は、アメリカ大陸だけでなく、オーストラリア、南アフリカ、太平洋の島々などでも発生している。[10]ハワイでは一七七八年には五〇万人の人口を抱えていたが、クック船長一行の以降に持ち込まれたインフルエンザ、結核、梅毒、腸チフスや天然痘などで一八五三年の人口は七万人にまで減少した。

二十世紀になっても感染症のリスクは依然として人類の大きな脅威であり、一九一八年の第一次世界大戦の末期から世界に広がったスペイン風邪と呼ばれた強毒型のインフルエンザは全世界で五〇〇〇万〜一億人の人が死亡したとされる。その後も感染症の大流行は起こり、近年では、SARS、MERS、豚インフルエンザ、エボラ出血熱の流行があった。二〇二〇年には中国・武漢から広まった、COVID-19のパンデミックにより、七・七億人の感染者と七百万人に迫る死者（二〇二三年六月現在、WHO集計による）を出した。世界中で往来が制限され、緊急事態宣言が行われ、多くの国で都市封鎖が実施されて、東京オリンピック・パラリンピックが一年延期になるなど感染症の恐ろしさをまざまざと示した。今般のCOVID-19でも示されたように、人の往来が頻繁な現代では、より急速な伝播が現実に発生してしまったのだ。今後の感染症についてWHOなどが警鐘を鳴らしつつ対策を呼び掛けているが、かつてより深刻な脅威と言わざるを得ないであろう。

日本における疫病の流行を見てみると、島国であり、ユーラシア大陸に見られる程の激しいパンデミックの上陸や拡大に至ったかはともかく、海外からもたらされた疫病が蔓延したことは記録に多い。

天然痘は、インドが起源とされるが、日本には六世紀以降上陸したとみられ、何度か流行を繰り返したようである。奈良時代の七三五年に太宰府で始まった流行は、前述のように聖武天皇を支えた藤原四兄弟の全員が相次いで罹患して死亡するなど、中央政界の多くの要人も巻き込んだ未曾有の大流行となった。この際、聖武天皇は神社に幣帛を捧げるとともに、仏教での大規模な病気平癒の祈願が行われ、さらに大赦も行った[11]。

人は家族や自分の病に臨んで神に祈った。ここで祈ったのは、死を見越して来世の幸福というのもあったかもしれないが、多くは病気が治ること、つまり病気平癒である。かねてから病気平癒は神への祈りの中でも主要な項目であったであろうし、病気による苦しみや死への恐怖というものが厳然としてある以上、医学が進歩した現在でも同様である。そして古代から祈禱師と呼ばれる人々の大きな役割は病気の治療であった。病人の体にとりついた悪魔、悪霊を追い出すために祈禱や、そのための物理的あるいは化学的処置をして病気を治すということである。

一方、祈りと並んで、医学的な療法や薬の効果により病気を防ぎ、あるいは治すという努力も古代から続けられてきた。これら病気のリスクへの対抗策として人間が行った神への祈り以外の手段はもちろん医療である。古代から、エジプト、メソポタミア、ギリシャ、ローマや、東洋でもインド、中国で医学、薬学が発展し、病人の命を救い、快癒のために医者は尽力した。やがて近代西洋医学によって、感染症をもたらす病原菌が発見され、これに効果のある特効薬が開発され、さらには外科的手術による病巣の除去などの根本的治療にも途が開け、さらには予防のためのワクチンなど人類の長寿に大きな貢献を行っている。

西洋医学は古代ギリシャのヒポクラテスが祖とされ、これが古代ローマのガレノスに受け継がれて学問として確立したものとされる。その後中世では、神の意思によるところである病気の治療は、神の意思に逆らうものとされた時期もあったようである。この間はむしろイスラム社会における医学の方が発展したものとされる。その後ルネサンス期を経て近代科学と結合して近代医学として成立した。また大都市における感染症の経験から公衆衛生学も徐々に発展した。

太古では病人を前にして、祈禱師が神がかりで祈禱と治療を行った際に、合わせて経験的に効果があるとされた薬草を使ったものであろう。この薬草の処方が経験を積み重ねるにつれて進歩し、やがて医学の途につながっていったのだ。

いずれにせよ、それよりずっと以前から病気を治す人間の努力は続けられた。そうした努力の中で、たとえば逆効果の毒草を服用して命を落としたり、不衛生な「手術」によって傷が悪化したり、というような累々とした犠牲の積み重ねを経て初期の医学にようやっとたどり着いたものである。そして「医学」となっても草創期には試行錯誤の連続であったことは容易に推測できる。そういう中で自然界に存在する草木や動物の体の部分などについて、薬効の確認が行われ、さらに想像を絶する人々の努力と、膨大な年月に亘る経験が積まれた結果、治療法の開発が成し遂げられたものである。この努力こそが人間の健康リスクマネジメントにつぎ込まれた医師・薬師という人々の熱意の証しなのだ。たとえば人類を繰り返し苦しめてきた天然痘は、ＷＨＯが一九七九年に撲滅宣言を出すなど抑え込みに成功した。そして永年にわたり人類に死の恐怖を与えてきた癌も、早期発見と治療法の開発により、以前のように大部分の人が亡くなるような絶望的な病気ではなくなりつつある。現代においても健康リスクへの対処には莫大な資源が投入されている、たとえば日本での「国民医療費」は、その年度内の医療機関等での傷病の保険診療による治療に要した費用を推計したものである。これが、二〇一九年度では、四四兆円余りに上り、国民所得に対する割合は、一一・〇六％とされている。この値は一九八九年度には、六・一五％であったことから、高齢化や医療技術の高度化などを反映して負担割合は八〇％も上昇しているというわけである。国民一人当たりの医療費は年間で一九八九年度が一六万円だったのが二〇一九年度には三五万円余りとなっている。これだけの大きな金額を健康のリスクマネジメントにつぎ込んでいるというわけだ。

人々はその長い歴史のなかで、いつも健康と病気の平癒を神に祈りつつ、一方で多大な努力・時間・コストをかけて医療・薬品を開発するとともに予防や治療に注力してきた。ここでも神と人々の努力の双方により、健康リスクに対するリスクマネジメントを推し進めてきたというわけである。

◆事故

病気と並んで何らかの不慮の事故によってケガを負う、死んでしまうというリスクも高いものがあり、人々の心配の種となっているのは昔からだろう。「気を付けて行ってらっしゃい」という出かける相手を気遣う表現も、途中で事故に遭ってケガなどしないで欲しい、という願いを込めた挨拶の言葉だ。ライオンやトラ、クマなど危険な動物の襲撃、木・崖・屋根その他高い場所からの落下、喧嘩その他の闘争行為、火災による火傷・焼死、湖沼・川・海での溺死、毒物の摂取による中毒、馬・馬車・船その他交通手段による事故、建設・輸送・製造等労働役務に伴って発生する労働災害等々、数え上げればきりがない程の事故のリスクに囲まれて人類は生活してきた。そして常に安全を求めてきた。

事故が起こるか起きないかというのは、紙一重で、ほんの小さな注意、きっかけや違いがあるかないかだ、ということも昔からよく分かっていたであろう。たとえば谷に渡された吊橋で、ある人までは無事に渡れたのに、その次の人の時に綱が切れ谷底に落ちたとか、崖の通行中に落石があり、たまたまそれに当たったとかである。まさに「偶然な」リスクの典型だともいえるだろう。小さな偶然にしてはその結果の違いが生と死を分け、中には不条理としかいえないようなことも多い。単に運がいいとか悪いとかいうようなものでは納得がいかず、神の意思によりそのような事故が起きたのだという説明でしか納得できないようなケースも多かったのであろう。だから、神にお願いをして、捧げものをして事故の無いように祈ろう、という考えが広く行き渡ったのは容易に理解できるところだ。

事故などが発生することが無いように、神に祈ることは、昔からごく一般的であったようで、日常の安全には「家内安全」を、旅をするときには「道中安全」、工事については「工事安全」、交通の安全には「交通安全」、事故の無い職場には「職場安全」、無事の操業には「操業安全」をというように使い分けて神様にお祈りしてきた。

神にすがるだけではなく、人は不幸な事故を防ぐために多くの努力を払ってきた。住宅を安全なものにするために、風に耐えられるように補強し、火事の被害を抑えるため耐火性を高め、地震でも倒壊しないように耐震性を高めた。さらに階段の角度を緩やかにもした。住まいの周りから害獣の駆除を行い、婦女子が一人でいても安全にした。渡れば溺れそうな川には橋を架け、さらに橋が流されないように鉄製・コンクリート製にし、構造計算も導入したし、転落を防ぐために欄干も付けた。交通面では、危険な峠道を避けられるようにトンネルや切通しを造り、安全にすれ違えるように道幅を広げ、また舗装し、さらに交通法規を定めた。街に車が増えれば、交通事故を防ぐために信号機を設置し、制限速度を定め、酒酔い運転の禁止、シートベルトの着用義務などを定めた。そして今日では衝突回避装置も普及し、近未来には自動運転により事故の無い社会が目指されている。鉄道においても、衝突や脱線を防ぐためのさまざまな工夫が行われ、列車自動制御装置などの導入は比較的早くから行われており、今日では時速三〇〇㎞を超える速度でも安全に走行可能なシステムが運用されている。

航空機においても相次いだ墜落事故の教訓を生かして事故を防ぎ、危険を回避するシステムが積極的に導入され、世界における二〇一九年の民間航空機による死者は二四〇人（前年五二三人）で、これは二〇〇三年の六六三人、その前年の九七四人と比しても減少している（IATAの年次報告による）。これが一九七〇年代前半には二〇〇〇人を超えていた年が連続していたことから見れば大幅な減少である。工事の分野でもクレーンや工事車両等、危険な機械の操作に当たっては特別な免許が必要とされるとともに、機械そのものに安全基準が設けられそれらを満たさないと出荷や運転が認められない。さらに、工事現場に安全衛生責任者の選任が求められるなど事故の発生を未然に防ぐ方策が講じられている。

このように事故の発生を未然に防ぐための努力は、古来営々と続けられてきており、神への祈りと相俟って、不幸な事故の発生を防がなければいけないという安全文化というものも社会に根付いてきている。

◆食の確保

太古からの狩猟採集をはじめ、その後の農耕や牧畜という人々の主業というべき活動の目的は、そもそも食べ繋いで生きていくことにあった。そして先祖がいつも恐れていたリスクの筆頭は、食物が入手できないで飢えることであった。飢えを防ぐために、食料を確保するために、狩猟、採集、農耕などに必死の努力を行ってきたのだ。しかしながらその努力の甲斐なく、食物が不足すると途端に厳しい状況に追い込まれる。飢餓のリスクというのは、動物界において宿命的なものであるとも言えるだろう。どの動物も、その環境で養える最大の個体数まで繁殖しようとする。個体数の増加がその種の繁栄の尺度であり、自分の遺伝子を持っている子孫をどれだけ残せるかというのが本能であるのだから、当然というべきだ。そして食物が足りなくなったら、移動したり餓死したりして個体数の調整が行われるわけだ。そういう意味で飢餓は自然の摂理のようなものなのだが、巻き込まれた個体にとっては大変だ。人間社会においても例外ではなく、飢えた本人たちや社会にしてみれば極めて深刻な問題となる。何しろ、限られた食糧を巡って、生き残るために各個人間や集団間で醜い争いをせざるを得ないのだから。何日間も食べるものがなくて、彷徨い歩き、草や木の皮、果ては死肉までもあさるようになってしまうのだ。そのようなあさましい姿というのは現代では想像しにくいが、ほんの数十年までは日常的なリスクだった。日本においても、第二次大戦中の南方戦線における絶望的な飢えや、そこまではなくても戦後の食糧難の時代というのは多くの餓死者が出るほど深刻なものであった。

この飢えというリスクはいろいろな原因によってもたらされる。個人的なレベルの飢えというのはたとえば、その家族のうち食物を与えてくれる働き手が亡くなったり、稼働できなくなったりという個別事情もあるだろう。狩猟・採集であれば、乱獲や異常気象による食物資源の枯渇があろうし、農耕基盤の生活であれば、風水害や干ばつ、病気、蝗の来襲による自分の耕作地の不作などがあろう。そしてこの状況が改善されない場合、最終的にはその個人と家族は餓死することとなる。

これが、その集落、地方全体、酷い場合には国全体に及んでしまった場合には、飢饉と呼ばれる状態になる。飢えとか、飢饉というのはそれ自体リスクとしての捉え方も可能であるが、これらは、干ばつ、風水害、冷害や蝗害などのリスクが発現した結果によってもたらされる事態でもある。

この飢餓のリスクについて、時代を分けて考えてみる。

①農耕導入以前

狩猟採集時代においては、狩猟や漁撈によって得られる獲物の量や採集できる果実等の量の変動というのが大きなリスクであった。すなわち、獲物や漁獲の量が少ない期間が続く、あるいは異常気象などにより果実などの収穫が少なければ、移動生活においては大量の貯蔵もできにくいため、直ちに飢えに結びつき、それは死に直結した。従って獲物等を継続的に与えてくれるよう、神（超自然的存在）に祈った。

この時代のリスクマネジメントについて考えてみると、まず、狩猟採集生活においてもその地域に応じたいろいろなやり方があり、獲物もマンモスその他の象や牛、トナカイなどの大物を狙うか、小型の鹿、イノシシ、ウサギなどの小動物を狙うかという違いがあるだろう。もちろん大型獣は仕留められれば大量の肉が採れ、相当の期間は一族の腹を満たすことができるし、狩人としても周囲に誇れるわけである。ただ大型獣は数が少ないので狙っていてもめったに猟果は得られず、たとえば三〇日に一頭しか得られない。さらに狩猟の際に激しく抵抗され、狩人が怪我を負うあるいは死に至るリスクというものもあったであろう。一方、小型獣はそれなりの数はいたから、毎日とはいかなくても三日に一匹くらいは獲れたのかもしれない。一族も猟果に対してそれほど大喜びはしないが、お腹は十分満たしてくれるし、新鮮な肉を味わえる、また小動物が相手なので怪我をすることも少ない。つまり大型獣はハイリスク・ハイリターンであり、小動物を狙うのはローリスク・ローリターンなわけだ。

また、一方で獲物が多そうな場所を選んだり、弓・矢・槍などの狩猟用具、釣り針や銛などの漁具に獲物を仕留める確率を上げるために改良を施したりして、怪我や獲物を逃がしてしまうリスクをできる限り小さくする努力を着実に行った一族は繁栄したのだろう。

②農耕という選択

人間の未来を予想するという能力の発達から出発して、農耕という選択肢が出てきたときも、リスクとの関係で分析できる。ジャレド・ダイアモンドによれば、農耕・牧畜のような食糧を自ら生産する生活へと移行させた理由は、多様であるが、主に五つの要因があったからだとする。

◆更新世末期に、大型哺乳類が絶滅して動物資源が減少した

◆気候の変化により、栽培化可能な穀類の野生種の自生範囲が拡大した
◆食糧の生産・加工・貯蔵に必要な技術の発展
◆人口の稠密化による、食糧生産への圧力
◆狩猟採集民と接触する地域の集落では、数の優位により追い払うことができた

ということである。[12] これら挙げられている要素は全てその通りであろうが、ここには、リスクの要素も考慮に入れるべきであろう。つまりリスクの要素を考慮に入れた場合にどちらが有利と判断されたか、あるいは結果的に残ったかである。

それでは、なぜ農耕を選んだのか。人類は、だいたい一万年前から五〇〇〇年位前までに農耕を開始し、その後徐々にではあるが農耕社会へ変わって、多くは農耕をベースとする社会へ移行した。もちろん牧畜という家畜を繁殖させ育成するというものも農耕とほぼ同じ時期に始まったとされているが、育てる対象が植物と動物の差はあれ、他の生物を繁殖・成長させその生物の一部や全体を人間の食料にし、それを生活の基盤にするという意味において、この二つは一括りの概念にすることができる。

もちろん、農耕の開始には前提があった。気候変動によって大型の獲物が減った状況においては大型獣の猟果であるハイリターンが減ってきたわけで、ハイリスク・ローリターン化しつつあったということである。それで、狩猟採集を続けるのであれば小動物の狩りにシフトせざるを得なかったということだ。氷河期の終わりとともに湿潤化が起こり、降水量が増えたこともちろん忘れてはなるまい。つまり、農耕が可能となった、つまりそれまではうまく育たなかったり、収量が少なかったりした植物がうまく生育するようになってきたのだ。要は気候の変化によって、人々に農耕によって生活するという選択肢が与えられたのだ。

最初に農耕を始めた一家や集団についていえば、もちろんそれまで通り狩猟採集の生活をベースとしながら、どこか最適と思われる場所、たとえば毎年決まって獲物の動物の群れが通る場所やサケなどが遡上する河岸に

比較的長期間住んだり定住を始めたりした。そして住居の周りの土地に、野生のムギやアワ、イネ、キビ、マメ等の種を植えてみた。そうしたら数カ月後に収穫できて食用にできた。翌年もう少し大規模に植えてみた、ということで、食糧供給が増えた。その後も狩猟と植物の栽培・収穫もやっていたが、どちらが主であるかが分からなくなっていった。そして農耕を行うということ、その方法および種は他の地域や集落にも伝えられた、そして他の集落でも農耕を開始した。というような連鎖であったのだろうか。

したがって、農耕が伝わった人々には二つの選択肢が与えられたのだ。つまりそれまで通り狩猟採集を主業として農耕を従とするか、あるいは、むしろ農耕を主とするように切り替え、狩猟採集を従とするか。つまり主要な労働力をどちらに傾けるかである。

このとき、明らかに農業が有利だと皆が思ったのであれば、直ちに農耕社会に切り替わったに違いない。ただしそうではなかった。人々はそれぞれのメリット・デメリットを比較して検討したのだ。ポイントはここでもリスクとリターンだったのだ。

狩猟採集生活においては、日々の生活では獲物が捕れなかった日々が続いたりして、ひもじい思いをすることも多いけれども、なかなか獲物が得られなければ、獲物を追って移動してそこに新たな住まいを造ればよい。つまり、身軽であり自由が利く。もちろん移動ベースであれば、運べるだけの財産しか持てないし、食糧の貯蔵もあまり持てない。住まいだって粗末なままとなるし、将来良くなっていく可能性は無い。つまり、投資の量は少なく、リスクの頻度は大きいが、リスクの影響度は低く、いわばローリスク・ローリターン型だ。そして将来の展望は描きにくい。

これに対して農耕は計画的だ、作物が育つ環境を作るため開墾して田畑などの圃場を造り、これを耕し、灌漑を行い、種子を播いて、生育期間中は世話をし、収穫期までじっと待つしかない。ようやくその時が来たら収穫して、来年のその時期にまで食い繋ぐため、貯蔵庫を設けてその中に保管しなければならない。ものすごい労働力の投入だ。これに対するリスクはどうだ、水が大切だ、旱天になってしまったら収穫できないし、かといって多すぎて洪水になったら耕作地もろとも流される。蝗害や冷害というのもあるかもしれない。また、敵対する集団に一年分の収穫物を強奪されるかもしれない。そうすればその後の一年間は食物がなく、飢えるしかない。一方で、ちゃんと収穫できれば、その後の一年間の生活は安定するし、さらに開墾すればもっと大きな収穫を得ることができるし、多くの家族を養えることになる。また、定住を前提として快適な住居を構えることもできる。つまり、農耕は労働・時間等の資源を耕地に集中させるしかなく、リスク発現の頻度は低いかもしれないが、壊滅的な被害をもたらすリスクを抱えている。そうはならず、うまくいけば将来の展望も開けるという、ハイリスク・ハイリターンだったのだ。

ここで何となくイメージが逆だと考える読者が多いかもしれない。明日得られるかどうか分からない獲物を追って移動する生活は不安定でハイリスク・ハイリターンで、一カ所に定住しての農耕はローリスク・ローリターンのイメージだという見方であろう。しかし、現実は逆だったのだ。農耕への移行はハイリスク・ハイリターンへの挑戦だったのだ。まさしく一所懸命を迫るものだったのだ。

このように、我々のご先祖様はこの辺のリスクの性質をしっかり見極めたうえで、また、気候というもののリスクをしっかり読んだうえで、ハイリスク・ハイリターンの農耕生活を選んだということになろう。

前章1（原始のリスクと宗教）でも述べた通り、農耕の選択というのは先祖が行った、リスクとリターンの選択の中でも相当重要な選択であったに違いないのだ。ハイリスク・ハイリターンに挑戦するにはリスクマネジメントをしっかり行うしかない。そのためには旱天が多少続いても大丈夫なように、灌漑設備を築く。作物を害獣に食い荒らされることの無いように柵を巡らす。貯蔵物を守るために頑丈な倉庫を建てる。皆で貯蔵物や集落を守るために防衛の仕組みや組織を作る。これらをまとめていえば、そう、文明の建設を始めたのだ。そうしておいて、仕上げは豊穣を確実にし、貯蔵物や集落の安全を超自然の存在・祖霊に祈願する、やがてそういう存在は神になる、つまり宗教の始まりだ。こうして集落のとりまとめ役が多くの集落の統合後の将来は王になり、祈願の専門職が将来の神官だ。農耕というハイリスク・ハイリターンの主業を選択することによって、人々はリスクに目覚め、社会を組織し、宗教を始めたのだ。だから文明の起源もやはりリスクマネジメントにあったのだ。

バーツラフ・シュミルは「エネルギーの人類史」において、エネルギーの投入から見れば初期の農業は狩猟採集に比し割の合わないものであったが、農耕は高い人口密度を支えることができ、もっと確実な食糧供給を提供できたと分析している。[13]

農耕生活と狩猟採集生活の選択について、自生の穀物種を栽培することを自ら考えだした、あるいはその方法を他の集団から学んだ状態で考えてみよう。農耕生活においては、食用になる種を農地に播き、これに労力を加えて育て、穀類であれば収穫まで半年待ってようやく口にすることができるわけである。まず、この間に暴風雨、洪水、干ばつ、蝗害などによって十分な収穫が得られないリスクがある。収穫物はその次の年の収穫期が来るまで食いつなぐ必要があるので、それまで貯蔵する必要があるが、この貯蔵物が、盗まれたり、鼠に喰われたり、カビが生えたりして劣化するリスクもあることも考慮されたのであろう。従って農耕生活に移行するかどうかについては、農耕の経験を重ねながら、その経験の積み重ねによって、自分たちの置かれた状況、つまり、耕作地の良否、気象環境、灌漑の要否、治安状況等を慎重に衡量しつつ、過去の経験から学んで、リスク評価を行いながら農耕へと移行していったのであろう。もちろん、小動物を主体とする狩猟採集生活にもそれなりのリスクというものは伴うものであり、そのリスクとの比較衡量によって農耕社会へと移行していったのであろう。もちろん、こういうリスクをリスクとして把握し、合理的かつ定量的に判断したということではないが、これらのリスクを考慮に入れた上で選択したのだ。そのリスクの頻度と大きさは経験で評価し、判断したのだ。だから、個人や集団の経験や置かれた状況によって移行の時期は異なったのだ。「石橋を叩いて渡った」集団もいただろうし、「パイオニア精神を発揮した」集団もいたのだ。いずれを選ぶかのキーとなったのは、やはりリスクであったのだ。そして農耕を行うにしろ、できるだけリスクを低減することができる環境を選んで、またリスクを低減できる状況を自ら作り出して農耕に全面的に依存する生活に移行していったのであろう。

③農耕時代以降

農耕時代になると、それまでとは異なり、農耕地に隣接した形での定住生活となった。移動の自由は捨てたのだ。これ以降、多くの人々は土地に縛られた形での一生を送ることになった。作物の収穫量は耕地の大きさに比例するので、土地は価値の評価基準となり、つまり富の代名詞となって経済的にも土地に縛られる時代が始まった。そして人々は一年毎に季節の変化に応じた計画的な生産を集団単位で行うようになった。移動の自由を自ら奪ったことは、定住したその土地、耕地の生産に運命を委ねたことになる。もちろん耕作に労力を傾注し、作物の性質を正しく理解し注意深くやれば、収穫はそれなりに増加することは理解していたであろう。しかしながら、たとえば冷夏となったり、旱天が続いたりすれば、作物の収量は大きく落ち込む。そればかりではなく、蝗などの大発生、鳥獣害、病害、洪水などで壊滅的な収量減に見舞われたりすることも多かったに違いない。そのようなリスクが発現することの無いように人々は、神に（初期には祖霊）にそのような厄災が発生せず、豊年満作となることを祈った。

特に日本においては、弥生時代以降、稲作が人々の生活維持の最大の基盤であり、米の収穫量（石高）をもって各地方やその土地の価値を測るような社会になった。だから米の収穫についての祈りは神への祈りの中核をなしてきた。神道の祈りはそこから出発していることが多く、現代の皇室の神道でも最大の祭りが新嘗祭という、米を中心とした穀物の収穫を感謝し、翌年の豊作を祈るという儀式である。これはいかに米の収穫の確保ということを、日本人は古代から神に希い、そして豊作になった時には感謝を捧げていたかが分かるというものである。五穀豊穣、なかでも米の豊作こそが神への祈りの根本であり、またそれくらいに米を中心とした食の確保を、古代より集団として第一義に希求してきたということが言えよう。そして、ひとたび飢饉が発生すると、何でもよいから口に入る物を求めて彷徨う流人や、その果ての餓死者が巷には溢れ、果ては人肉を喰らうようなことも行われたと記録には残る。そして飢饉というのはそう稀なことでもない。

中島陽一郎著「飢饉日本史」では、五六七年から一九七五年までに記録の残る五〇六件の飢饉を、飢饉の原因別に集計している。まず原因を、旱天、風水害などの「天災」と、流行病、戦争、地域エゴ（穀留、津留）等の「人災」に分けた場合、天災と人災の割合では七〇％近くが天災となる。そしてこの天災の原因別内訳は、旱天と風水害がそれぞれ三〇％程度、地震、天候不順（冷害等）と虫害（蝗害）がそれぞれ三〜四％で、残りが津波、噴火等となっている。[14] つまり、圧倒的に天候に左右され、台風襲来とか雨が多すぎたり、少なすぎたり、冷夏であったりして稲が不作になり食料が不足し飢饉にまで発展してしまうということである。もちろん残りの地震、津波、噴火などの地殻変動や蝗の害も恐ろしかったということだ。

近世の飢饉としては江戸時代の、享保、天明、天保の三大飢饉が有名であるが、もちろんそれ以外にも何回もの飢饉が日本列島を襲っている。中島は最近千年間の「十六大飢饉」を紹介しているが、これを見ると、昔から五、六〇年毎に大飢饉が来るという言い伝えは、まあ当たっているともいえるであろう。大きな飢饉になると夥しい数の餓死者が生じるのであるが、江戸時代三大飢饉の原因と餓死者数を挙げると、

①享保飢饉（一七三二年〜）では、中四国と九州を中心とする蝗の大発生により一八年間で一〇〇万を超える人口減を招いている。
②天明飢饉（一七八二年〜）では、畿内から東北にかけての冷害に端を発し、この次の年の浅間山の大噴火とこれによる降灰、さらに全国的な冷害により大飢饉となり、一〇年間に一一二万の人口減を招いた。
③天保飢饉（一八三三年〜）では、東北・関東での天候不順から始まり、次いで全国的な天候不順による凶作や暴風雨などが襲ったものとされ、二三年間で二九万人の人口減を招いた。

これを見ると特に天明は災害要素が重なった複合災害であったことが分かる。毎年繰り返される冷害と、

二万人にも上る死者を出したとされる浅間山の大噴火とこれによる降灰の被害、まさしく悪夢そのものである。これらの間隔は四〇~五〇年であり、これだけの頻度で飢饉が発生すれば、多くの人は飢饉の記憶を持っていたか、祖父母や長老から飢饉の話を聞いていたことになる。その記憶は鮮明であろうし、飢饉への恐怖というものが如何に大きかったかは容易に想像できる。

人々は祈った。適度の雨に恵まれ灌漑が行き渡ることを、冷害にはならないことを、病害虫が蔓延らないことを、そして五穀豊穣を神に願った。とにかく作物が平年並みに実らなければ、飢えるしかないのだから。もちろん幕府や藩によるお救い米等の救済制度はあるものの広範囲の飢饉ではあまり当てにはできない。そして不作になればその影響はその年だけにはとどまらず、種籾も食べてしまうことになったりして、その翌年の収穫にもさらに深刻な影響が残る。地獄のような飢饉の世界が数年にも亘って続くのだから、真剣で懸命な祈りとなるのは当然である。神の歓心をかうため、供物を捧げ、地域社会を挙げて祈った。

人々の真剣な祈りが聞き届けられ、収穫の時を迎え豊作となった年は、感謝の祈りが捧げられた。日本の秋祭りはどこでも盛大だが、世界各地に伝わる秋祭り、収穫祭などは神に豊作を感謝するとともに人々が互いを慰労し、共に収穫を喜んでその社会の絆を強めるのに大きな役割を果たしたに違いない。

人々は、神に豊作を祈る一方で、豊かな実りをもたらし、凶作を防ぐための努力も惜しまなかった。一つは災害等に強い農業システムの構築である。そしてまた一つは、災害に強く収量の多い栽培品種への品種改良である。

日本においても弥生時代から集団を挙げてリスク対策にその力を投入した。農業システムを強靭化させる取り組みは、まずは、灌漑が挙げられる。植物の生育に必要不可欠な水を圃場への降雨のみに頼るのではなくて、降雨のない時期にも耕地に人為的に水を供給するシステムの構築である。まずは灌漑水路の整備、これは、川の上流に取水堰を設けてそこから水路を作って耕地まで水を導くのであるが、場合によっては数キロメートルに亘って水路を整備する必要があり、大規模な事業にならざるを得ない。したがって少なくとも集落の全員の力を結集して、そのうえ長い年月をかけて構築せざるを得ないものであった。したがって、しっかりした計画を立案し、また集落中の力を結集できる指導者が必要であった。その指導者はリーダーシップと将来を見渡す構想力、さらに自然の法則（川の水量の変化、水の流れ方）などに関する理解を備えている必要があったろう。それでも川の流れは常に変化する、そして旱天が続いた場合には、川の流れも干上がってしまって十分な灌水ができなくなってしまう。だが、そういうときにも湖や池には水が湛えられている。当初はそういう湖沼から水を引いていたのかもしれないが、そういう旱天などの経験を踏まえて、今度は人工の溜池やダムを建設する。そうなるとさらに大規模な人員の投入を伴う大土木工事が必要となる。その場合、自分より下流の集落にも溜池の水を使わせる代わりに労力を提供させる。あるいは他の集落と共同で溜池を作るということも行われたであろう。そうなれば集落を超えてリーダーシップを発揮する指導者が必要となる。つまり広域の指導者だ。こうして「クニ」というものが構成され、そこの王というものが出現した。

日本でも鎌倉時代からは、干ばつ時に灌漑用水を確保するための揚水車も導入されたとの記録が残る。[15] このように、灌漑設備の整備というのは、少しずつ進んでいき、それなりの効果を発揮していったものとされる。その成果もあったのか、江戸時代になると干ばつによる飢饉というのは少なくなり、冷害や長雨、洪水によるものが多くを占めるようになっている。

農業は、タイミングが重要である、季節の移ろいの中で最高のタイミングを捉えて、耕地を耕し、肥料を与え、種播きをし、水田であれば田植えを行い、雑草を除き、収穫し、収穫物を乾燥させ、貯蔵する。古代からこの時期を知るために、天体の運行を観察して太陽と星の運行から季節を刻む単位とし、中程度の期間は月の運行そして生活のリズムとしてはもちろん日を単位とする暦が編み出された。つまり、季節を間違うというリスクを無くすため、暦という人類の大発明がなされたわけである。天体の精密観測に基づく天文暦学は、古代オリエントや中国だけでなくマヤやアステカなどのアメリカ大陸の古代文明においても大きな努力が払われたことが判明している。時を計りたい人々の欲求は日の中をさらに細分して、これを計る日時計や水時計などの器械も発明された。そして、我々が普段使っている時計の発明につながっていくのである。

さらに、収量を高めるためには、人糞から始まっていろいろな肥料が投入されて来た。さらに近代になると人類は窒素を与えるため、空中の窒素を固定するアンモニア合成による合成化学肥料を開発して収穫量を飛躍的に高めた。さまざまな病害虫による害の防止のためには農薬が開発されて、病害虫による被害を防いだ。その他、鉄を導入して牛馬に曳かせる犂の採用に始まる、農具の改良や新たな技術を生かした農機の開発、耕作方法の改良などの努力が続けられ、飢餓のリスクに対するリスクマネジメントに貢献している。

最近は合鴨農法による稲作が注目され、田植えの済んだ田んぼにカモを放して除草や防虫に役立てているそうである。昔の人も自然界を観察して鳥や魚の習性なども利用しながら、作物の生育中に発生するかもしれない害虫や雑草の被害のリスクから守ったのであろう。

もう一つは、作物自体の改良、品種改良である。太古の時代に栽培された作物は、現在のものと比べると、収量が少ない、栽培や収穫に手間がかかる、味が悪いなど欠点があった。さらに風水害に弱い、病気に弱い、寒さに弱いなどリスクに対して脆弱というものもあった。これに対して、人々は毎年毎年、優れた性質を持つ親株の種籾を選んで植え付ける、優れた性質を持つ株同士で受粉させるなどの方法を編み出し、人工的に品種を改良する術を身に付け、営々と品種改良を続けてきた。これにより収量が多いばかりでなく生育中にいろいろなリスクが生じても、その影響を受けにくい品種を開発して来た。そしてその営みは現代に至って益々活発化しており、ついに遺伝子の領域にまで至り、さまざまなリスクに対して強靭な性質を備えた遺伝子組み換え作物まで開発されている。

この品種改良は、農作物だけではなく、家畜・家禽にまで及び、牛、豚、鶏を中心に人間に都合の良いという意味で優れた性質を備えた家畜等へと変貌を遂げてきている。さらに人類は狼を飼いならして犬とし、羊などが逃げないような家畜の管理をさせたり、住宅に他人や害獣などが侵入しないように監視をさせたりした。あるいは猫を飼いならし、倉庫の収納物を食い荒らすネズミを捕らせた。犬と猫は現代においては、人々の孤独感をまぎらわせたりするペットとしての位置づけが大きいが、かつては人々のリスクマネジメントに大きく貢献してきたことに改めて気づかされる。

日本では稲作を基本としつつも干ばつや水害により稲の収穫が少なかった時に備えての裏作として、秋播きのオオムギやコムギによる二毛作も奈良・平安時代から推奨されている。つまり、稲作への一本足打法ではなく裏作も行い、リスクの分散を図るというリスクマネジメントを行うことを奨励したのだ。そして鎌倉時代にはこの裏作の収穫については租税の対象とはしないものとしており、この措置は多少の変遷はあったものの江戸時代まで残った奨励策であったとされる。

◆食糧貯蔵とリスク

飢餓へのリスクマネジメントのうちで貯蔵ももちろん重要である。米や麦、トウモロコシ、マメなどの主食となる穀物は、もともと乾燥しておけば年単位の長期保存が可能である。というより、人類は長期保存が利くからこそこれらの穀物を主食にしたのだ。これも立派なリスクマネジメント活動の一環だ。

その年の長期間に亘って汗水流して農作業を行い、やっと稲や麦などの作物が実りの時を迎え、収穫するわけである。一般に主作物の収穫は年一回なので、この収穫物によって一年間食べていかなければならない。また為政者が取り立てる税の部分も納付まで保管する必要がある。そればかりではなく次の年の栽培のための種籾はとっておかなければならない。さらに、来年も豊作とは限らないわけだから、凶作の時に備えた予備の分もできれば欲しい。したがって収穫物の保存の必要があるが、食料の保存であるところから、いろいろなリスクに晒された。貯蔵食料はネズミなどにとっても格好の食物になる。湿気を防いでおかないと収穫物に腐敗や黴の被害が生じる。外部からの強奪あるいは集団内部の者による窃取のリスクもある。こういうリスクを最小限に抑えるため、たとえば日本では高床式倉庫が考案された。これはネズミ返し等も設けられ、さらに風通しなどもよくできている。その最も発達した形が東大寺・正倉院の校倉造りだといわれるが、奈良時代の聖武天皇の愛用品などが、千数百年経過しても当時と変わらない姿を見せてくれる。また、このほかにも日本各地に残る土蔵造りの蔵は、防火、防犯などを企図して建設されたものであるが、現代にまで伝わる土蔵の姿は、日本の街並みの景観を形成し、貯蔵物が傷まない形でできるだけ保ちたいという、弥生時代から営々と積み重ねられてきた、先人のリスクマネジメントへの努力を象徴する造形なのであろう。

その他にも人類は本来、長期保存には不向きな食糧を保存食糧に変えたのだ。方法は、水分を無くす、酸やアルカリ環境にする、酸素を無くす、熱したり冷やしたりする等をして細菌等が繁殖できないようにするのが一般的であった。具体的には肉や魚では、干して乾燥、塩蔵、燻製、酢漬け、粕漬けなど、また野菜や果実では、乾燥、漬物、ジャム、発酵などを行った。このように古くから、冷蔵庫や缶詰、真空包装などがない時代にも相当な工夫を行って来ている。この食糧の長期保存技術というのは、人類が食いつないで生き残るために行ってきた、リスクマネジメント活動では地味だが、重要でまた、発酵食品など新たな食品の世界を開拓するという輝かしい成果を残したものであったのだろう。

◆神と人の営為による安寧

これまで眺めてきたように、人類は、自伝的記憶を得て以来、自らや集団としての経験から未来を予測できるようになった時から現在に至るまで、自らの死をはじめとするリスクについて認識し、その発現について怖れ、その恐怖に苛まれるようになった。しかし人々はそのようなリスクに向かい合っていく中で、神への信仰を得、神に祈ることによって心の安寧を得た。また神に祈るばかりではなく、自らそれらのリスクについての対処方法を考えて編み出し、その方策を実践するという絶え間ない努力を傾注してきた。これらの努力の後に残ったものが進歩の足跡であり、それによりその前よりほんの少しリスクについての脆弱性を改善し、ほんの少しの安寧を感じてきた。その悠久たる努力の歴史の積み重ねにより、リスクに対してより強靭な個人、社会が形成されてきた。そしてそのような努力の営みの結果として文明社会が建設され、これを発展させてきた。

従って、文明というものはリスクに対する神と人間の共同作業によって築かれたということができよう。そしてそのエネルギーの源泉は、リスクに対する不安や恐怖などの苦悩から逃れ安寧を得たい、という人々の強い思いだったのだ。つまりリス苦こそが人間に安寧を希求させ、文明を築かせたのだ。

2　リスク発現後への対処

◆保険

人々は道を造り、橋を架け、交通に関するルールを整備するとともに、信号システムを整備し、安全な車を作り、安全運転教育を行い、ナビゲーションシステムを整備し、警察も取り締まりを強化して安全に目的地に到達できるようにした。一方で人々は交通安全を神様に祈り交通安全のお守りを頂いた。これらのおかげで交通事故というものは相当減った。警察庁の統計によると、日本では交通事故の死者が、一九七〇年のピーク時には一万六七六五人だったものが二〇二一年では、二六三六人にまで減っている。つまり総死者数では六分の一以下にまで減っている。これが人口一〇万人当たりでは、一六・三三人だったものが二・〇九人にまで減って、こちらは八分の一だ。交通事故による負傷者も、二〇〇四年の一一八・四万人がピークで二〇二一年には三六・二万人にまで減少している。これは極めて喜ばしいことで、日本社会がそれだけ安全になったということだ。

しかしながら減少したとはいえ、やはり事故は多数発生しており負傷者、死者も依然として多いというべきだろう。つまり、状況は改善されたがリスクは現在もやはり存在し、脅威となっているということだ。そして、負傷者や死者が発生する限り、交通事故に備えた救急体制や医療体制は不可欠である。たとえば高速道路上で事故が発生した場合には、負傷者救助搬送のための救急車やレスキュー隊、出火すれば消防車、それから現場検証、車線規制や安全通行のための警察および事故車の撤去のためのレッカー等多くの機能・組織が必要とされ、その隊員の活動が必須となる。さらに事故車については修理工場での修理が必要となったりするわけだ。

さらに事故で、たとえば、運転していた一家の大黒柱である父親が死亡した場合には、一家は収入の途が突然絶たれ、たちまち生活に困窮してしまう。こういうもしもの時、つまりリスクの発現時に機能するのが生命保険や損害保険だ。契約しておいた保険の死亡保険金がもらえれば、経済的な困窮は避けられる。その父親が負傷して治療したけれども重度の後遺症が残った場合も後遺障害保険金や高度障害保険金が支払われる。その事故が他の車の運転者など他人の過失によって発生した場合には、その他人、つまり加害者は、刑事上および行政上の責任を負うほか、民事上の責任つまり自動車損害賠償保障法や民法の規定により、被害者の損害を賠償する責任を負うことになる。つまり、治療費、慰謝料や逸失利益などである。重大事故の場合その額は被害者一名あたり数千万円、場合によっては一億円を超えることもある。このような多額の賠償金を直ちに負担できる人は稀であろう。そこで賠償責任保険の仕組みが活用されることになる。つまり、自賠責保険（自動車損害賠償責任保険＝強制保険）と自動車保険（＝任意保険）の対人賠償保険だ。これにより、加害者が負う賠償責任のリスクを肩代わりさせることができる。また、被害者の車両の損害に対する賠償も発生するが、こちらは対物賠償保険でカバーすることができる。こちらも、最新のハイブリッド車・電動車等で、自動運転や衝突防止装置等が搭載されている場合には、車両も高価になっており、また修理費も高額化するので注意が必要だろう。もちろん、自損事故などで加害者がいない場合には、運転者や同乗者の傷害・死亡には人身傷害保険や生命保険、自車の損害には車両保険で支払われることとなる。

このように、生命保険や損害保険というような保険制度は、リスクの発現そのものは防止できなかった結果として、傷害・死亡あるいは財物の損害が発生した場合に、経済的な損失を補塡するシステムで、重大なリスクに対処し、経済的な備えを行うために人類が構築した制度の一つである。これにより、たとえリスクの発現は防止できなかったとしても、経済的な影響は大きく軽減することができる。つまり、重大なリスクについても、少なくとも経済的には安寧を得ることができるわけだ。

◆保険制度の起源

生命保険の起源は諸説あり、古代ローマの相互扶助組織であるコレギア・テヌイオルムを萌芽とする説や中世ヨーロッパの商人や職人の同業者組合であるギルドの相互扶助の仕組みが起源という説がある。さらに十七世紀末に英国の牧師の組合で一定の拠出を行って亡くなった牧師の遺族に給付を行うという仕組みが誕生し、ここらあたりから本格的な生命保険制度に発展したとされる。

一方の損害保険は、中世における地中海貿易で盛んであった冒険貸借がその源流とされる。これは航海業者が利用した、金貸しからのローン契約である。無事に航海が成功した場合には、比較的高利の利息をつけて元金が返済される。けれども、海難にあって船が全損になった場合には、債務が免除されるという契約であり、十二〜十三世紀に地中海沿岸都市で盛んに行われていた。しかし、貪欲・徴利が悪徳とされて、ローマ教皇庁から利息禁止令が出されたため、ローンの部分をなくし、保険料となる対価と引き換えに損害に対して支払う機能のみが残って、海上保険につながっていったものとされる。また、火災保険の方は、ロンドン市街の四分の三を消失したとされる一六六六年のロンドン大火の被害の教訓からイギリスで誕生している。この保険の仕組みというのも、リスク発現後の経済的な影響を緩和したいという、人類のリスクに対する闘いから整備されたものということができる。

生命保険・損害保険はいずれも、リスクに晒されている個人や企業が保険会社と契約して保険料を支払い、想定されているリスクが発現してしまった場合、つまり、本人が亡くなった、自宅や工場が火災で焼失した、船舶が沈没した、自動車事故が起こった場合などに保険金が支払われることを約束した契約である。

もちろん保険は、これらに限られるものではなく、国・地方公共団体や勤務先の会社などが提供するものもある。病気やケガの時の治療費を補填するのが健康保険で、国の政府管掌健康保険から移管された協会けんぽ、企業の健康保険組合の健康保険や市区町村が主体となる国民健康保険などがある。老齢になって受け取るのが年金だが、これも保険だ。日本では公的年金は三種類に分かれ、国民年金（全国民）、厚生年金（企業勤務者等）および共済年金（公務員等）となっている。これも六五歳など一定の年齢に達するなどの条件に合致した時に年金給付を受けられるが、「保険料」を納めていることが前提となる。介護を必要とする人に介護費用を支給するのが介護保険で、市区町村が運営する。失業保険（雇用保険）や労災保険は労働保険として国（厚労省）が所管している。

このようにいろいろな保険制度は人生のさまざまなリスクに遭ってしまった人に、そのリスクが発現した状態そのものを無かったことにするのは難しいけれども、金銭的に補填することにより、できるだけそのリスクが発現しなかったと同じような経済的状況に復元するというのが制度の役割である。つまり病気、老い、要介護、労災事故、失業というリスクの発現に遭った人に対して経済的な補填をするというのがこれら公的保険制度の役割であり、人類が人生におけるさまざまなリスクに対応するために編み出された制度である。

もっとも、これら福祉制度でさえ、ユヴァル・ノア・ハラリが指摘するように、「整備を行った国家の当初の目的は、国民を幸福にすることではなく、強健な兵士と労働者などを育成し富国強兵を達成し国民の忠誠心を確保することだった[16]」のかもしれない。もっとも、ハラリも現在では考え方は変わり、人間は幸福になる権利がありこれに不満を抱かせるものは何でも「基本的人権」を損なうので国家は措置を講じるべき、と求める社会に変わってきていると指摘している。

◆保険以外のリスクヘッジ法

企業を取り巻くリスクの分類方法には、いろいろあるが、たとえば金融庁から銀行などの金融機関が破綻などしないように、管理することを求められているリスクは、信用リスク、市場リスク、流動性リスク、事務リスク、システムリスク等とされている[17]。

この中で、市場の参加者の思惑によって価格が上下して、これによって損失が発生したり利益が発生したりするリスクを市場リスクと呼んでいる。つまり相場変動のリスクであり、代表的なものは株価、外国為替、金利、商品市況などである。これらのリスクに対処するために、近年ではさまざまな金融商品が開発され、市場リスクによる損失に備えるため、あるいは市場リスクを利用して利得を得るために利用されている。たとえば、商品を引き渡せる時期より前から、値段を決め引き渡すことを定める先渡取引、架空の標準物を定めこれを売買する先物取引、先物を売る権利、買う権利だけを売買するオプション等さまざまである。これらはデリバティブと呼ばれ、まさしく現代におけるリスクマネジメントの有力な手段である。このデリバティブの本質というのは、相場なら価格変動リスクを誰か第三者に転嫁するというもので、相手方は基本的にはそのリスクを引き受けるというものである。

そのうちの一つである先物取引は江戸時代の大坂・堂島の米市場において世界で初めて開始されたものとして有名である。当時の大坂における米市場と市場参加者である米商人の先進性には感嘆させられる。またこれは、江戸時代の経済制度が安定を保っていたことの証左ということもできよう。

このデリバティブというのは別に市場リスクだけではない、信用リスクつまり会社が倒産した時に発動する信用デリバティブというのもある。つまり保証人と同様な機能を果たすわけだ。

デリバティブには、その他にも気温や天候を対象にした天候デリバティブや地震の発生を対象にした地震デリバティブなどさまざまなものが開発され、販売されている。たとえば、電力会社にとって夏季はエアコンの使用が増え電力需要が増加するので、書き入れ時となる。ところがその肝心の夏が冷夏となってしまった場合には想定されていた電力消費にはならず、売上減となり、営業利益の減少を招く。このようなリスクをヘッジするのが天候デリバティブであり、たとえば対象とした夏（六月～九月等）の平均気温が、指標とした数値より一℃以上低かったら一℃当たり〇〇円を支払うという約定を行うものである。四季それぞれで、売り上げが天候や気温に敏感な、電力会社やガス会社、氷菓や清涼飲料販売メーカー、アパレルや屋外で天気に敏感なビーチリゾート、遊園地、スキー場やゴルフ場など幅広い業種に需要がある。

このように、リスク発現後の対処のために各種保険やデリバティブなどの制度が整備されたのだが、ここで重要なことは、その整備の過程を通じて、それまで怖れ、怯えるしかなかったリスクというものが数量的に評価されるようになったことだ。保険料というのは、リスク引受けの対価であり、その算出の基礎となるのは数量的に評価されたリスクであるからだ。もちろん、それは過去の経験つまり統計から将来のリスクを評価するものであり、未来を「正しく」予想できるものではない、という意味で限界はある。そういう意味ではリスクを「克服」するものではあり得ないが、過去からリスクというものを学び、そのリスクについて定量的に把握できるようになった意味は大きいのだ。それまで暗闇の中で恐怖の対象として潜んでいたリスクに対して、弱いながらほんの少しの光を当ててその姿を把握することができるようになったのだ。ただ、その姿はあくまで昨日までの影を映したものであり、明日の姿を確実に捉えたものではないところに注意する必要がある。第Ⅳ章2（リスクは制御されていくのか）で述べるように、「確実な」未来は誰にも見えないのだ。未来はいつも新たな衣装で現れる。

3　リスクマネジメント

◆企業・個人のリスクマネジメント

これまで述べてきたようにリスクというのは、宗教と人類文明を築いてきた原動力であり、これがなければ現代の人類の繁栄などというのはあり得なかった。

だからリスクは人類のパートナーなのだが、このパートナーは上手に付き合っていかないと大ヤケドをしてしまうという難しいパートナーなのだ。それで、現代では企業はリスクと上手に付き合うため、つまり、厄災をもたらすリスクをできる限り回避したり、最小化したり、発現したとしても影響をできるだけ抑えたりするという、リスクマネジメントの仕組みを導入するのが普通である。大企業の場合には、リスク管理委員会という委員会を置き、リスクに関する責任者である最高リスク管理責任者（ＣＲＯ：Chief Risk Officer）を任命し、全社的なリスクマネジメントを推進する専門の部門を設置し、そこでリスクを管理しているのが通常のこととなっている。そしてさらに進んだ会社では、積極的に特定のリスクを取りつつ（リスクテイク）、その見返り（リターン）としての利益を求めていくリスク・アペタイト・フレームワークというものも定め、運用している。もちろん、そのテイクするリスクについてはしっかりと見極め、管理しつつも積極的に取りに行こうというわけである。

ピーター・バーンスタインは「リスク――神々への反逆」の中の「はじめに」で、

　将来に何が生起しうるかを定義し、代替案の中からある行為を選択しうる能力こそが現代社会の中核に存在すべきものである。リスクマネジメントによって、多岐にわたる意思決定問題について指針が与えられることになる

としており[18]、さまざまな意思決定についてリスクマネジメントによって指針が示されるものとしている。

日本では、二〇〇六年に会社法が施行され、リスクマネジメントの実施が義務付けられており、現在ではリスクマネジメントは大企業ばかりではなく中堅企業にも当然のこととされ、企業経営の必須事項とされている。そしてリスクマネジメントは、企業だけではなく国民全体のリスクを管理し、国民の生命と財産の安全を確保する責務を負う国をはじめとして地方公共団体等、各種公益団体にも導入されている。

では、企業のリスクマネジメント活動で何をやっているのかをごく簡単に述べると、

①自社がさらされているリスクをリストアップ（発見・特定）する
②それらのリスクについて、その発生頻度や発現した場合の影響度などを分析し、評価する
③リスク分析の結果から対策の優先順位を決定する

④優先順位の高いリスクから対策（回避、軽減、転嫁、保有）を講じる

という一連のプロセスをCRO中心で繰り返して進めていくという活動である。ここで対策の四つは次の内容を指している。

回避：そのリスクとの関係を遮断する
軽減：発生頻度や影響度を小さくする
転嫁：リスク発生の影響を他者に移す（主に保険など）
保有：損害が発生した場合には自ら負担する

つまり、企業の目標に影響を与えるかもしれないリスクを特定し、それを分析・評価して対処の優先順位を定めて対策を打っていくというものだ。

一方で、個人のリスクマネジメントについては、その必要性が説かれることも、解説した書物も少なかったのが現状であろう。しかしながら、人生のまた日々のリスクマネジメントという考え方を、自身で実践して、リスクと上手に付き合うということは極めて重要なことだ。そして、読者諸氏が大きなリスクを意識しながら職業および日常の生活を送っていただいて、思わぬリスクの発現に遭い、臍を噛むような悔しい思いをするような羽目に陥ることをできるだけ回避して、実り多き幸せな人生を送っていただければと思う。

個人のリスクマネジメントのアプローチは基本的には企業のものと同じで、

①リスクの認識：自分が晒されているリスクを知る

②リスクの分析：認識したリスクに対して、発現した場合の影響度などを評価する
③優先順位決定：対策の優先順位を決める
④対策実施：回避、軽減、転嫁、保有のリスク対策を実施する

しかし、これらの前にリスクというのは目標に対する不確実性であるから、自身や自分の家庭の目標というものをしっかりと確認して、この目標の実現に影響を与えるかもしれないリスクについて検討を進めていくことが大前提になる。つまり、

◆自分は何を実現させたいのか
◆その目標実現の前提になっているものは何か

についてしっかりとした自覚を持ったうえで、このアプローチを行うことが重要であろう。さらにリスクマネジメント活動は常に新たな事態に対して見直しを行ってそれを繰り返していくことが必要であり、つまり所謂ＰＤＣＡサイクルによって前進させていくことが重要である。

◆リスクテイク……誰がリスクを負うのか

企業活動の中でのリスクマネジメントについて、何らかのプロジェクトを検討する時や、新たなビジネスモデルを検討する時、さらには他社との大きな取引や何らかの取決めを行う時などにリスクの分析は欠かせない。そしてそのプロジェクトにどういうリスクが潜むのか、その発現の頻度や規模はどうか、という検討は必須であるが、それと並んで重要なのは誰がそのリスクを負担するかである。

つまり、たとえばある工場の建設プロジェクトにおいて、自社が元請けの建設事業者であった場合に、先ず

どういうリスクが発現し得るかだ。当然工事にはいろいろなリスクが絡んでくる。たとえば、建設中の火災、据え付けられるべき製造機械の輸送中の破損、建設機械の工事現場における盗難、地震による建物、機械設備の破損、建設に携わる労働者の労災事故、設計上の問題による設備の試運転中の破損、爆発事故による近隣住民への賠償責任の発生、発注者からの仕様変更の指示・工事代金支払いの遅延、騒音や振動を巡る近隣とのトラブルさらには、これらの事故などの要因に伴う工事完成の遅延など多種多様なリスクが工事中には発生する。めでたく工場の完成引渡しが済んでも、設計・製造・材質・製作・工事の瑕疵が顕在化した場合には、瑕疵担保責任が発生し得るし、このためにその工場から産出された製品に有害物質が混入した場合の賠償責任や回収費用などいろいろな損害が発生し得る。いい加減なリスク管理により、リスクを誰が負担するのかを明確にせずにプロジェクトを進めた場合には、リスクの負担責任を巡る発注者や他の工事関係者との紛争が生じるばかりではなく、最悪これらのリスクをすべて自社で抱え込んでしまうような結果にもなりかねず、そういうリスクが発現した場合には、大損害を被り場合によっては経営破綻を招くような事態に陥ることもあり得よう。

したがって、リスクの分析とともにそのリスクに対する負担者を決める、すなわちリスク分担を明確にしておくことと、大きな損害を招く可能性のあるリスクに関しては、できるだけ保険を手配するという事が重要である。もっとも保険の手配という行為そのものが、そのリスクに対して保険料という対価を支払って保険会社にリスク負担を求めるわけであり、保険会社をリスク分担に含めるとした方が実務上は分かりやすいかもしれない。

このリスク分担の考え方は、引渡し前の工事の目的物などに生じた損害に関しては基本的には請負業者、引渡し後は発注者となるが、工事毎に決めるのも煩雑なため、リスク分担についても盛り込まれた標準的な工事請負約款というものが制定されており、日本では国土交通省の下で中央建設業審議会が策定した「建設工事標準請負契約約款」として公表されており、各当事者（発注者、元請負業者、下請負業者等）はこれを土台として契約を交わすことになる。

個人のリスクについてもちろん例外ではなく、取決めによるリスク分担は、極めて身近なところでも通常行われている。たとえばインターネットによる物品やソフトの購入、何らかのサービスの提供については、ＰＣの画面上に契約約款が表示され、これに合意しないと、つまり「同意する」のボタンをクリックしないと先の手続きはできないようになっている。この約款条項はだいたい細かい字で分かりにくい文章が大量に並んでおり、これらを熟読し吟味するには数時間を要するものも多いので、実際問題としてこれをじっくり読んでからクリックする人は少ないであろう。しかしながら、これらの多くの条項は何か「通常でない」ことが発生した場合に、事業者側の責任を免れさせたり（免責）、責任の限度を設けたりするものであること、つまり事業者側に有利になるようにリスク分担を設定していることに注意が必要である。

リスクをどういうふうに分担するかは、大昔から納税の問題とも絡んでいた。たとえば、農耕からの収穫物に対して課税する場合、その課税を田畑の面積に応じたものとすれば、公である領主側は、収穫の多寡にかかわらず一定の収穫物が税として得られることになる。つまり領主のリスク分担は無くなる。一方で農民側は豊作で収穫が想定量を超えれば、面積に応じた一定の税分だけ納めれば、それを超える分は全て自分のものとなる。しかし反面、不作になった場合には、農民の取り分は大きく減少してしまい、酷い年には税分さえ収穫するのが困難となってしまう。つまり収穫量の増減リスクは農民の負担となる。

一方、そうではなくて、四公六民（四割が領主側、六割が農民の取り分）とかいうように、収穫高の一定割合を納めるとの規定であれば、収穫高の増減リスクについては領主側と農民が分担し、豊作の時にはどちらも共に笑い、不作の際には共に泣くという事になる。

◆リスクリターンとリスクアペタイト

先にはリスク分担には気をつけようと書いたが、一方、リスクを負担するものが利潤を得ることができるというのはこの世の中の大きな原則と言えよう。古来の「虎穴に入らずんば、虎子を得ず」という格言はリスクを負うことの重要性を説き、逆にリスクを冒さない者は利益を得ることができないとしている。いわばリスクテイクの勧めともとれる。

これは人生にも当てはまる、サラリーマンとして着実な人生を続けていれば大金持ちになることはないかもしれないが、食いはぐれることはない。他方、自分で事業を興せば巨額の負債を抱え倒産することがあるかもしれないが、うまくいけば巨万の富を得ることもある。つまりローリスク・ローリターンの人生を目指すかハイリスク・ハイリターンの人生を目指すかである。就職・進路決定の時にもこのどちらを選ぶのかは大きな要素であり、これはいつの世の中でもそうであろう、つまり、たとえば公務員であれば通常、国や自治体の破綻というのは稀であり、基本的には大変安定した職業である。対して起業するという事になれば、ある程度のお金を工面して事業に投資し、うまくいけば大きな利益が得られようが失敗すれば大きな借金を抱えてしまうこととなる。

体を使う職業にもそういう面はある、スポーツ選手、たとえばプロ野球のレギュラーのスター選手となれば、有名になるだけではなく数億円もの年俸を稼ぐことができる。しかしながら、そういう選手はごく一握りであり、大部分は入団しても一軍の試合に常時出場できる人は稀で、多くの選手は諦めて去っていく。俳優やミュージシャンなどもハイリスク・ハイリターンな職業と言えよう。しかし毎年、多くの若者が、起業に、スポーツに、エンターテインメントビジネスに挑戦してハイリスク・ハイリターンビジネスに活気を与えている。安定志向の若者とハイリスク志向の若者の違いは何であろうか、いろいろの分類が可能であろう、現実志向派と夢志向派、リアリストとロマンチスト等々。しかし集約できる言い方としてはリスク選好という言い方であろう。一人一人がリスクというものに対する選好を持ち、しかもその選好は一人一人異なるという事ではないだろうか。

田中さんは人生の設計の進路の選択においては極めて保守的で公務員になったが、仕事面では新しいことにどんどん挑戦して成果を残す。しかし日常の生活は極めて質素でつつましやかさを絵にかいたような生活をしている。鈴木さんは起業家としてニュービジネスに次々に挑戦し、巨額の財を成したが次から次へと身の丈を超える投資を行い、ついに躓き破産する。中村さんは、起業したが、危ない事業には全く手を出さず、毎年五％程度の成長を続けている等々……まさに人さまざまである。もうお分かりであろうか、このリスク選好は、実は個人の個性を決定する要素が非常に大きく、人格の決定要素の大きな部分を占めているのである。一人一人の小さな行動にもリスク選好は常に顔を出している。

注

1　クラウゼヴィッツ著「戦争論」徳間書店（淡徳三郎訳）１９６５年　38－１５５頁
2　ローレンス・フリードマン著「戦略の世界史（上）」日本経済新聞出版　２０１８年　１５０－１５３頁
3　水野章二著「災害と生きる中世」吉川弘文館　２０２１年　34－35頁
4　江浦洋著「洪水からの復興」（文化庁編「日本人は大災害をどう乗り越えたのか」）朝日新聞出版　２０１７年　40－59頁
5　ジャレド・ダイアモンド著「銃・病原菌・鉄」草思社　２０００年　上巻１３０－１３２頁
6　ジャレド・ダイアモンド著「銃・病原菌・鉄」草思社　２０００年　上巻２６３－２８６頁
7　ジェニファー・ライト著「世界史を変えた13の病」原書房　２０１８年　14－21頁
8　ジョヴァンニ・ボッカッチョ著「デカメロン上」河出書房　２０１７年　18－19頁
9　ウォルター・シャイデル著「暴力と不平等の人類史」東洋経済新報社　２０１９年　３８２－３８３頁
10　ジャレド・ダイアモンド著「銃・病原菌・鉄」草思社　２０００年　上巻２８７－３１７頁

11　田家康著「気候で読む日本史」日本経済新聞出版社　２０１９年　61－65頁
12　ジャレド・ダイアモンド著「銃・病原菌・鉄」草思社　２０００年　上巻１４９－１６３頁
13　バーツラフ・シュミル著「エネルギーの人類史」青土社　２０１９年　上巻76－85頁
14　中島陽一郎著「飢饉日本史」雄山閣　１９９６年　10－１５６頁
15　田家康著「気候で読む日本史」日本経済新聞出版社　２０１９年　１６４－１６８頁
16　ユヴァル・ノア・ハラリ著「ホモ・デウス――テクノロジーとサピエンスの未来」河出書房新社　２０１８年　上巻40－47頁
17　金融庁「主要行等向けの総合的な監督指針（令和二年一二月）」
18　ピーター・バーンスタイン著「リスク――神々への反逆」日本経済新聞社　１９９８年　14頁

第Ⅳ章　これからのリスクと宗教

1　死のリスク

◆寿命

哺乳類の中では人間の一〇〇年とか一二〇年とかいう長寿の方の寿命は相当長いものであるようだが、生物界では上には上がいるようだ。大島靖美著「４００年生きるサメ、４万年生きる植物」によると、脊椎動物の中では、ニシオンデンザメというサメが四〇〇年も生き最長とされる。昔から日本では、鶴は千年、亀は万年とか言って長寿を象徴する動物とされているが、実際は鶴で六二年、亀では、アルダブラゾウガメで一八三年とされている。哺乳類でもホッキョククジラが二一一年プラス・マイナス三五年とされており、人間が哺乳類最長というわけではないらしい。サメの四〇〇年というのは相当なもので、四〇〇年前に生まれるというのは、日本では江戸時代初期に当たり、徳川秀忠が第二代将軍だった頃で、この頃から現代まで生きているということになる。無脊椎動物では、一〇〇〇年を超えるものも多くなり、サンゴでは四〇〇〇年以上のものもいるらしい[1]。

これが植物になると、屋久島の屋久杉の中に一〇〇〇年を超えるものがあり、縄文杉などとして有名であるが、スギなど裸子植物の仲間ではスウェーデンのトウヒは九五五〇年とされている。つまりこれなどは、最終氷期が終わって人類が農耕を開始しようかという時代から生きていたということだろう。人間を含め有性生殖を行う生物にとっては、ＤＮＡ情報は永久的な存続が図られるが、個体としては死が運命づけられており、いずれも寿命が尽きれば死を迎えるしかない。つまり、各個体というのは、ＤＮＡというバトンを引き継ぐリレー走者でしかないのだ。

◆死のリスクについて

リレー走者だからDNAを次の世代に引き継いだらそれで用済みで、仕方がないとは言われたとしても、一人の個人にとって、死は最大のリスクなのだ。太古に人間が過去の経験から未来を予想する能力を身に付けたときから、自分はやがて死すべき存在であることを悟った。その「呪われた」運命とリスクを意識することを通じて、人々は神を崇めるようになり、未来が恐ろしい、呪われたものにはならず、ささやかな希望が叶うことを祈った。また、リスクが発現して悪夢の未来となることを防ぐために、知恵を絞り、汗を流した。飢え死にを防ぐためには灌漑や築堤を行い、敵による襲撃を防ぐためには防塁を築き、犯罪や敵によって理不尽に殺されることがないように警察や軍隊、さらには統治機構を組織して文明を築いた。したがって死のリスクに代表されるリスクに対する恐怖が人間をして文明を築かせた原動力になったともいえるのだ。

「死」とは、死んでゆく本人にとっては、何しろリスクの結果を受け止める主体者である本人が存在しなくなってしまうのであるから、究極のリスクといえよう。しかしながら現代になっても、人間にとって死は大きな謎だ、必ず誰もが経験することなのに、最大の謎と言ってもよいかもしれない。死後の世界というものがあるのかないのかという問いがその謎の中核なのだろう。つまり、人間は肉体と魂から成っており、死後、魂は肉体を離れて「何らかの」死後の世界へ逝く、という太古からの二元論は、多くの人がそうあって欲しいと願っている、あるいは信じている考え方なのであろう。とにかく、親や祖父母からはそう教えられたし、また死んだら全てが消えてしまうと考えるよりも、肉体は滅んでも自分の魂は残ると考えた方が「安心」できるからだろう。

死の意味はシェリー・ケーガンが『「死」とは何か』で説くように、人間を物質的な身体と非物質的な魂があるとする二元論と、魂というものは存在せず、思考、感情、記憶、創造などさまざまな精神活動をも含めて行うことができる身体が持っている能力であるに過ぎないとする物理主義と呼ばれる説との二つの考え方があるとする。[2]

二元論を採る場合には、身体とは別の非物質的な魂があるわけであるから、この魂というのはたとえ、身体が死んで機能を停止し、腐敗とか焼却とかの身体の損壊があったとしても存続し得るという立場が可能となる。つまり、身体の死後も魂だけは存続するという考え方を採る余地が出てくるわけである。

一方の物理主義を採る場合には、心の働きを含めた精神活動というのはすべて身体の活動から生じるものであるから、死んで身体がその機能を停止すれば、当然ながら精神活動も停止せざるを得ない。精神活動はそこで終了し、二度と再開されることは無いわけであるから、精神活動の存続（二元論者がいうところの魂の存続）というのはあり得ないということになる。したがって死というものは、「魂」も含めてすべてが終わることを意味する。つまり、死後の世界はあり得ないということになる。だから、「そんな世界は無い、魂なんてものは存在せず、意思とか記憶とかいうのは脳の生理的活動に過ぎないのだから、脳が活動を停止したら意識活動は全て停止してしまい、人間はそれで全て終わる」と考える人たちだ。特に科学技術の進歩により、脳の機能というものが解明され、莫大な神経細胞によるネットワークの働きにより、意思というものが構成される、ということが解き明かされてきた。それで、魂が入り込む余地がなくなってしまった、というわけだろう。

だから現代においては後者の物理主義を採る人の方が多いかもしれない。そしてケーガン自身は「物理主義の方が最も妥当に思える」、と結論付けている。[3]頭の中ではこの「物理主義」すなわち、「魂＝脳機能」を理解して納得していても、情緒的な面とか実生活の場面においてはどうであろう。最先端の科学者、脳科学者であっても親しい人の葬儀に参列して、故人に別れを告げ、その冥福を祈るのだ。また、災害等の何周年かの慰霊祭に出席して、慰霊の誠を捧げるのだ。だから頭の中では霊魂などないことは理解していても心のどこかではそうでないかもしれない、という思いがあるのであろう。もちろん、参列者からは、そんなことはない、自分の気持ちの中で整理したいから参列するのだとの反論も聞こえそうである。

これは一種願望なのかもしれない。死んだらすべてがおしまいだとすると、死というものが恐ろしすぎる、怖すぎるのだ。それよりも、死んでも魂は残るかもしれないと考えた方が、死が持つ悪さが半分に減り、つまり肉体は滅ぶけれども魂の方は残るとした方が、全て消滅するとした時より悪さやショックが大分和らげられるのだ。死の恐怖が半分になるとは言わないけれども相当怖さが減るのだ。そのうえ、親しい人の死に臨んだ場合に故人が全て消滅したと考えるのは、故人が気の毒で可哀そうで仕方がないのだ。せめてその魂がどこかにあると思った方が、その故人の死を受け容れやすいし、やがて自分も死んで天国で再会できるという希望にもつなげることができよう。

つまり、二元論による魂の存続説は祖先が生み出した、亡くなっていく人の死への恐怖を和らげるための、さらには、肉親の死に対する遺族の精神的ショックを和らげるための、ショック・アブソーバとしてのリスクマネジメントツールなのではないかとも思われる。太古の人々の大いなる智慧に改めて感嘆するほかない。

もちろん、死が最大の謎である理由は、死を経験した上で、その後の世界を語ってくれる人が誰もいないことである。臨死体験の本などいろいろ出されているが多くの人について死後の世界を納得させたものは残念ながら未だ無いとしか言えないであろう。

死というリスクが本人にとって最大のリスクであるというのは間違いのないところだ。本人のそれまでの人生というものがプッツリと途切れてしまい、少なくとも物理的存在としての本人、人間存在としての本人、社会的存在としての本人が全て消滅してしまうわけだからである。つまり残っているのは他の人の記憶の中の本人と、霊的存在としての本人が残っているかもしれないというものである。つまり、「去る人は日々に疎し」なのであり、社会から消え、皆から忘れられてしまう。存在したという認知さえ徐々に周囲から消えてしまうのは、社会的動物としての人間としては耐え難いのだ。もっとも、その時にそれを感じるはずの本人も居ないのだが、それを考えるのは苦痛なのだ。これは何といっても人生最大のリスクなのだ。

しかしこれが最悪のリスクであるというかは議論がある。もちろん周囲の近しい人から見れば愛する人の死は、残された人にとって最悪のリスクだ。何しろもう会えないのだから。しかし、ケーガンも分析しているように死というものが本人にとって悪いという主張についてはいろいろな考え方が可能である。その中で死というものが、生きていれば良いことを経験できるのにその経験ができなくなってしまうこと、つまり機会を奪うから悪いとする「剝奪説」を挙げ、これに対しては肯定的である。しかし、これとてその機会を逃した本人はその機会に対応する期間（つまり本来であれば生きていたと想定される期間）は本人がすでに存在しないのだから、存在しない本人にとって機会損失は悪いとは言えないとする。つまりたとえば、数学でいえばゼロを分子（機会）に置いて、またゼロを分母（存在）においても答えは得られないのと同様に必ずしも悪いとは言えないとする。しかしながらケーガンが結論で述べているように、「死が悪いのは、私たちが死んでさえいなければ人生がもたらしてくれたであろうものを享受できないからに他ならない」というのはその通りであろう。

そして死というリスクが持つ大きな特性は、死は必ず訪れるとは分かっているものの、いつ訪れるかは分からないということである。つまり自分の人生に残された時間というものが普通は分からないということだ。従って、死のリスクというのはいわゆるタイミングリスクであり、残された時間が問題なのだが、そこには理屈で割り切れない人間の本性というものがあるかもしれない。幼い子に大好きなお菓子をあげたら、大喜びして食べていたが、半分くらい食べたところで突然泣き出した。どうしたのかと尋ねたら、「もう半分食べてしまって、あと半分しか残っていないよー、もっと食べるともっと減ってしまうのが嫌だ」と言って泣き止まない。こちらがあと半分あるじゃないかと言っても納得しない。こういう理屈になっていない理屈というか感情が人間にはあるのも事実だろう。「もう半分、たった半分」である。人生一〇〇年としたら五〇歳に到達時点で「もう半分、たった半分」だが、人生の場合、もう半分残っていると思ったものが、突然無くなってしまうこともあるから、失った部分に対しての未練というのは余計に大きいであろう。

そして、誰もが死を迎える。二〇一八年における日本の死因統計によると、第一位は癌などの悪性新生物（腫瘍）で二七・四％、第二位が心疾患で一五・三％、第三位が老衰で八・〇％、第四位が脳血管疾患で七・

九％、第五位が肺炎で六・九％となっている。そして交通事故（〇・三％）を含む不慮の事故が三・〇％となっている。なお、近年二万人を超している自殺は一・五％となっている。

第一位の悪性新生物のうち肺がん等（気管、気管支及び灰の悪性新生物）が五・五％、胃がん（胃の悪性新生物）が三・二％、大腸がん（結腸の悪性新生物）と膵がん（膵の悪性新生物）が各二・六％となっている。これら癌の場合は医者から余命宣告を受ける場合もあろうことから、本人及び家族もそれなりのおおざっぱな死期に関する見通しを持つことができよう。これに対し心臓麻痺に代表される心疾患や脳梗塞、脳内出血などの脳血管疾患では、急激な症状進行により意識を失う場合が多いと考えられることから、本人が早い時期から死期を予想するというのは困難であろう。もちろん不慮の事故というのも全く健康な人が突然不幸な事故に巻き込まれるわけであるから、全く予想はできないものである。もちろん自殺については本人の意志により死ぬわけであるから、死期は少なくとも本人だけは前もって知っていることになる。

従って三割足らずの人は、少なくとも大まかな死期についての情報は持って死に臨むわけであろうから、その場合は自分に残された時間がどれくらいかとの情報は全く持たずに死んでいくわけではない。しかしながらそうであっても自殺の場合を除いては、たとえば癌で余命半年といわれても、きっかり六カ月後に亡くなるわけではない。結果として亡くなる時期はバラつくわけであるから、月単位で予定より早く亡くなったり、遅く亡くなったりすることはある。またケースによっては病巣が想定外に縮小して「奇跡の回復」を示す例もあるものと聞く。したがって多くの場合に半年近辺で亡くなるにしても、それほど厳密な余命というわけではなく、本人が何月何日あるいはどの週に死ぬことになるという正確な予測を行うことは難しいであろう。したがって事故の際は当然として、病気で亡くなる際を含めて自分に残された時間については知り得ず、これこそが人間の抱える最大のリスクであるということができよう。

死を特徴づける要素の大きなものは、個々の余命が不明確であることと並び、死の時の状況が分からないこと、予測できないことなのであろう。つまりどのような死に方をするかである。昔から日本では「畳の上で死にたい」とか「ピンピンコロリ」で死にたい、とか言ってきた。「畳の上で死にたい」とは、何らかの病気にかかって自宅で、親しい人に見守られながら、可能ならば最後の一言、特に親族へのお礼などを言って逝きたい。あるいは欲を言えば辞世の句などを残して、相続その他自分の死後のことを残される人々に託して安らかに逝きたい、ということなのであろう。つまり、自宅を離れた場所での不慮の事故による突然の死などは絶対に避けたい。心臓麻痺や脳出血などにより倒れ、そのまま意識を回復することなく亡くなるのは、たとえ息を引き取るのが自宅の畳の上であってもできれば避けたいということであろうか。この願望の面でいろいろな死に方に松竹梅をつけるとしよう。忌むべき死に対して、おめでたい松竹梅とは何だ、とお叱りを受けそうではあるが、そこはご勘弁をいただいて、松はゆっくり亡くなる癌、老衰、状況によろうがこれに肺炎を入れることができるであろうか。それに対して竹は心疾患と脳血管疾患で、梅は不慮の事故であろうか。もちろん終活に当たり多くの人の願望は自宅で息を引き取りたいということだが、近年はむしろ病院で入院して亡くなることが一般化しているので、畳を医療施設などのベッドに置き換えてもいいのであろう。

これに対して、もう一つの願望である「ピンピンコロリ」については、長い間寝たきりになったり、重い認知症になったりして、看病や介護などで親族やその他周囲の人に長い間世話になるようなことになって迷惑をかけたくない。したがって元気でピンピンした毎日を暮らしながら、ある日突然、周りに迷惑をかけることなく逝きたい。つまり病気なら長患いすることなく急激に進行する病状悪化の中で逝きたい、ということであろう。これは、周りに迷惑をかけたくないという気遣いとともに、本人としても長い間辛い思いや、迷惑をかけることによる負い目を感じたくないということである。これで松竹梅をつけるとなると、松は心疾患や脳血管疾患であろう。竹は不慮の事故、不慮の事故は最上ではないかとの考え方もあろうが、痛い思いや恐怖を感じるであろうから、ここでは竹としておく。梅は、長患いが想定される老衰や癌であろうか、もちろん認知症（死因統計では精神および行動の障害・一・七％、およびアルツハイマー病・一・四％）も梅に入ってくる。

ここで注目したいのは、終活における大きな願望である、「畳の上で死にたい」と「ピンピンコロリ」はなかなか両立しないということである。つまり、それぞれの死因の松竹梅は一致しないのである。すなわち畳の上志向だと、どうしても長患いの病気になりがちだし、ピンピンコロリだと突然死のような短時間で決着がつくという死に方になってしまう。つまり、親しい人に囲まれて温かく見守られながら、しかもほとんど看病や介護もされずに逝ってしまうというのは、願望としては分かるが、実際にはなかなか難しいということであろう。そして、死に方によって本人の苦しみや周囲の人への負担の掛け方も大きく異なることから、どういう死に方をするのかというのは、大きな不安であり、その苦しみは恐怖のもととなるのである。

2 リスクは制御されていくのか

これまで見てきたように、人類は、リスクについて神に祈りながらも自らリスクを少しでも制御しようと精一杯の努力をして、この努力が文明というものを築いてきた。ということは、今後の社会や技術の進歩によって人類はリスクを制御し克服していくのだろうか？

(1) リスクマネジメントを妨げるもの

しかしながら一方で、人間は元々の性質の中にリスクマネジメントを台無しにしてしまう要素を抱えている。それらのいくつかを見ていこう。

◆リスクへのバイアス

人間の判断には知らず知らずのうちに冷静・合理的な判断を妨げるバイアスが絡んでくることが多いとされる。リスクというものが往々にして人々に恐怖や嫌悪を起こさせる、つまり感情を刺激するものであるため、これに対する判断はバイアスの影響を受けやすいものであることに注意が必要である。

トム・フィリップス著「とてつもない失敗の世界史」では、人間がリスクに向き合う時に陥ってしまう、バイアス等を紹介している。我々の脳には危険の判断をするのに二通りの体系があり、一つは素早くて本能的なもので、二つ目はじっくり考え抜くものである。この二つが対立した時に問題が発生することは容易に想像できる。たとえば危険な蛇が目の前に現れたらまずは驚いて避けるだろう。つまり一番目が働くわけだ。この蛇は毒蛇かどうか、珍しい種類かなどと二番目で冷静に考えている間に噛まれてしまうかもしれないからだ。それから、冷静な判断を行うためには、もう一つ確証バイアスも考慮に入れる必要がある。確証バイアスとは仮説を検証するときに、（仮説に）都合の良い証拠だけを集めてしまう思考回路である。したがって、「私たちは自分版の現実を裏づける出来事を選り好みして、それ以外には見向きもしないのだ。」とする。[4] このバイアスは、有り余る情報から自分に必要な情報を取捨選択するのには通常は役に立つものなのだ。このバイアスがある限り、人間は情報を取捨選択し、それ以外の情報がもたらすリスクについては切り捨てているのだ。リスクの発現が迫っている時、危機の発生時に自分は大丈夫との根拠のない自信をもってしまう正常性バイアスというのもこれに似たものなのだろう。

これに拍車をかけてしまうのが、選択支持のバイアスで、一旦一つのことをやると決めたら、たとえ他の選択の方が良かったという情報に接したり、そういう状況になったりしてもその決めたことに固執するというものだ。つまり、「選択は正しかったに決まっているではないか、なぜなら選択をしたからだ」、ということである。

さらにこれが集団の意見ということになれば、なおさらである。社会的動物である人間は、できれば集団から浮くことは避けたい。空気が読めない奴とは思われたくないのだ。そういうふうになったときには集団思考だ、内心は別のことを考えていても、その場で優勢な意見に乗っかりやすい。日本では特に「和をもって尊しとなす」という文化があり、和を乱すのは良くないということで自己主張を控えがちになるので、集団の空気に流れた結論になりやすいだろう。

そして最後の問題は自信過剰であり、自分を実力より高く評価しがちである。これは、ダニング＝クルーガー効果といわれ、「能力の低い者は自分の無能さを認識できず、自分を実際よりも買いかぶる（ひいては自信に満ちて見える）」とされているが、「脳がしでかすあらゆる失敗の中で自信と楽観は最大のリスクかもしれない」としている。[5] 国民を大きなリスクや結果としての災厄に晒した世界の多くの指導者はこの罠にはまったということだろう。

◆欲望というものについて

近代以前の社会において、人間の欲というものは基本的に良くないものとされてきた。西洋においてはストア派哲学に由来するとされる、ストイック（自分の欲望を抑え感情に流されない、禁欲的なさま）という誉め言葉があるくらいで、欲望を抑えることは美徳とされ、そういう生き方が神の要求に合致するとされてきた。そして貪欲は邪悪とされ、悪魔の仕業とされた。

東洋でも仏教の創始者である釈尊は、心を覆う煩悩を貪欲、瞋恚（しんに……自己中心的な怒り、不愉快等）、惛沈睡眠（こんじんずいめん……心が沈む鬱状態や朦朧とした状態）、掉挙悪作（じょうこおさ……心が高ぶる躁状態や後悔）、疑（ぎ……猜疑心）の五つを挙げ、五蓋（ごがい）とし、悟りを得るには、これらを滅却する必要があるとしているが、筆頭に貪欲を挙げている。

このように、洋の東西を問わず欲望は抑えるべきものでありその中でも自己中心的な欲望、私利私欲はその最たるものとして退けることが求められてきた。

一方で前述の通り、近代経済学の父とも言われるアダム・スミスは十八世紀後半に「国富論」を著した。そこでは、自己の収益を増大しようと自由に競争する事業者が参加する市場においては、「（神の）見えない手に導かれて」価格が調整され、経済は発展して国も発展する、と説いた。つまり、それまでは邪悪なものとされていた私利私欲の追求が市場における神の手を経ることによって、うまく機能し社会は発展するというものである。つまり私利私欲は、市場原理を経れば経済、そして社会発展のドライビング・フォースになるというものである。そしてその言葉通り自由資本主義経済は、その弊害に対して多少の修正は加えられながらも、経済社会を動かす基本原理として機能し、結果として現代社会の繁栄を造り出してきた。この間これに対抗するものとして共産主義や全体主義が現れ、それらと競いながらも結局はそれらを打ち負かし、実際上、現代の唯一の基本原理となっている。つまりは私利私欲や煩悩の奨励であり礼賛である。

これは各宗教の教えとはかなり異なっている。各宗教の教えは、人間の欲望には限りがなく、生活するには十分な富を得たとしても、満足することなく、さらに多くの富を求める。あるいは富ではなく個人の幸福感にしても、より深い幸福を求める。貪りや欲望の行きつくところは万人の万人に対する闘争でしかない。つまり社会は崩壊するしかなく、個人は不幸になり、苦しみは増大するしかないとする。各宗教はこれに対し、各自が我欲というものを捨て、他人のことを思いやる社会にしなければ、社会の福利というものは実現しないと考えた。そして、「汝貪るなかれ」、「煩悩を滅却せよ」あるいは「喜捨をせよ」を最も大事な教えとした。

ところがこの資本主義の考え方は、この教えをむしろ守らない方が世の中うまくいくというものである。まさに当時の宗教者の立場からすれば驚天動地の考え方であったであろうことは容易に想像できる。ただ、事実として、リスクへの怖れを原動力としながらも人類は抑えるべきとされた欲望も動員して経済的のみならず、衛生、栄養、労働環境、移動、通信面でも革命的なイノベーションを実現した。そして社会の安定をもたらすとともに民主主義をサポートし、近代以前とは比較にならないような「進んだ」文明社会を造り出した。その恩恵は先進工業国のみならず、多くの中進国や発展途上国にも及んでいるのは否定しがたい事実の側面であろう。そして、財やサービスの供給事業者の欲から出発したものではあるものの、現代の市場では、留まることを知らない消費者側の欲望やわがままをいかに取り込み、その満足を得るかの競争に各事業者は鎬を削っている。

市場は常に大きければ大きいほど効率化がもたらされるとされることもあり、市場の参加者は一貫してより大きな市場を求めて来た。そしてついにそれが、限界にまで近づき、地球全体を一つの市場と捉えるようになって、各巨大企業はもちろん、中堅企業でさえも世界市場で自社の戦略をどう展開するかを検討し実行するようになった。グローバリゼーションである。

そして各企業は、「未来を拓く」、「美味しいを拡げる」、「安心を届ける」などの耳障りのいいフレーズを発信し、人々の福利向上のために役立つという大義名分や建前を掲げる。しかし、本音が出る裏面では、その株主と経営者の私欲の実現のため際限のない拡大競争を繰り広げ、ついにその業界における最後の生き残り企業となることを目指す。そしてその最後の生き残り企業は、あらゆるものが規格化された世界でデファクトスタンダードという名の業界標準を支配し、実際にそれしか市場では売れないようにし、独占の超過利潤を世界中から吸い上げる。つまり、オンリーワンでナンバーワンを目指すのだ。

今、世界は貧富の差が拡大しているとされる、たとえば米国では上位の僅か五〇人の資産の合計が、全米の貧しい方の半数の資産の合計と等しいとされる。これは、グローバリゼーションと勝者総取り経済、つまりグローバル資本主義の当然の帰結なのであろうが、それをもたらしているのは、基本的には人間の強欲なのであろう。

とどまるところを知らない人間の富に対する執着が、残りの人生をかけても到底使い切れない程の巨大な金や、溢れかえる物に対する所有欲、他の人に対する権力欲や優越感、名誉欲などに形を変える。そして他の資産家との比較において負けたくない対抗心や貧しさに対する恐怖感、つまり過去の経験から身に付いた、困窮リスクに対する怖れから、際限のない強欲に走らせているのであろうか。

このような強欲は資本主義の根源にあるものとしてアダム・スミスも資本論で想定した経済発展の仕組みの重要な要素なのである。しかし、すでにこの格差の状況はトマ・ピケティが「21世紀の資本」で指摘した通り、許容される水準を超えており、これまで期待されてきたような社会のダイナミズムを刺激するというよりも、ごく一部の集団の繁栄と対照的な大多数の人々の諦念、無気力を招き、却って社会の発展や成長を阻害するというリスクについての懸念を呼んでいる[6]。

⑵ リスクは克服できるのか

◆神とリスク

現代を代表する物理学者であった、スティーヴン・ホーキングは「ビッグ・クエスチョン」で、

- 人類のもっとも偉大な業績というのは自然法則の発見である
- 自然法則が宇宙を説明するために神を必要とするかどうかを教えてくれる
- ある時点における宇宙の状態が与えられれば、それ以降の宇宙の進化は自然法則によって決定される。自然法則を造ったのは神かもしれないが、法則である以上神でも自然法則は変えられないからだ。そして最初の初期状態を選ぶ自由は神にあるかもしれないが、そこにさえ法則がありそうである。したがって神には何の自由もないことになる

としている。もっとも、ホーキングの立場としてはアインシュタインと同じで、「神」という言葉を「人格を持たない自然法則」という意味で使っている。そういう意味であれば、今世紀の末までに人類は「神の心」というものを知ることができると予想している[7]。

宇宙の始まりにおいては、無限に小さく無限に密度の高い一個のブラックホールがあり、その中では、そもそも時間そのものが止まっていた。したがって時というのはビッグバン以前には未だ存在せず、ビッグバンから始まったということになる。ということは創造主が存在していたはずの時間というのもないのであるから、

創造主の存在する可能性は否定されるとする。なぜならビッグバンは原因がなくても発生し得る現象であるとされるからだ。

したがって、ホーキングの考えでは、人格を持った神は存在しないし、人間の運命に指図する者もおらず、死後の生というのもないとする。しかしながら一方で、ヨーロッパでかつて支配的であった、ラプラスの科学的決定論、すなわちある時点における宇宙の全ての粒子の位置を知ることができれば、その後に起きることは全て予測できるはずという理論が成立しないとしている。つまり、量子力学を開いたハイゼンベルクの不確定性原理で、「粒子の位置と速度は同時には特定できない」[8]以上、ラプラスの科学的決定論は正しくない。したがって未来というのは正しくは予言できないことも指摘している。これが現代科学で一般的な考え方なのだが、不確定性原理で教えてくれるのは、不確実性というものは未来永劫残るということだ。つまり、どんなに科学が進歩しても、未来の正確な予測は誰にもできない、つまり未来は科学法則では決められない、ということだ。

ということは科学法則を変えられない神にとっても未来は分からないということになる。未来は神にも分からない、つまり運命というものも無いということだ。これは何を意味するのか、それは人類がどこまで行っても未来の不確実性、つまりリスクからは逃れられないということだ。嗚呼！　経験から学んで不正確だけどおぼろげに未来のことを予想することができるようになって以来、人類はリスクというものを怖れ、怯えながらもどうにかこうにか神の助けも借りて、リスクに付き合ってきた。このリスクと対峙するために文明を築き、科学技術を進歩させ、リスクマネジメントをしながら何とかリスクを手なずけ、あわよくば屈服させようとしてきたのに。何という不幸、何という「運命」であろうか、その肝心の科学技術に未来予測という究極のリスクマネジメントは決してできないこと、絶対できないことを証明されてしまうとは！

これこそ科学の最大の裏切りではなくて何であろうか。そのうえ、神さえ本当は未来を正確にはお見通しではないということが証明されてしまったのだ。もちろん科学がさらに進めば、未来の姿についての確率的予測はより正確になっていくであろうが、確定的なことはいつまで待っても言えないのだ。

したがって我々は、未来永劫に亘ってリスクと付き合わなければならないということだ。つまり、どんなに文明、科学技術が発展しても、不安と恐怖に苛まれながら、毎日を送っていくしかない存在だということが証明されてしまったのだ。もちろん科学技術の発展により未来がどうなりそうかのケース分けとそれぞれの確率というのは、どんどん正確に計算され提示できるようになるだろう。だが、それがどうどちらに転ぶかは誰にも予測できない、神様にも、だ。

だから人間は、明日のリスクに不安を持ちながら生きていくしかない。だけれどもこの本の最初の「リスクの定義」でも指摘したように、リスクとはマイナスの方向に転ぶ可能性のことだけではなく、プラスの方向を持つものも入った概念だ。つまり、明日は思ったより良い方向に転ぶ可能性もあるわけだ。だから明日は悪くなるかもしれないけれど良くなるかもしれないのだ。良くなるかもしれない、それが希望だ、この希望というものを持っているからこそ人間は命をつないできたのだ、だからそういう可能性があることを信じて今日を明るく生きよう。神様を信じる人は神様にお願いして、そうでない人も未来は絶対知ることはできないのだから、誰も知ってはいないことに自信をもって前に進んでいこう。

◆神はサイコロを振らない

絶対というものは無い、だからリスクは不滅だ。量子論以前に構築されたニュートン力学、マクスウェルの電磁気学やアインシュタインの一般相対性理論でさえ、物理法則は一定の方程式（微分方程式と呼ばれる）に従うとしている、つまりある瞬間の値さえ与えればその後の挙動は方程式に従うとするのだ。しかし、不確定性原理はその肝心の、ある瞬間の位置と速度（初期条件）が確定できず確率的にしか分からないというのだ。つまり、どんなに方程式が正しくても出発点が分からないのではその後の挙動や位置なども確率的にしか分からないということだ。誰も未来を正確には予測できない。つまり、そもそも現在が絶対的には決められない以上、確定的な未来というものは誰にも予測できないということだ。未来はどうしても不確実になってしまう。

リスクはどうやっても消えないということだ。これに対してかのアルバート・アインシュタインは「神はサイコロを振らない」として反対したそうである。つまり、確率的にしか決められないような事象は存在しないとしたのだ。しかしながら、量子力学や不確定性原理は、正しいことが認められた。だから、全ては確率的なもの、不確実性を持っている、リスクなのだ。したがってリスクは絶対的な存在と言える。リスクは絶対に消せない。

ここで、疑問がわいてくるかもしれない、将来が見えないと言ったってそれは時間が過去から未来へと一方方向だけに進むものと決めつけているからだろう。もし、そうではない状況、つまりタイムマシンみたいなものが発明されて、未来に行ってそして未来がどうなったか確認して、現在に帰ってきたら確定した未来のことが話せるのではないか、という疑問がわいて来よう。確かにそうしたら未来の不確実性というのは消えるのかもしれない。しかしながら、熱力学の法則を持ってくると熱は熱い方から低い方のみに流れてその逆の流れというものは無い。冷めてしまったコーヒーをその周りに逃げてしまった熱で温めなおすことはできない。これはエントロピーというものが常に増大する方向のみに働くというのだ。分かり難いかとは思うが、言ってみれば、「覆水盆に返らず」という譬を科学的に説明するのと似ている。だからこの逆の動きというのは無く、時間の逆回転はあり得ないとされる。[9] したがって現在の科学知見からすればタイムマシンはできそうもないということになる。

◆リスクの役割

筆者はかつて学生時代に、こんな妄想を持っていた。もし、とんでもなく容量が大きく処理速度の速いコンピュータができて、その中にこの宇宙すべての物質およびそれを構成する陽子、中性子、電子や光子などの素粒子のある特定の時点での位置をすべて入力することが可能であれば、その時点以降におけるこの世界がどう動いていくかが予想できるはずだ。そうすれば大宇宙の片隅の地球に住む人間がどういう行動をとり、どういう職業に就き、誰と結婚して、どういう子孫を残し、〇〇年後に何世代後の子孫がいつ生まれ、どういう生涯を送るか迄を含めて予測できるのだろうと考えていたのである。そうすれば、そのコンピュータを操る自分は、すべての未来のことはお見通しとなり、すべての人の運命が分かり、まるで全能の神のようになれるだろう。

つまりすべての人間ばかりでなく、動物、植物、細菌や火山、地震あるいは地球、月、太陽、銀河系などすべての未来が分かることになる。ラプラスの科学的決定論を信じていたわけだ。もちろん神とは異なり自分でその未来を変えることはできないかも知れないし、何より、自分がこれからどうなるのかすべて分かる。つまり何月何日何時何分何秒にこういう行動をとってこういう考えが頭にひらめいて等々がすべて予測できる。そしてその予測には狂いがない。そういうコンピュータが描く未来はその通りになるので不測の事態というのが生じるはずはない。したがって自分自身から不確定な要素はすべて消える。当時は第一次石油ショックの時代で戦後の高度成長が終焉し、社会に漠然とした不安が垂れ込める中、自分自身もなんとなく明るい将来が展望できず、焦燥感に苛まれていた時期であり、確実な未来が見えるというのは素晴らしいことかなあ、と漠然と妄想していた。

当時、筆者は大学にあった大型計算機センターの大型コンピュータ（とは言っても性能は現在のパーソナルコンピュータよりも相当劣る代物であったであろう）で、制御された原子核融合を起こす核融合炉（現在建設中のITERのご先祖）の中に入射されたイオンの軌道を計算していたので、大型のコンピュータは身近な存在で、これが進化したら将来どうなるだろうという夢を見ていたのかも知れない。しかし、そんなコンピュータですべての未来が分かり、自分自身の子孫までもの将来が分かるようになってしまったら、いつもさまざまなリスクに対して心配したり、祈ったり、目標を定めて頑張ったりすることがなくなってしまうだろうなあ。危ない時を何とか越えた時に感じるあの安堵感や目標を突破した時の達成感、物事がうまくいったときの神仏や周囲への感謝の気持ちなどが消えてしまうのだろう、そういうことになったら自分の人生はつまらないことになってしまうな。などということも妄想していた。

しかし、量子力学の基礎を学んだ時、それは杞憂に過ぎないことが分かった。つまり、量子力学が教えるところによれば、電子などの量子の位置は確率的な分布としては表せるが、その正確な位置を特定するのは理論的に不可能だということである。これは量子という存在を粒子のような概念として漠然と捉えていた筆者には大きな驚きであった。不確定性原理というこの法則は極めて新鮮に響いた。そしてその教えは要するに位置の特定はできないのであるから、その高性能コンピュータにもその量子の位置に関しては確率的な分布しかインプットできないということになる。ということは、どんなに素晴らしいプログラムを作っても未来は、せいぜいでも確率的なものとしてしか予測できないことになる。つまり、それまで考えてきた超大型コンピュータによる確定的な未来予測というのは原理的に不可能で、せいぜいあり得そうな未来の提示でしかなくなることになる。

この教えは、暇があるときにはいつもその妄想のことばかり考えていた筆者にとっては、大きな挫折であったが、そのことの別の面も見えてきた。つまり、未来というのはどんな手段を使っても誰も確定的な予測はできないのだ。したがって未来永劫、誰かが正確に未来を予測するなどということは不可能なのだ。ということは、交通事故や病気、いろいろな危険や失敗というのがあるかも知れないけれど、できるかできないか誰も知らない未来の目標に向かって努力するのは悪くない。なぜなら未来に対して物知り顔でいろいろ注釈をつけたがる人々だって、絶対に確実な未来なんて分かりようがないのだから。だから見えない未来がどうなるか分からないけれど後悔はしないように生きたいものだ。などと考え直して、将来に横たわるリスクというものを楽しもうとも思ったのを思い出す。そして、この話とはあまり関係はなく、本当に偶然がきっかけだったが、筆者は損害保険会社に入社して、それ以来、リスクというものを相手にした仕事をしてきた。

このようにリスクとは人生を極めて味わい深いものにしてくれるし、リスクがあるから人生というものは楽しむことができる。

3　今後の社会とリスク

⑴　変貌するリスクのゆくえ

当然のことながらリスクというものは、社会・環境の変化に応じてその姿を変えていく。その行方を考えてみるためには、今後の社会の変貌の方向性を仮定しておく必要があり、そのキーワードは、グローバリゼーション、分断と格差、地震等、温暖化と災害、人間の悪意による加害行為というように思い浮かぶが紙面の関係でこのうちグローバリゼーションについて考えていくことにしよう。

◆グローバリゼーション

世界経済のボーダレス化、グローバル化が言われて久しいが、ウルリッヒ・ベックが「世界リスク社会」でも述べているように、グローバル政府というのは存在しないのであるから、グローバル市場をコントロールできる者など、誰もいない。[10] 市場というものが基本的には国境の内側にとどまっていた時代においては、いろいろな危機等が発生した場合でもその国の政府によるさまざまな規制など、政府が主体的に動いて事態の収拾を図ることが可能であった。しかしながら、グローバル市場においては、危機時でもこの政府のように自らの権限と責任において収拾を実施する主体というものが存在しないことを意味する。これはリーマンショック時に世界中で経験されたことであろう。

グローバル化に伴う、予期せぬ問題の発生は、市場問題だけにとどまらない。グローバリゼーションの進展によって、いろいろなものが自由に世界を飛び回る時代に突入した。勝手に世界を移動するものは、人、物、金、情報、サービスなど多様であるが、これらの活発な移動は新たな、しかも大きなリスクをもたらしている。

①人の移動

国際定期便を利用した旅行者の近年の伸び方を見てみると、二〇一〇年に一〇・四億人であったものが二〇一九年にはこれが一八・五億人に増加した（ＩＣＡＯの年次報告による）。ということは二〇一九年に全世界の七六億人の人口の内、四人に一人が国際線航空機を利用して国境を越えたということになる。もちろん国境線は船や陸路で越える人も多く、ＥＵ内のように通勤で越える人々も多数いるであろうが、航空機による比較的長距離の移動で国境線を越える人が増加しているということだ。もっとも二〇二〇年はコロナ禍で極端な落ち込みをしたであろうことは間違いない。

ここまで増えた原因はいろいろあろう。航空機が大型化し一度に多くの乗客を運べるようになったこと。飛行機事故というと以前から怖いリスクの代表であったが、航空機の信頼性の向上、誘導施設の整備などにより、旅行が安全になり、飛行機を避ける人が減ったこと。そして航空運賃の相対的な低下により、国際航空旅行が庶民にでも手の届くものに変わったことである。もちろん企業活動のグローバル化に伴うビジネス用途の国際旅行の増加も多いが、それ以外の観光目的などの旅行の増加が圧倒的であろう。

このように今や多くの人にとって国境を越えた旅行は日常のこととなりつつある。これは、伝染病の感染リスクに関してすでに地球は一つの単位となっており、防止することは極めて困難となっていることを意味している。つまりこれら人の移動によって発生するリスクとして、先ず深刻なのは感染症のパンデミックリスクであろう。伝染病の感染リスクについてはグローバリゼーションの進行とともに、世界は、より脆弱になってしまったということだ。COVID-19の世界的な拡散によるパンデミックは、その嚆矢ともいうべきものであろう。二〇〇二〜二〇〇三年にかけて東アジアを中心にパニックを引き起こしたＳＡＲＳ、二〇一二年にサウディアラビアから発生し、韓国などにも広がったＭＥＲＳの記憶は未だ新しい。COVID-19も含めこれらコロナウイルスによる脅威というのはまだしばらく続くのであろうか。

従来から指摘されている大きな脅威は、新型インフルエンザである。二〇〇九年に世界中で大きな騒ぎとなった豚インフルエンザの例や、これまでも香港風邪（一九六八年）やソ連風邪（一九七七年）など当時としての新型インフルエンザが猛威を振るった歴史がある。近世のものではスペイン風邪が最大の犠牲者を出している。最近、日本では養鶏業で鳥インフルエンザによる全国で約一五〇〇万羽もの殺処分が問題となっている。高病原性鳥インフルエンザのウイルスにヒトからヒトへも感染するような変異が起きた場合には、世界的にも深刻なパンデミックの発生につながるものと懸念されている。ＷＨＯによりパンデミックが心配されているのは、インフルエンザの他にも、デング熱、エボラ出血熱、ラッサ熱、マールブルグ熱、ニパウイルス感染症、ペスト、リフトバレー熱、重症急性呼吸器症候群（ＳＡＲＳ）、中東呼吸器症候群（ＭＥＲＳ）、天然痘、野兎病、黄熱病等がある。これらの感染症は昔であれば、発生したその地域で蔓延し、その地域では悲劇的なことにも至り得るけれども、他の地域には伝播しないで済んでいたものである。それが現在では、まさにCOVID-19がそうであったように、ごく短期間のうちに世界に広がり、世界中の人が生命の危機に直面するような、巨大なリスクに変貌を遂げてしまったわけである。まさしく、グローバル化が生み出した巨大なリスクである。

ウイルス、特にインフルエンザ・ウイルスはシベリアの永久凍土の中に閉じ込められていたものが夏季に凍土と一緒に解け出す。そして、これがシベリアで夏の間に子育てを行うカモなど、宿主となる渡り鳥の体内に入り、これらの渡り鳥は秋冬に温帯以南で越冬するために飛来する。そしてこれらの渡り鳥から家禽など他の鳥類等を感染させる。これが変異等を経てヒトにも感染するということで、新型インフルエンザの流行が懸念されているわけである。ここでの問題は、温暖化の影響でシベリアなどの永久凍土の溶解が年々大規模化していることが報告されていることである。ということはこれまでのペースを大きく超えた量の太古のウイルスが解け出てくることになるわけだ。つまり数十万年前に氷の中に閉じ込められ、眠っていたウイルスが一度に出てくるというわけで、その中には極めて毒性が高く伝染力が高い未知のウイルスの存在が予想されている。温暖化に起因して発生するパンデミックの大きな脅威といわざるを得ない。

人々の移動の活発化に伴うリスクは感染症ばかりではない。人は、言葉、思想、信条、信仰、文化などを伴う存在であり、その活発な移動は各国、各民族、宗教、文化等に係る相互理解を促進し、深めるという大きなメリットがあることは間違いないであろう。

人類の歴史を辿れば、アフリカ東部にいた現生人類は約六万年前に移動を開始し、全世界に散らばったことが示されている。つまり人類は六万年前に故郷を離れ全世界に離散し、そこでリスクに目覚めて神に帰依し、それぞれの文明を築いてきたのだ。それから六万年後、人類は遠い昔の親戚たちと「再会」しているのだ。だから現代は、グローバリゼーションがもたらした人類の歴史上、六万年ぶりの「邂逅の時代」なのである。

しかしながら、この六万年の間に人類は各地でその地域の気候風土やリスク環境などの特性やそれぞれの集団の来歴、他の集団との関係や相互作用による出来事の歴史をそれぞれの集団内で共有化することにより民族を構成して発展してきた。すべての個人はこの六万年の間に培われた文明、文化、歴史や言葉、思想、信条、信仰などの堆積を背負っており、これらの背景を全く異にする個人同士が同じ地域や国で暮らす場合にはそれなりの摩擦やそれによるリスクが新たに生まれるのは当然という面がある。外部者が移住してきて以前からの住民の隣人としての生活を始め、特にその出身者同士で集まってコミュニティを作るようになると、既存のコミュニティとの間にさまざまな面で摩擦を生じ、それが対立や差別へとつながりやすい。そして互いの憎悪を高め、その地域や国の社会に深刻な亀裂を生じることもある。これは、これまでの歴史の中で、ゲルマン民族の移動による西ローマ帝国の滅亡や、中国においては、後漢の滅亡の後の五胡十六国時代の混乱を見るまでもなく幾度となく繰り返されてきた。そしてそういう差別や対立が、たとえば自国の国籍を有しながらも、自国民をテロの標的にする、いわゆる「ホームグローン・テロ」にも結び付いているのであろう。

現代は六万年後の邂逅の初期の段階であり、人類はそういうリスクの対処方法をこれからの経験から学び、より賢くなり、やがてはそれらのリスクを克服してゆくものと期待される。それが人類の本当のグローバリゼーションなのだろう。しかしながら、暫くはこの人の移動による社会的リスクというものが大きな脅威として扱われざるを得ないものと考えられる。

六万年ぶりの邂逅とは言っても、人類のゲノムの多様性というのは、そもそも他の類人猿との比較では少ない。さらにその多様性もむしろ人種の内部で見られ（八五〜九〇％）、人種間の多様性というのは七％とごく僅かであるということである。[11] これは、世界中からさまざまな人種の人が集まってきたからといって遺伝的な違いは人種が異なるから大きいというものではなく、同じ国の中で住んでいる、同人種の人の違い程ではない、ということである。つまり、世界中に分かれて住んでいたからといってその間に遺伝子が大きく違ったものになっているわけではない。肌の色が違ったりすると大分違うとも感じられるが、そうでもなく、人種による違いというものはさほど大きなものではないということである。たとえば眼の色だとか身長というのは、ゲノムのごくわずかな部分を構成しているに過ぎない。しかしもちろん六万年の間に経験した歴史や、それを踏まえた文化というものは、どこに住んでいたかによって、相当異なることも事実である。

②物の移動

物の移動の活発化は、世界中の経済を劇的に変え、これに伴い人々の生活にも抜本的な変化をもたらした。たとえばある育ち盛りの子供がいる日本の典型的な一家の夕食を見てみよう。献立は、子供が好きなハンバーグステーキと野菜炒めを代表ということにしてみよう。

お米は、値段が高いので、お母さんはいろいろ考えてはいるが、やっぱり日本産であろうか。ハンバーグの原料となる挽肉の牛肉はオーストラリア産、豚肉はアメリカ産、玉ねぎは中国、野菜炒めのニンジン、ゴボウ、キャベツも中国、アスパラガスはメキシコ、パプリカは韓国、カボチャとデザートのキウイはニュージーランドという具合である。そして調理に使うガスはオーストラリアとインドネシア産である。

子供の好きな料理は、現在も三〇〜四〇年前もトップはカレーライスであるが、ハンバーグも五位以内には必ず入っていたようであり、献立の内容そのものはあまり変わっていないらしい。この献立の原材料は三〇〜

四〇年前であれば、ほとんど国産であったであろう。ところが現代のスーパーでは、国産のものも並んでいるものの、輸入品と比べて値段が高く、食べ盛りの子供たちの食欲を満たす量を購入するためには、多くの食材を輸入品にせざるを得ないというのが現状ではないだろうか。

これが、サラリーマンのお父さんたちの昼食についていうと、外食店や、会社の社員食堂にはできるだけ原価を抑えたいという動機が強く働くため、値段の安い輸入品の占める割合はさらに高まることは容易に想像できる。かつて筆者が毎日昼食を摂っていた社員食堂では、メニューの横に食材原産国を表示しており、和食メニューでも食材が本当に世界中からきていることを実感できた次第である。

このように、近年の物の移動の活発化、これこそがグローバリゼーションと言われるものの本命のようなものであるが、これによる世界経済への影響は計り知れないものがある。そして日本の食卓もそうだが、世界が一つに繋がっていることを実感させてくれる。この移動の活発化は自由貿易の推進の中で進行してきたもので、関税を始めとする貿易に関する障壁をなくしてきて実現されたものである。その考え方は国・地域毎に最も競争力の高いものを生産しこれを貿易により交換した方が、最も効率的であるし、消費者の利益にも適う、という自由貿易主義によっている。この自由貿易の拡大により、次のような効果が生じている。

- ◆あらゆる一般的な汎用財（いわゆるコモディティー）の全世界における価格が、いわゆる国際相場と呼ばれるものに収斂した。
- ◆ルネサンス期の香辛料貿易などかつては国の間の価格差を利用した取引が非常にうまみのある商売であったが、現代においてはこの裁定による利益というのは限られたものとなった。
- ◆物の移動のグローバル化は、企業の立場からすると、最適の地域で生産したものを調達するという、原材料調達網のグローバル化、サプライチェーンのグローバル化を推進させた。

しかしサプライチェーン等のグローバル化は、COVID-19やウクライナ戦争でも見られた通り、大きなリスクを抱え込むことになっていることに注意が必要である。一つ目は生産国が世界中に散らばっているため、どの国で災害等が発生しても影響を被ることになる。二つ目には、部品の運送網も延びているためそれらを合計すると極めて長い距離の輸送ということになってしまう。輸送距離が長ければ長いほどその途中で事故に遭うリスクは大きくなってしまう。先般のスエズ運河の船舶事故による閉塞はその好例であろう。

③金融

金融市場における世界的なコントローラの不在によるリスクの暴走は、リーマンショックの際に強く認識された。そういう懸念と金融危機の経験を踏まえ、国際的な取り組みが開始され、G20や金融安定理事会（FSB）は金融機関におけるリスクマネジメントに関する取り組みを行っている。すなわちもう二度と「大きすぎてつぶせない問題」を起こさせないための方策として、G－SIFIS（グローバルなシステム上重要な金融機関）やG－SIIS（グローバルなシステム上重要な保険会社）の指定を行い、これらに対して厳しい監督体制を敷き、破綻時の計画策定や自己資本の積み増しなど新たな規制を課し、金融に端を発する世界的な危機を回避しようとしている。

しかしながらこういう新たな制度を作り規制を強め、破綻の確率を下げたとしても、危機を回避し収拾させて鎮める実力を備えた機関というのは存在しない。国際機関というのはやはり、どこまで行っても単なる集まりであり、各国間の合意ができるまで、諸国民に多くの負担を強いるような政治的な決断はできない。また、さらにリスクを巨大化させているのは政府の規制の枠の外に置かれた、暗号通貨とも呼ばれる仮想通貨やパナマ文書で一端が露見したオフショア金融センターの存在であろう。グローバルな規制が進んでいる金融分野でもこの通りであるのだから、他の業界ではさらに困難が伴うことは十分予想されるところである。したがってグローバル市場というのは、基本的には市場参加者の利益拡大という意図や各国政府の政治的な意図のみによって動き、それを規制する役回りを担える者はいない。したがって、金融に限らずグローバル市場というのは、独自の大きなリスクを抱えることになる。

ＧＡＦＡと呼ばれる、ＩＴ業界で世界標準を握り、ますます拡大する企業群などはその一挙手一投足が、各国経済にまで大きな影響を与える、世界的なリスクの攪乱要因というべき存在であろう。

将来の予測というのは各方面で行われているが、未来の予測で私たちの生活に身近であるのは、経済予測であろう。アラン・グリーンスパンによると、経済予測について、

> 自分の住む世界で何が起ころうとしているかが前もつて予想できればできる程、私たちは生活を改善するためにうまく備えることができる。

とし、経済予測のため、エコノミストは、

> 経済学的に信頼できる形で過去を再現しようとして、変数と方程式をつねに入れ替えている[12]

つまり、過去を忠実に再現できるモデルを作ってこれにより将来を予測しようとしているのだ。つまり、経済予測というのはあくまで過去の趨勢からの外挿というわけだ。

もちろん、将来を左右するさまざまな要素が過去のトレンド通りに変化してくれれば、経済予測は的中するわけだろう。だが、現実には新たな要素が次々に現れて将来の姿というものは予測されていたものとは相当変わったものとならざるを得なくなる。まさにそういう新たな要素や想定されていた要素の予想外の動きというものが、リスクそのものなのだが、そういうリスクの発現によって、未来というものは予測されたものから外れたり、そういうリスクの発現が無くて、めでたく予測が的中したりするわけだ。グリーンスパンによると非

金融部門における予測モデルはそれなりに機能しているが、金融部門ではそうまくいかないとしている。

グリーンスパンは、ジョン・メイナード・ケインズが生み出した「アニマル・スピリット」という言葉を従来の「何か行動せずにはいられず、何か行動しようとする衝動」という意味のほかに「不安に駆られたリスク回避の行動」にも用いて、従来の経済学が対象としてきた「理性的な行動をとる経済人」モデルよりもさらに現実的な人間の性向をも取り込むことを目指したとしている。そして、アニマル・スピリットの主要素は生命・身体・資産への脅威に対する不安であり、リスク回避は予測に不可欠なアニマル・スピリットだが、どのリスクを取り、どのリスクを回避するかを選択する過程が市場の相対的な価格形成を決定する、とする。リスクテイクとリスク回避は日常生活でも常に行う選択で、この連続が日常生活であるともいえるわけである。グリーンスパンは長年、企業では経営者がキャッシュフローをどれくらい設備投資に向けるのか、個人ではどれだけキャッシュを住宅に投資するかを見てリスクに対する反応を測定するとしている。つまり流動性の少ない資産に資金を固定するというリスクを取るかどうかでリスクに対する姿勢を判断するわけだ。つまり、集団としての個人はリスク状況を自ら見極めて、住宅という換金性は低い割に、市場リスクの大きい資産を抱え、また大きな負債を抱えてその金利リスクを負担するというリスク保有行動をとるかという大きな判断を行うわけだ。そしてグリーンスパンは、その集団として行動で市場のリスク選好を判断するというわけだ。

④情報

ＩＴ革命の進展により、社会で送受信される情報の量は飛躍的に増加し、これは国境を越えて移動する情報の量の伸びも同じく飛躍的である。コロナ禍で在宅勤務が日常化し、オンライン会議は日常となっているし、オンデマンド方式の講座も盛んである、個人はインターネットを通じて、以前ならば数時間を要したような、数十ギガバイトの情報を気軽に数秒でダウンロードし、動画を楽しんだりしている。また、これは会議以外の企業の業務処理でも同じで、ＩＴが無ければすでに会社の業務はできないようになっている。これは在宅勤務等で痛感された人も多かったに違いない。

しかしこの情報の移動の量の巨大化はまた大きなリスクをもたらしている。一つはサイバーテロだ。いうまでもなくインフラ、企業活動、個人生活全てに対しての脅威だ。さらに個人情報をはじめ情報漏洩のリスクやネット社会におけるレピュテーションダメージ、つまりネット炎上や扇動、ネットいじめの問題もある。さらに中国などではすでに現実のものになっているが、公権力による個人の監視の問題もある。これらは、人間が社会的動物であり、人々の誰かと繋がっていたい、というこれまでの願望がようやっと実現し、常にだれかと繋がるネット社会が実現したのであるが、この「つながりすぎた社会」の問題ということもできるだろう。ネット社会はまだ始まったばかりであり、これからもいろいろなリスクが出て来るのであろう。

⑵ 世俗化と宗教

かつては、宗教は近代化とともに衰退すると予想されていた。いわゆる世俗化の流れである。科学技術の飛躍的な発展の中で、人々が抱えていた自然現象や物事の仕組みに関するさまざまな謎が解明されていく。つまり、神の御業ではなく、自然法則の働きによってさまざまな事象は起こり、進展していく。事象は論理の中で理解できる。合理性こそが信じられるか信じられないかの分かれ目になったのだ。そうすれば神という非科学的な存在は居場所を失い、信者の数も減っていくだろうとする。科学万能主義、合理主義が宗教の存在を小さなものにしていくだろうという予想である。J・H・ブルックが「科学と宗教」の中で、「二〇世紀は、西洋社会が長い時間をかけて、脱回心ともいわれる文化の再調整を図り、神無しに生きることを学んだ決定的世紀である」としている考え方である。[13]

しかしながらこの考え方はすでに通用しないとされている。キリスト教圏でのその代表的な動きは、アメリカで生じた十九世紀後半からの原理主義の動きやこれに続くプロテスタント福音派の隆盛などとされる。イスラム教でもイラン革命、エジプト・ムスリム同胞団、タリバン、ＩＳ等、イスラム原理主義と呼ばれる伝統的宗教への回帰現象が大規模に起こっている。

また、近年でも、米国のヒッピー文化から生まれたニューエイジ運動やマインドフルネス、ヒーリングなどヨーガや禅などの東洋宗教に起源を持つけれども、宗教活動そのものではないとされるいわゆる「スピリチュアリティ」と呼ばれる動きも盛んである。さらに現代の日本においても、神道系や仏教系の新宗教が創始され多くの信者を獲得し、活発化している。さらに他方ではパワースポット巡り、御朱印帳、四国八十八カ所巡りに代表される巡礼などがブームとなっている。

これら一種の宗教への回帰ともいえる現象を説明するものとして、急速に進んだグローバル化への反動・反発ということがよく言われる。つまり、グローバル化によりそれまでの地域の伝統的価値観やアイデンティティの自負が揺らいだ反動だとする説。それと、グローバルな情報伝達により貧富の差の事実が明確に世界の隅々まで伝わるような時代になったことが背景にあるという説もある。また、宗教が「牙」を抜かれ、「信教の自由」、「政教分離」という原則が常識となり、宗教はあくまで個人の内面の信仰であり、自由、合意、人権などの大原則に反することがないのが「本当の宗教」、「良い宗教」のイメージとなっているという面もあるとする考え方もある。[14]

しかしながら、それらだけでは実態を説明し尽くすことはできないであろう。やはり相変わらず、将来、つまりリスクに対する不安と恐怖が人々の心を支配している一方で、万能といわれた科学技術というものが「以前ほど」私たちに安心を与えてくれるものではなくなったのだ。またこれに伴い、未来というものが明るく輝くものではなくなって、暗いリスクの雲に覆われたために、将来に確信が持てなくなり、心の中のリスクが占める部分というものがどんどん大きくなっているのだ。それを分析してみよう。

◆科学技術の限界

人々が信頼を置く科学技術の代表選手ともいうべき巨大科学技術というものは、かつて人々の羨望を集め、人類の英知を代表し成功して当たり前という見方があった。つまり人々から信頼されていたのである。ところが近年は事故が相次いでいる。旧ソ連のチェルノブイリ原発事故、スペースシャトル・チャレンジャー号やコロンビア号の爆発・空中分解事故、九・一一テロによって世界最高層ビルであったワールドトレードセンタービルが二棟とも完全に崩落してしまった。東日本大震災では巨大な津波が、大規模に整備された最新の釜石湾口防波堤や、万里の長城とも呼ばれた田老町の防潮堤を乗り越え、大勢の命を奪ったばかりでなく、福島第一原子力発電所の炉心溶融事故を招いた。これらのカタストロフィーはTVを通じて、全世界の人々がリアルタイムで迫力のあるハイビジョン映像を目撃した。これらをTVで目撃した人々は、信じていた科学技術というものが必ずしも万能なものではなく、さらに自然の力の前には脆弱なものでしかないことに気が付いてしまったのである。つまり科学技術の「神話」が崩壊してしまった。それとともに元からある本物の神話が復活したのであろうか。

さらに先行きが見えないために、世界中で人々が共通して不安と恐怖を覚えるリスクというのは地球温暖化であろう。温暖化ガスの排出により気温が上昇し、海面上昇、気候帯や生態系の変動、台風や豪雨などの気象災害の大型化などのリスクが指摘されている。そして、このリスクを予言するように日本でも二〇一九年一〇月には観測史上未曾有の豪雨を東日本の広範囲にもたらした、台風一九号などが発生している。世界的にも異常な気象や未曾有の気象災害つまり、二〇一三年にフィリピンを襲ったスーパー台風ハイエンや二〇一一年のタイの洪水、二〇二一年のドイツ・ベルギーの豪雨災害、二〇二二年のパキスタンの水害など多数が報告されている。そして時代はもはや「温暖化」ではなく「沸騰の時代」ともされている。以前は、煤煙、亜硫酸ガスや窒素酸化物など明らかに人体に有害な物質の排出が公害として問題視されていた、しかし温暖化は、それまでは無害とされてきた二酸化炭素等によって生じる問題ということでは大きなショックであった。普通の人から見ると「二酸化炭素は無害だと教わったけど」、というわけである。つまりこの地球温暖化リスクというのは科学技術の発展が産業にもたらした発展の副作用なのだ。

約一五〇〇年前に生まれた仏教学者の鈴木大拙は、宗教とは何かという問いに対して、「一口に言うと、宗教とは人間を各種の奴隷状態から解放するものだ」とし、「近代人の上に当てて云うと、宗教は彼等を科学万能主義から解放する」としている。[15]

このように、人類がこれまで信じていた科学技術の限界に対する失望、恐怖の拡大という事態を経て科学技術への信仰というものが廃れざるを得ない時代を迎えている。科学的合理主義という常識に疑問符が付けられたのだ。しかしながら、自然の脅威、社会的な脅威と分断、分断を促進するパンデミックなどリスクへの怖れは増大しているが、一方で不確定性原理があり、リスクは決して消せないことが判明している。そして人間ははるか昔から神を信じる本能を持っているのだ。これまでその信仰の代替として人々が依っていた科学技術というものが、もはや信頼できなくなった状態でその神を信じる本能がどう動いていくかが、今後の宗教とリスクを巡る物語のカギとなっていくのであろう。

◆現代人の「信仰」の実際

現代人の信心というのはどういう実態にあるのであろうか。信者ということになってはいても、本当に心の底から信じている人はどれくらいいるのであろうか。浄土教では、阿弥陀様に極楽往生をお願いするとは言っても、本当に阿弥陀如来や死後の世界、西方浄土などの存在を心から信じている人はどれくらいいるのであろうか。もちろんこれは程度の問題があり、心底信じている人も当然それなりに存在するのであろうが、かなりの人は「心の底から信じていると言えばうそになるかもしれないけれども、本当に神様がいらっしゃるのであれば、お祈りしておくに越したことは無い」というパスカルの賭けと類似のスタンスとか、「何か良くないことが続いて、落ち込んだり、気が滅入ったりしているときに神様にお祈りしたら気分が晴れた」とか、「勇気をもらった」とかいうことかもしれないし、「信仰心は怪しいけれど、お守りやおみくじのことは信じている」とかさまざまであろう。

文化庁の宗教統計調査によると、二〇一九年における、日本の宗教信者は、一・八億人で、神道系八九〇〇万人、仏教系八五〇〇万人、キリスト教系二〇〇万人等となっており、合計では人口をはるかに超える信者数となっている。

現代における、かつてのトライアングルを示せば、**図Ⅳ－1**のようになろうか。王は消滅し、社会が極めて大きく拡がった。そしてかつて宗教が果たした諸機能を含め、勤務先企業をはじめ数多くの企業が何らかの契約を通じて、財・サービスを提供している。そして昔から個人と交流・相互扶助してきた地域コミュニティも結びつきは弱くなったにしろ、存続している。神は合理性・科学の陰に隠されており、以前ほどの絶対的な存在ではないものの、大きな影響力は有している。

そもそも、多くの人々は、良くないことが続いたりした場合に、どうして自分ばかりに不幸が降って来るのかと理由を見つけたがる。そういう時に、厄年だ、星が悪い周期だとか、住まいの方角が悪い、前世の報いだとか言われると、「やっぱりそうか」、と思ったり、多額の献金をしてし

図Ⅳ-1　宗教をめぐるトライアングルの変化 ── 現代

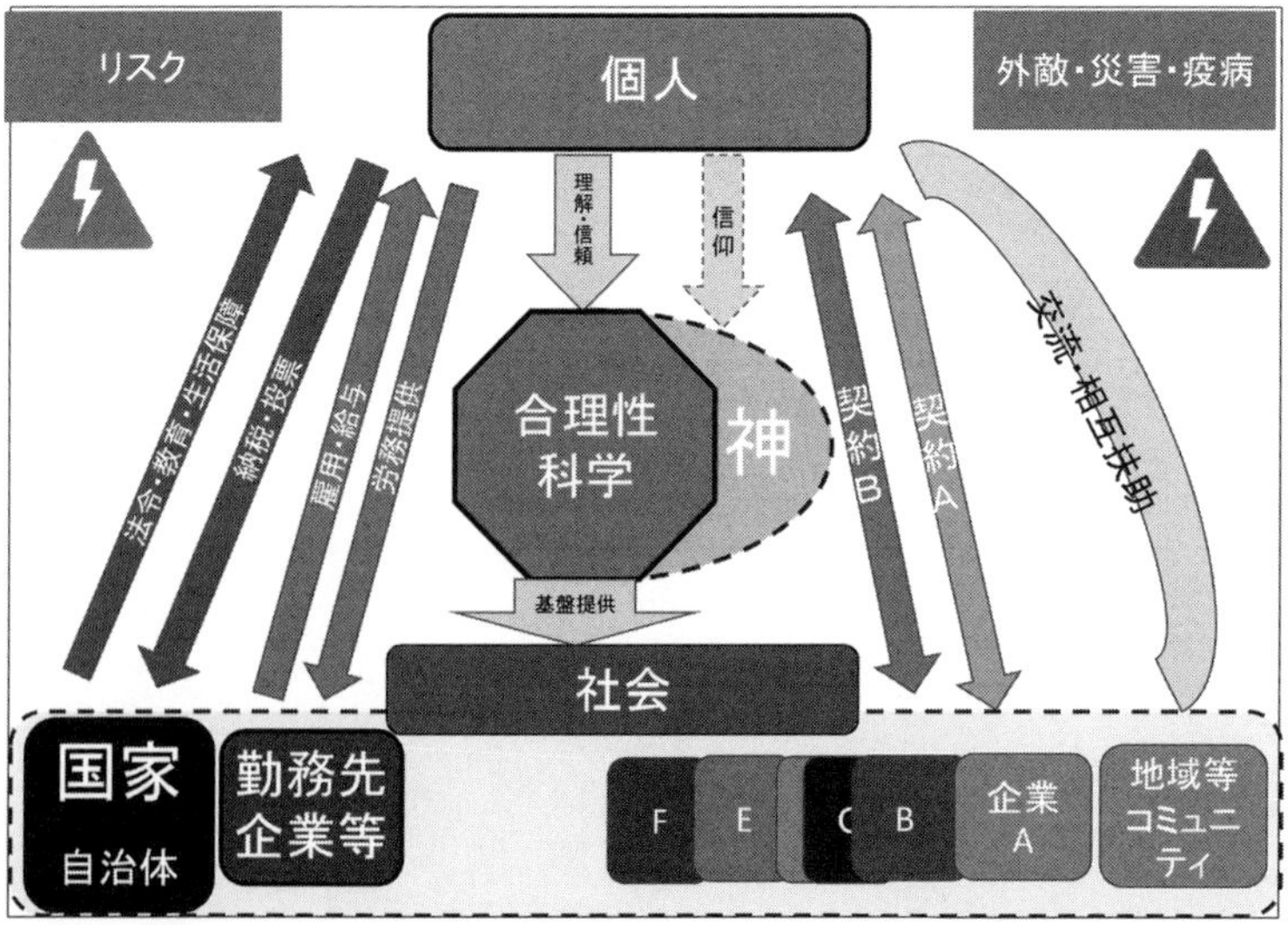

まう。

そうして、信教の自由の下に、新宗教、新宗派が続々と誕生し信者を増やしている現実がある。これらは旧来からの「正統」な宗派から見れば「異端」と言うしかない存在であろうが、その中には、オウム真理教のようにカルトと呼ばれ、社会にとってリスクそのものになっているような例もある。さらに一方で「正統」な宗派からは、キリスト教やイスラム教における原理主義の動きも見られ、これまた社会のリスクを拡げている。

4　怖れは緩和されたのか

これまで述べてきたように、人類は進化により、過去の経験から未来を予測できるようになった。そして自分がやがては死すべき存在であることを悟り、望まない事態の発生可能性、悪いことが起こるかもしれないこと、つまりリスクについて怖れるようになった。そして、理解できない死後の世界へ逝った祖先への畏敬と思慕により、超自然的存在の概念が生み出された。集落の拡大に伴い超自然的存在は神となった。信仰する社会は存続・発展し、神は人間社会にとって不可欠の存在となった。

宗教は神と、神に帰依する個人の関係が基本だが、一方で、個人に善を求め集団のためには犠牲も求める宗教は、社会の維持・発展に不可欠なリスクマネジメントに極めて重要な役割を果たした。

神が求めることは絶対で、善を行えば、良いことがあるし来世でも良いことが待っているが、悪いことをすれば悪い目に遭うことになる。宗教は道徳の役割も果たすようになり、王国の維持・発展のために不可欠のものとなった。また、王は自らの正当化やリスクマネジメントのためにも宗教を利用した。

外敵、自然災害、疫病、犯罪、内乱などのリスクに晒された王国では、個人・社会・王がトライアングルを構成している。神は、個人には来世の幸福を約束し、社会には加護を与え、王権を正当化することによりこの王国のトライアングルを支えた。この結果、善行善果・悪行悪果による現世・来世を通じた因果応報システムを持つ宗教体系を持つ王国は発展した。

人類は、太古からリスクについて望ましい方に転ぶように神に祈るとともに、自らそのリスクに備えて努力を傾注してきた。リスクに対するこの努力こそが文明の建設につながったのである。これは、防衛、防災、病気リスクや事故リスクの防止、食の確保、事業の成功、子孫繁栄などあらゆる分野に及んでいる。リスク対策のため人は神に祈りを捧げるとともに自ら努力を惜しまず手段を講じた。結果としてこのリスクを防止・回避する努力こそが文明を築いた。つまり、リスクは人をして神に依らせ文明を築かせたのだ。

理論的・究極的にリスクというものが消えてすべてが予言できるようになるかといえば、「不確定性原理」があるので、未来は正確には予想できないことが証明されている、従ってリスクというものは永遠に消すことはできない。つまり人間は今後もリスクとは付き合っていくしかない。

このように、人々は神との共同作業として怖れを克服するために営々とした努力を積み重ねてきた。その成果は、確かに目を見張るようなものがあり、見てきたように数多くのリスクは克服され、人々が怖れを感じることが無くなった分野も多い。しかしながら人々は相変わらずリスクに怯えた生活を送っているようにも見える。どうしたのだろう、人々が次から次へと新しいリスクを見つけたのだろうか、それとも昔からのリスクがより深刻になって来たのだろうか。

このように、人々の営々たるリスクマネジメントの取り組みにもかかわらず、文明は結果として災害などに対して脆弱になってきた感がある。これはどうしたことだろう、文明の発展というのはリスクマネジメントの発展の歴史ではなかったのか。本書の主張は一貫してそれではなかったのか？　否、それはそうなのだ、文明は一貫してリスクマネジメントを磨いてきたし、人々の営みもリスクをマネージすべく、動いてきた。それなのにどうしてリスクに対して人類は脆弱になってしまったのか。これには次の六つの要因を考えなければならないだろう。

①守るべきものが多すぎ、大きすぎる
②グローバリゼーションがリスクを大きくした
③もう一段上の安全度を高めるにはコストがかかりすぎる
④気づくことなく残余リスクを大きくとってしまった
⑤合理化の中で冗長性を削りリスク集中を行ってきた
⑥人間自身が破壊の神を大きくしてしまった

注

1　大島靖美著「400年生きるサメ、4万年生きる植物」化学同人　2020年　11－37頁
2　シュリー・ケーガン著『「死」とは何か――イェール大学で23年連続の人気講義』文響社　2018年　14－59頁
3　シュリー・ケーガン著『「死」とは何か――イェール大学で23年連続の人気講義』文響社　2018年　26－27頁
4　トム・フィリップス著「とてつもない失敗の世界史」河出書房新社　2019年　20－40頁
5　トム・フィリップス著「とてつもない失敗の世界史」河出書房新社　2019年　20－40頁
6　トマ・ピケティ著「21世紀の資本」みすず書房　2014年　441－510頁
7　スティーヴン・ホーキング著「ビッグ・クエスチョン」NHK出版　2019年　40－53頁
8　山内恭彦著「量子力学」培風館　1972年　40－51頁
9　吉田伸夫著「時間はどこから来て、なぜ流れるのか？」講談社　2020年　116－121頁

10　ウルリッヒ・ベック著「世界リスク社会」法政大学出版局　２０１４年　２－11頁
11　シッダールタ・ムカジー著「遺伝子－親密なる人類史－」早川書房　２０１８年　下１２２－１３５頁
12　アラン・グリーンスパン著「リスク、人間の本性、経済予測の未来」日本経済新聞出版社　２０１５年　８－45頁
13　Ｊ・Ｈ・ブルック著「科学と宗教」工作舎　２００５年　３４９－３５１頁
14　池澤優編著「政治化する宗教・宗教化する政治〈世界編Ⅱ〉」岩波書店　２０１８年　10－11頁
15　鈴木大拙著「宗教とは何ぞや」河出書房新社　２０２０年　28－33頁

江里口　隆司（えりぐち　たかし）

1954年３月生まれ、佐賀県出身。1976年東京大学工学部原子力工学科卒業後、東京海上火災保険（現東京海上日動火災保険）へ入社し、主に企業向け保険商品の引受（アンダーライティング）、新規商品開発などに従事、コマーシャル業務部部長兼商品室長、中国支店長などを歴任した。2008年以降、東京海上日動リスクコンサルティング（現東京海上ディーアール）（執行役員・ビジネスリスク事業部長）およびデロイト・トーマツコンサルティング（エグゼクティブ・コンサルタント）においてコンサルタント業務に従事した。
公認内部監査人（CIA）

おそれ

―リスクは人をして神に依らせ、文明を築かせた―

2023年10月12日　初版第１刷発行

著　者　江里口隆司
発行者　中田典昭
発行所　東京図書出版
発行発売　株式会社 リフレ出版
〒112-0001　東京都文京区白山 5-4-1-2F
電話 (03)6772-7906　FAX 0120-41-8080
印　刷　株式会社 ブレイン

ISBN978-4-86641-667-0 C0095
Printed in Japan 2023